法藏知津

九 編

杜潔祥 主編

第 38 冊

《四分律刪繁補闕行事鈔》集釋
（第四冊）

王建光 著

花木蘭文化事業有限公司

國家圖書館出版品預行編目資料

《四分律刪繁補闕行事鈔》集釋（第四冊）／王建光 著 -- 初
版 -- 新北市：花木蘭文化事業有限公司，2023〔民112〕
目 4+240 面；19×26 公分
（法藏知津九編 第38冊）
ISBN 978-626-344-509-3（精裝）
1.CST：四分律 2.CST：律宗 3.CST：注釋
011.08   112010540

法藏知津九編
第三八冊   ISBN：978-626-344-509-3

《四分律刪繁補闕行事鈔》集釋（第四冊）

編　　者　王建光
主　　編　杜潔祥
副總編輯　楊嘉樂
編輯主任　許郁翎
編　　輯　張雅淋、潘玟靜　美術編輯　陳逸婷
出　　版　花木蘭文化事業有限公司
發 行 人　高小娟
聯絡地址　235 新北市中和區中安街七二號十三樓
　　　　　電話：02-2923-1455／傳真：02-2923-1452
網　　址　http://www.huamulan.tw 信箱 service@huamulans.com
印　　刷　普羅文化出版廣告事業
初　　版　2023 年 9 月
定　　價　九編 52 冊（精裝）新台幣 120,000 元

版權所有・請勿翻印

《四分律刪繁補闕行事鈔》集釋
（第四冊）

王建光　著

目次

卷上之三

唐京兆崇義寺沙門釋道宣撰述

受戒緣集〔一〕篇第八捨戒六念法〔二〕附

夫受戒者，超凡鄙之穢流〔三〕，入聖眾之寶位〔四〕也。

既慕心彌博，故所緣彌多〔五〕。以多緣故，法事攸難〔六〕；以難知故，理須詳撿〔七〕。

而世情塵染，每昏教法〔八〕，為師為匠，實易實難〔九〕。但由習俗生常，不思沿革〔一〇〕，恣此無知，亂彼真教〔一一〕。或但執文謹誦，非相莫知〔一二〕；或前受遮障，無任僧法〔一三〕；或結界漠落，成不混然〔一四〕；或僧數薄惡，不能生信〔一五〕；或衣鉢假借，自是非法〔一六〕。如斯師匠，秉御誠難：虛受費功，唐勞一世〔一七〕；後生還爾〔一八〕，永無出期〔一九〕。

故大集經云：我滅度後，無戒滿洲。此言必實，深須詳鍊〔二〇〕，一受已難，不宜再造〔二一〕。故委顯示〔二二〕，至機依準〔二三〕。

【篇旨】

簡正卷七上：「玄云：迸（【案】『迸』疑『匡』。）御之德既圓，理合施行化物。施化之要，受戒為先，前所未明，故次辨也。捨戒六念，如後自辨聲（原注：『聲』疑『也』。）」（四一一頁下）鈔批卷九：「前來諸篇，統明僧法，顯德彰用，秉御次第。綱紀佛法，住持眾行，道德內充，堪生物善。生善之方，莫先受戒，故有此篇來也。又解，上來僧綱（【案】即僧網大綱篇之簡稱，或『綱』疑『網』。次同。）一篇，除非消濫，遵承有則，堪能秉御，以被於事。事雖多途，不過生善及與滅惡。生善之法，即是受戒。故於僧綱軌則之後，且明受戒，使傳囑有由，教法不替。故經云：我諸弟子，展轉行之，則是法身常在而不滅也。言制意者，羯磨疏云：原夫如來出世，不欲增長諸

—685—

有，要求滅欲，故立戒學。然戒是定慧初基、眾行之本，本若不立，餘何所憑！但以佛世利機，契勤便感。（惑者，戒也。）末時澆薄，聖制縱緣。緣集則作業功成，緣散則戒德無立，詑（【案】『詑』疑『託』。）緣定其得否。大聖唱言：有缺諸緣，雖受不獲，故須抵掌，程露厥儀。信非徒爾，故今明述。又云：然出家正務，唯戒尊高，故立受緣，明其法則。礪云：受緣雖五，又若論末代，唯有羯磨一受。然善來、上法、三歸、八敬、羯磨。此『五受』中，（四五七頁上）唯羯磨一受，具六義勝：一、是時長，謂通現、末；二、處遍三方，除鬱單越；三、報兼男女；四、位該凡聖；五、所被無數；六、多坐作法者。賓云：謂於三州，同於一時，各別集僧，為人受戒也。以斯諸義，佛法始終以白四羯磨為宗本，能繼續三寶，作無邊利益。有任持之功，莫大羯磨，故說為勝。餘『四受』中，『善來』一受，終盡雙林。自外『三受』，中間即止，又局閻浮，不該餘三，凡聖位差，報局男女。對前六義，互各闕少，紹續功微，故稱四少。今從勝立，唯明羯磨也。」（四五七頁下）【案】底本卷序之後有「南山律要一」五字，今刪去。

【校釋】

〔一〕**受戒緣集**　簡正卷七上：「『受』是能領之心，『戒』是所納之法，『緣』乃發生之總稱，『集』乃眾聚之通名。（上略明也。）次，廣明者。依律，『受』有五種：一、善來羯磨，疏云：此人宿樹善因，早蒙開悟，斷惑一倫，道成初果。佛親召命，因教感戒，（四一一頁下）故曰善來。『善』是機，『來』是教，從機約教，以立其名，即陳如為首。二、上法者，疏云：此人修慧惑盡，道成無學，會正理窮，得最上法。或云破結，『結』謂結使，即煩惱也；或名自誓，要先有心求戒。如迦葉於多子塔邊立誓云：善逝是我師，修伽陀是我師等。若不立誓，但證果而無戒，即羅漢、沙彌也。三、三歸者，三遍歸依三寶故。四、八敬者，因佛姨母波闍波提，初求出家，佛不聽許。後與五百釋女躬自剃落，倚於祇洹，阿難為陳三請：初，直請佛度女人。佛言：『若度女人，損正法五百年，如人男少、女多，不許。』次，恩德請。佛言：『得聞三寶名字，已是報恩。』三、因齊果等請，謂諸佛皆有四眾，女人修行，皆得道果故。於是世尊令傳八法問彼，若能依行，許度。時阿難傳此八法語之，彼願奉行，於所傳八法，言下得戒。八敬者，一百、罵、舉、受、懺、請、安、恣，如下廣明。五、羯磨者，八年後，癈三歸與羯磨。次下『受』者。於第五受中，分為『六受』：一、邊方五人受。羯磨疏云：邊隅荒儉，僧少遊行，致令億耳三年方得具戒。曲請邊方，開於五事，許五人受具也。二、中國十人受。疏云：僧多信少，機欲漸戲，（四一二頁上）增立十人，方圓具戒。三、尼左【案】

『左』疑『在』。）邊方，許十人受。四、若在中國，二十人受。五、小年曾嫁，十二受。疏云：既已事人，深閑儀禮，如猒本事，故開。六、端正難緣，遣信受。疏云：恣貌逾逸，素染俗心，出寺詣僧，恐成凌辱，故聽遣信為戒。因明諸師不同相，疏云：令使尼於僧中為受已，飯本寺，卻集尼僧，秉法受之。今破云：作法時為言『大德僧聽』，為言『大姊僧聽』？若言『大德僧』（【案】『僧』後疑脫『聽』字。），即僧尼法別故。若士（【案】『士』疑『言』。）『大姊』，何成僧法？二俱有過故。新章云：但令本法尼手執香爐，在寺專志，其使尼向僧中為受，彼處羯磨竟，此便納戒。舉例，猶如遣使行煞，彼命斷，此結罪。今破云：不可將惡例善；又，得戒無分齊故；或彼有緣難生，如何此中一向執爐專志等？今南山云：但使尼於僧中如法受竟，歸本寺語彼端正尼言『已為汝受具竟』，即當此時得戒。故婆沙云：『頗有人於一人邊得戒否？』答：『有，如端正難緣。是知非謬。』（上明『十受』。）今收此六，總為羯磨，但明『受』。就此五中：約人斷簡者，『三歸』唯大僧，『八敬』唯尼眾，餘三通僧尼。約處者，『善』、『三』、『八』（【案】『善來』、『上法』、『三歸』、『八敬』、『羯磨』，下文簡稱一字。）唯南洲，『上』『羯磨』二，通三處。約時者，『上法』無前後，『善來』最在初，（四一二頁下）『三歸』八季前，『羯磨』八季後，『八敬』第十四季。約師資者，『上法』不從師，『善來』唯從師，『三歸』、『羯磨』皆從資，『八敬』佛先說、後從資。約法結者，『上法』無說結，『善來』、『八敬』但一說，『三歸』三說三結，『羯磨』四說一結。約世者，『善』、『三』、『八』唯現在世，『上』、『羯磨』通現、未。今言受者，但論羯磨。一受處，遍三方，時通現、未位，及凡聖人說男女故，但明此一也。緣者，因緣。問：『題中何無因字？』一答云：『為順宗計。以經部宗不許彼有因，故但明緣。若有部宗，許有六因，義說在增一。』（四一三頁上）鈔批卷九：「宣云：創發要期，緣集成具，納法在心，名之為受。即是受時，心防外境，名之為戒。礪云：創發要期，建志成就，納法在心，稱之為受。受有懸防，目之為戒。通律師問云：『無作擬一形，可說是懸防，作戒已落謝，如何稱懸防？』答：『無作由作生，故二俱懸防。又云：立誓要期，納法在心，名之為受；俱有禁非之用，目之為戒，故曰受戒。』言『緣集』者，師僧衣鉢、白四教法，為緣。十種調理，聚在一處，名之為集。宣示軌摸，名之為法。故曰受戒緣集法。又，言受戒緣集者，據能領之心心（原注：『心』疑『也』。）。『戒』謂所納之法；緣者，明此受戒從緣而生；（四五七頁下）集者，眾緣聚

會，名之為集，故曰也。又，言緣者，如下所列，能受有五，所對有六，並是緣也。又云：如律五種緣：一、<u>善來</u>；二、上法，亦名破結使；三者，三語；四者，八敬；五、羯磨也。言<u>善來</u>者，位在須陀洹已（原注：『已』疑『也』。）。此人乘宿善業而來，直佛出世，聞說四諦，道成初果，求哀出家。佛命善來，即使發戒。故<u>母論</u>云：<u>善來</u>比丘，鬚髮自落，袈裟著身，威儀庠序，如二十年學法者。<u>善見</u>云：唱<u>善來</u>（原注：插入『來』字。）已，八事隨身。二者，上法者，位在無學。<u>律</u>云：若人修道得羅漢，即名出家受具是（【案】『是』疑『足』。）戒。其無漏真法，超出學表，得法最勝，故名上法。若言破結者，此人惑盡解滿，道發無學，會正理窮，自然感戒，從所破為名，故曰破結使也。三、言三語者，位在內凡已上。此人值佛出世，但聞而不見。值羅漢授與三歸，使證具戒。良以積行非遠，未登聖位，於彼羅漢，先有別緣，詫（【案】『詫』疑『託』。）仗出家，得由三語，故曰也。四、八敬者，位是女人，已得初果，深厭生死，求出家，以無弘道，遠化益故。抑而不許，復還<u>舍衛</u>，使自剃髮披衣，倚僧房立。<u>阿難</u>時為三請，如來為說敬法，遣阿難傳受，令其遵奉，必具依行，即感其戒，故因名也。此則受緣，唯佛與阿難也。其人是佛姨母，求佛出家，佛初不許。佛言：若聽女人在我法中，多所損減。譬如有人，多女少男，當知其家衰耗不久，女人入我佛法，亦復如是。<u>阿難</u>再三為請，舉三世佛咸度女人，又舉四眾、一切諸佛，皆具四眾比丘、比丘尼等也。又舉恩養，謂佛生七日，其母命終，以<u>波闍波提</u>乳哺長養，應報其恩，許其入道。佛言：若我不出世，彼則不識三寶之名。今識歸三寶，其報恩已畢，況復已證初果。<u>阿難</u>苦請，佛即令傳八敬，若能具行，可聽入道。<u>波闍</u>既蒙八敬，云頂戴持。復白<u>阿難</u>：唯願更為白佛，唯一本甚。如何百臘尼禮新受戒僧足？乞依夏次致禮。佛言：若依夏次禮者，無有是處。五、言羯磨者，是此所明。以此受法，雖通凡聖，以今末代，善根微薄，道心難生，要假十僧，作法成就，方得具足。<u>羯磨疏</u>云：斯等人輩，要假強緣，扶彼弱因，方能發戒，緣彼僧眾。言下而發戒品，隱其能秉，就其所秉彰名，故曰也。」（四五八頁下）<u>資持</u>卷上三：「『受』即能領心，『戒』謂所納法。『受』通五種，（一、善來，二、三語，三、破結，四、八敬，五、羯磨。）『戒』分四位，（五、八、十、具。）今此所標，『受』據羯磨，『戒』指具足。就羯磨中，自分六位，（僧中十人、五人，尼中二十人，義立十人。小年曾嫁，遣信兼前，共成十受。）今此據文，正明大僧。<u>中國</u>十人，羯磨行事，義兼邊五。眾異事同，故不別顯。『緣』即文中

五種，就別離為十四。眾緣會聚，作業方成，故云『集』也。疏云：佛世利機，契動便感，末時澆薄，聖制從緣。緣集則作業功成，緣散則戒德無立。文意頗同。所以不言『因』者：若據相籍成業，則因緣義通；若論功有親疏，則內外體別。今云『緣集』，且就通論，餘處兩分，乃從別意。」（二一六頁上）【案】簡正釋文中所引論文，可參見阿毘達磨俱舍論。本篇文分為二：初，「夫戒」下；次，「初明」下。

〔二〕**捨戒六念法**　鈔批卷九：「非謂受後要應須捨。本心所忻（【案】『忻』疑『祈』。）仰，誓願奉持，忽恐行人久參事慢，情厭道儀，志在習俗；或復脫遇難緣，（四五八頁下）非情可禁，帶戒造罪，便能障道。所以聖開聽捨，使來去無障，不廢後入道也。六念法附者，既受戒已後，衣鉢受持，常須係念，具防六聚，機要莫加，故附出也。」（四五九頁上）

〔三〕**超凡鄙之穢流**　鈔科卷上三：「初，標歎功深。」（二四頁中）資持卷上三：「凡鄙者，通目六道。煩惱業苦，垢染不淨，故云穢流。」（二一六頁上）鈔批卷九：「應師云：鄙，由陋也。廣疋云：鄙者，羞恥也。欲明凡俗，隨生死之流，六塵五欲，體是染污，垢纏行人，令身心不淨，故曰穢也。今此受體，能遠出至涅槃之岸，故曰也。濟云：若極鈍根者，七生持戒無犯，即得須陀洹果，理數然也。若利者，三生五生，必證初果也。」（四五九頁上）簡正卷七上：「領納在心曰受，禁防身口曰戒。『者』字，則牒上，領納在心、禁防身口之人故。總而言之，故云『夫受戒者』。超凡鄙穢流者，超，越也、過也。凡夫鄙惡，名為穢流。今受者，為調三毒，越於三界，故云超凡。」（四一五頁上）

〔四〕**入聖眾之寶位**　資持卷上三：「聖眾則總召三乘。無漏聖道，人天所尊，故云寶位。上明所捨，下明所獲。」（二一六頁上）鈔批卷九：「謂受得戒已，近入住持僧寶亦（【案】『亦』疑『之』。）位，遠入三乘菩提聖位也。」（四五九頁上）簡正卷七上：「入者，廁也。聖者，正也。謂三乘等正理，名之為聖。聖人不少，曰眾也。貴重希有稱寶。極重故，稱位也。如周易云：聖人之大德曰生，聖人之大寶曰位。又經云『位高人天』等，即至重至極也。今受剃髮、染衣，受持戒法，即廁於聖人，豈非極重之位也？」（四一五頁上）

〔五〕**既慕心彌博，故所緣彌多**　鈔科卷上三：「『既』下，敘緣生起。」（二四頁中）資持卷上三：「六句三意，次第相生。初，明心廣緣多。上句，躡上超入。下云緣多者，即下五位，總別諸相。（有云『緣多即法界境』者，甚非文意。）」（二一六頁上）簡正卷七上：「既，已也。慕者，思慕。彌，大也。博，廣也。

謂受者，求三乘等八聖眾寶位。既以如是慕心，則彌亘法界、博通三世。無善不修則道諦，無過不斷則滅諦也。故所緣彌多者，所為之緣不少，名彌多，則能受有五，所對有六。發心乞戒，心境相當，事成究竟也。」（四一五頁上）鈔批卷九：「博，由廣也。明今受時發廣大之心，如上超凡流、入聖位者是也。言故所緣彌多者，上明能緣之心既博，今所緣之境固多，謂緣情非情萬境，有斷惡修善之心，要普周法界也。故善生經云：眾生、大地、草木、虛空無邊等。又解，彌多者，約受持作法，能對有五、所對有六等，故曰彌多。此皆是緣也。」（四五九頁上）

〔六〕以多緣故，法事攸難　資持卷上三：「次二句，明緣多事難。法事者，（二一六頁上）目下正加。『攸』即語詞，或可作『尤』。」（二一六頁中）鈔批卷九：「攸，謂所也。欲明所發之善既多，所為之法焉易？故曰也。又解：能對所對，眾緣既多，故作法則難，故云攸難也。」（四五九頁上）簡正卷七上：「以，由也。由須具如許多種之緣，始發得戒於一一緣中，皆須精窮勘問是非等。『攸』字，訓『所』也。（四一五頁上）所作法事，則成難故。」（四一五頁下）

〔七〕以難知故，理須詳撿　資持卷上三：「下二句，明事難須審。」（二一六頁中）鈔批卷九：「謂所為既大，今須立法，撿其師僧是非之緣也。」（四五九頁下）簡正卷七上：「以難知故，評撿者由緣多，故法事難知。故作此受戒篇，詳審撿察故也。」（四一五頁下）

〔八〕而世情塵染，每昏教法　鈔科卷上三：「『而』下，斥世非法（三）。初，通斥無知。」（二四頁中～下）資持卷上三：「初二句斥無知秉御。每，猶多也。」（二一六頁中）鈔批卷九：「謂今時師僧，附六塵，為色聲等染，不能明解聖教，昏於法網也。」（四五九頁下）簡正卷七上：「世情塵染者，長有求名利心，名世情；恆被色香等所迷，名為塵染也。每昏教法者，毗尼事相，須專究尋，積習尚乃不知，況習俗之人，豈能名得此教？故云昏也。故前文云『研習積秊，由迷暗托，況談世論，熟能體之』（【案】見標宗篇序。），即是此意也。」（四一五頁下）【案】「而世」下文分為三：「而世」下為初，「或但」下為二；「如斯」下為三。

〔九〕為師為匠，實易實難　資持卷上三：「師、匠義一，文家疊舉。學教知法，舉事成益，故云實易。不學昏教，自他俱損，故曰實難。意云：為師本易，在彼反難也。」（二一六頁中）鈔批卷九：「立謂：若持戒清淨，廣解三藏，有法有食相攝，此人為師匠，秉御戒易。若犯戒非法，不識聖教，無法食相攝，今為

師者則難也。又解：雖有行解，堪能足數，以應師德，一時壇場為受是易；後隨行中教授，使成五分法身者是難也。」（四五九頁下）簡正卷七上：「玄云：達者不難，迷者非易。」（四一五頁下）

〔一〇〕**但由習俗生常，不思沿革**　資持卷上三：「『但』下，推妄行所由。『沿』謂從舊，『革』乃更新。事雖古傳，容有訛正，彼唯執舊，故曰不思。」（二一六頁中）鈔批卷九：「立云：順流曰沿，逆流曰溯。明今末代師僧，不思順佛法之流，依教而行事，但樂習俗生常耳。如借衣鉢而受，相承如此，名為習俗，今應須改。且如俗中有識者，而年五十尚知四十九非，何況學道者？而懷習着，頓不捨前，殊不可也。」（四五九頁下）

〔一一〕**恣此無知，亂彼真教**　鈔批卷九：「立明：如摩訶羅，為他師僧，不了前事，口云我是大乘，何局限斯小法？名亂真教也。」（四五九頁下）簡正卷七上：「恣此習俗之常，解無知之言。臨其法事，自然亂彼毗尼真正之教故。」（四一五頁下）資持卷上三：「『真教』即律。」（二一六頁中）

〔一二〕**或但執文謹誦，非相莫知**　鈔科卷上三：「『或』下，別列非相。」（二四頁下）鈔批卷九：「立謂：悶目謹誦羯磨，曾不改張有無，不識如非所以，心執也。」（四五九頁下）資持卷上三：「五句即括四緣。二、五事非，餘三可見。『執文』即白讀。」（二一六頁中）簡正卷七上：「牒沙彌、和上之名，但依律文云『某甲』等，即是執文謹誦也。被他前受，戒事不得，即非相真知也。」（四一五頁下）

〔一三〕**前受遮障，無任僧法**　資持卷上三：「『障』即是難，『遮』通得否，難則永閉。」（二一六頁中）鈔批卷九：「謂能受之人，身有遮難，障戒不發，不應教法也。礪羯磨疏曰：夫戒者，乃是生善之本、滅惡之原，趣涅槃之妙因，發定慧之根本。法既精勝，受之不易。譬如欲請大王，必須淨治宅宇。今請戒法大王，理須皎潔身器，前無重難，後無輕遮，與教相應，戒有可發之義。不然徒受無益，勞苦自佗。」（四六〇頁上）簡正卷七上：「謂前境受戒之人，身上帶遮難障戒，不知生即是無住僧法也。」（四一五頁下）

〔一四〕**或結界漠落，成不混然**　簡正卷七上：「落者，墜失之義也。謂標相不分，重結交互，遙唱遙結，是墜失故。漠者，溟漠。不惻上之是非，成亦不知，不成亦不委，故曰混然也。」（四一五頁下）

〔一五〕**僧數薄惡，不能生信**　鈔批卷九：「明師僧犯戒，威儀不整，不能令受者生信心也。」（四六〇頁上）簡正卷七上：「物少為薄也。中不滿十，邊不滿五，即

是僧數。五、十法簡之不堪，是惡。不能生其受者信心，故云不能生信也。」
（四一六頁上）資持卷上三：「『薄』謂中、邊不滿，『惡』謂體、相非數。」
（二一六頁中）

〔一六〕或衣鉢假借，自是非法　資持卷上三：「文略別眾，義必兼含，假借衣鉢，過
在能受，故云『自』也。」（二一六頁中）簡正卷七上：「無三衣鉢，臨時從他
假借受戒，即自是非法也。玄云：前法、事、人、界，總屬他非。若借衣鉢，
自身之緣不具，受亦不得，即自是非法。羯磨疏云：若無、若借，俱非自緣也。
已上諸句，並依玄記釋。」（四一六頁上）

〔一七〕虛受費功，唐勞一世　資持卷上三：「『虛』下，明損他。唐，亦虛也。」（二
一六頁中）鈔批卷九：「立明：唐，訓大，謂大勞一世也；亦訓為虛，虛者，
勞也。」（四六〇頁上）簡正卷七上：「唐，虛也。謂上緣非，戒法不就，曰虛
受也。雖復有護持之心，而無戒可護，故云唐勞一世也。」（四一六頁上）

〔一八〕後生還爾　資持卷上三：「『後』下，彰自損。」（二一六頁中）鈔批卷九：「謂
來生還逢如此師僧，受戒不得。由今身為他師僧，行非法故。」（四六〇頁上）
簡正卷七上：「爾，由是也。還，是無戒。」（四一六頁上）

〔一九〕永無出期　簡正卷七上：「寧受而破，因有戒可破，隨惡而遠，遠有出期。若
受不得，無戒可持，亦無可破，永永無出世之期也。」（四一六頁上）

〔二〇〕此言必實，深須詳鍊　資持卷上三：「『此』下，準經勸慎，不可誤他。若據本
律，得更重受。今望事難，故云不宜耳。」（二一六頁中）簡正卷七上：「『詳』
謂審詳，『鍊』（【案】『鍊』疑『練』。次同。）為明練。」（四一六頁上）

〔二一〕一受已難，不宜再造　簡正卷七上：「一度受戒，尚乃是難。不宜再造，趣施
為『造』，作也。」（四一六頁上）

〔二二〕故委顯示　簡正卷七上：「『故』字，因由義。由上不達之人也。委，細也。顯，
彰也。指，示也。如向下一篇，總是委細、顯示。」（四一六頁上）

〔二三〕至機依準　鈔批卷九：「依此方法受戒，理有得戒之限。」（四六〇頁上）簡正
卷七上：「至臨受戒對機之時，依此一篇，以為准的等。」（四一六頁上）

　　初明具緣成受〔一〕，後加教法〔二〕。

【校釋】

〔一〕具緣成受　簡正卷七上：「如下須具五緣，方成受戒，故先明之。」（四一六頁
下）

〔二〕後加教法　簡正卷七上：「約如聖法，正成受也。」（四一六頁下）

初中。

五緣〔一〕。

一、能受有五

一是人道。以人中受得，餘道成難故〔二〕。僧祇云〔三〕：若減七十，不能作事〔四〕，不得受之；若過七十，出家時過〔五〕，一向不合。廣如沙彌法中。

二諸根具足〔六〕。謂身具眾惡，病患聾、盲、百遮等類〔七〕，律中廣列一百四十餘種，並不應法。準以求之，則聾、啞、狂亂，定不發戒〔八〕。餘者通濫，有得、不得〔九〕，如義鈔中〔一〇〕。

三身器清淨〔一一〕。謂俗人已來〔一二〕，至于將受，無十三難等雜過〔一三〕。

四出家相具〔一四〕。律云：應剃髮、披袈裟，與出家人同等。

五得少分法〔一五〕。謂曾受十戒〔一六〕也。律云：不與沙彌戒，與受具者，得戒，得罪〔一七〕。

第二，所對有六〔一八〕

一結界成就〔一九〕。以羯磨所託，必依法界〔二〇〕；若作不成，後法不就〔二一〕。故須深明界相，善達是非〔二二〕，訪問元結是誰〔二三〕，審知無濫，方可依準〔二四〕。不然，捨已更結〔二五〕。比人行事，多不遵用〔二六〕。輒爾寺外結小界受〔二七〕，此是非法，如上已明〔二八〕。必有此緣，結大界無爽〔二九〕。若依毘尼母云：直結小界，不以大界圍繞，亦不得受〔三〇〕。中國諸師，行事受戒，大有尊重〔三一〕。故傳中，凡有受者，多駕船江中作法〔三二〕。人問其故，答云：「結界如法者少，恐別眾非法，不成受戒〔三三〕。餘事容可再造，不成無多過失〔三四〕。夫欲紹隆佛種、為世福田者，謂受具戒，不宜輕脫〔三五〕。故在靜處，事必成就。」

二有能秉法僧〔三六〕。由羯磨非別人所秉。

三數滿如法

若少一人，非法毗尼〔三七〕。今言少者，非謂頭數不滿〔三八〕也；謂作法者，至時緣起，別眾非法等，如足數所明。文云〔三九〕：自今已去，十僧受具故。此據中國以明。邊方無僧，曲開五人，持律得受〔四〇〕。若後有僧，用本開法，「得戒」「得罪」者，此十誦所列〔四一〕。

四界內盡集和合〔四二〕。文云：更無方便，得別眾故〔四三〕。

五有白四教法。則除顛、倒、錯、脫、說不明了等〔四四〕。

六資緣具足〔四五〕。文中：無衣鉢，及借者，不名受具。

第三，發心乞受〔四六〕。

文云：不乞者，無心者，不成故〔四七〕。

第四，心境相應〔四八〕

文云：眠、醉、狂人及無心而受等，是心不當境〔四九〕。復以文云〔五〇〕：白四羯磨，不如白法作白，不如羯磨法作等。及前僧非法，不令受者起心，即是境不稱心〔五一〕也。薩婆多云：若殷重心受，則有「無教」；若輕心受，但有其「教」，無「無教」〔五二〕也。

第五，事成究竟〔五三〕

始從請師，終至白四〔五四〕，九法往來，片無乖各〔五五〕。

界非別眾〔五六〕，僧無不足。羯磨無非，受者心至，則成受也。與上相違，則成非法。

【校釋】

〔一〕五緣　資持卷上三：「舊記並科此為『古五緣』。謂正加中，十種方便為今師十緣。毀祖師教，盲後學眼，罔胃之甚，勿過於此。且此五緣，行事始終，包攝斯盡，簡練可否，檢勘得失。能授之龜鏡，一篇之綱領。首題所以特示，總意所以先標。況羯磨注文，亦同此列。疏中解釋，復更詳委。都不討論，輒便穿鑿，來學未達，傳妄何窮！」（二一六頁中）簡正卷七上：「謂鈔云：依首疏，受前列緣，意通聖制，從緣托緣定有。又，有為法，緣具方生，緣闕即滅，是以受前先列緣也。餘如別說。」（四一六頁下）

〔二〕以人中受得，餘道成難故　資持卷上三：「初，簡餘道。若準多宗，餘道通受三歸，不需戒法。成宗亦通五、八，但障出家。今明受具，餘皆難攝，如下列之。」（二一六頁中）鈔批卷九：「羯磨疏云：簡餘四趣也。天實報勝，但着樂多，無求修道，故成難也。修羅懷疑，道在會正，疑故無分。地獄障聖，苦多熱惱衝心。故論云：地獄中陰身，猶如融鐵聚，熱惱燒然苦，不可得譬喻（【案】『譬喻』論作『稱計』。）。何能懷道而來受戒？鬼神諂誑不實，惡心亂惱眾生故；畜生報劣，愚騃所收，不能光益佛法故。律中，佛言：畜生於我法中，（四六〇頁上）無所長益故也。唯斯人趣，苦輕下趣，樂劣上天，強識念力，能崇道業，故得受戒也。且如聞思修慧，欲界具有，以此散地，故有思也。色界有聞、修二慧，無思慧也。以是定地，舉心即入定，故無思慧也。無色界，唯有

修慧，無聞、思二慧。以無色故，無有耳根，故無聞慧，亦是定地，故無思慧也。」（四六○頁下）簡正卷七上：「辨闕緣也。餘，外也。除人之外也，即五道也。」（四一六頁下）【案】大莊嚴論經卷三，二七二頁上。

〔三〕**僧祇云**　資持卷上三：「『僧祇』下，復簡人道。文有兩節：上簡堪能，年減亦制；下簡年歲，縱能亦遮。下文指廣。彼云：八十、九十太老；過七十，（二一六頁中）臥起須人，不聽度。若能修習諸業，聽出家。（謂作沙彌。）」（二一六頁上）簡正卷七上：「就人道中，更作簡。減七十，有得、不得。不能作事，即不得。反此即得。」（四一六頁下）【案】僧祇卷二三，四一八頁中。

〔四〕**若減七十，不能作事**　鈔批卷九：「立謂：年雖應教，約體無能，故不得也。」（四六○頁下）

〔五〕**若過七十，出家時過**　鈔批卷九：「立對此舉賢愚經中福增比丘年百歲許出家事，可尋取用。」（四六○頁下）簡正卷七上：「時過者，一向不合，不論作事、不作事也。」（四一六頁下）

〔六〕**諸根具足**　資持卷上三：「以儀相有虧，污辱僧眾，故須簡之。文為三段。」（二一六頁下）簡正卷七上：「是具緣也。謂身具眾惡等者，辨闕緣也。謂將不具，反釋上具也。所以須簡釋者，羯磨疏云：若不簡擇，污辱僧倫，且約眼一緣，自有二十餘相，並不堪也。廣列六根，一百餘種。律中，六根具淨，分應受法。」（四一六頁下）鈔批卷九：「羯磨疏云：以但儀貌嚴正，悅動物心，凡所弘闡，覩相易受。若不簡約，污辱僧倫。律云：六根俱淨，方應受法。如眼一緣，二十餘相，並不堪也。」（四六○頁下）

〔七〕**謂身具眾惡，病患聾盲百遮等類**　資持卷上三：「『身具』等者，略示三根。百遮者，舉其大數。」（二一六頁下）

〔八〕**聾、啞、狂亂，定不發戒**　鈔批卷九：「六根之中，耳根若壞，不聞羯磨聲，故不得。啞是舌根，不能乞戒；又，誦持之功，於道無分，故不得也。狂者心亂，無心領受，又無布受之心。此三根壞，故判不得。」（四六○頁下）簡正卷七上：「羯磨疏云：耳、舌、意三，助道勝也。由耳聽法，意分別邪正，有疑通決，非舌不宣。必具此三，定為戒本故。狂、聾、啞，通及自他，俱非數收。」（四一七頁上）

〔九〕**餘者通濫，有得不得**　資持卷上三：「『餘』下，明不定，如上所列。相有重輕，如正問中。」（二一六頁下）鈔批卷九：「深云：六根中，耳、舌、意三，如上可知。餘眼、鼻、身，雖壞容得。故羯磨疏云：耳等三根，進道為勝。由

耳聽法，意緣邪正，有疑通決，（四六〇頁下）非舌不明。有闕此三，故非得限。餘則能乞能持，雖通在遮，得在開限。」（四六一頁上）

〔一〇〕**如義鈔中**　資持卷上三：「下指義鈔，文見上卷。」（二一六頁下）簡正卷七上：「羯磨疏云：眼及鼻、身，少缺通許。若截手、腳、耳、鼻，眼不見光，不在開例等。」（四一七頁上）

〔一一〕**身器清淨**　鈔批卷九：「羯磨疏云：既為道器，純淨方堪。如欲請王，必須莊嚴宅舍。今所受者，是請法王。道器清淨，方堪受法。又如淨衣易染為色，若先染污，不成後受。」（四六一頁上）

〔一二〕**謂俗人已來**　資持卷上三：「若全未受，容有污尼、賊住、五逆，受五、八、十，則有邊賊，故云俗已來等。」（二一六頁下）簡正卷七上：「俗人污尼，雖無戒犯，業在生報，戒障三塗，正與相違，故成難攝。」（四一七頁上）

〔一三〕**十三難等雜過**　資持卷上三：「十三難者，且通舉之。此簡身器，唯論造業。但收邊、尼、賊、破、五逆九種，故云雜過等。非畜，初緣收。黃、形，第二攝。（【案】『初緣』即『是人道』；『第二』即『諸根具足』。）」（二一六頁下）鈔批卷九：「然戒法清虛，出道之勝因，法既精妙，致受之不易。論其受也，非身不尅，是以為身受道之器，心為納法之主，身心圓淨，得戒巳（原注：『巳』疑『亡』。）言。若內懷遮難，身器不淨。雖備眾緣，徒勞無益，一生絕分，障不發戒，名之為難也。」（四六一頁上）

〔一四〕**出家相具**　資持卷上三：「律中，裸形，著俗服、外道衣等，並不得受故。」（二一六頁下）鈔批卷九：「即形同也。」（四六一頁上）簡正卷七上：「羯磨疏云：剃髮形同，披袈裟衣同。謂簡外宗，不除鬢髮，亦受得戒。此即不然，若着俗衣、不鬢髮，定不可也。」（四一七頁上）【案】四分卷三五，八一三頁下。

〔一五〕**得少分法**　簡正卷七上：「是具緣也。」（四一七頁上）資持卷上三：「初示緣相。有願未具，故言少分。下引律制。」（二一六頁下）鈔批卷九：「即法同也。法海不頓，漸開方便，使信樂牢固也。上之五緣，得不分二。前四必具，非緣不成受事，後一制具。若不具者，戒、罪兩得。」（四六一頁上）

〔一六〕**曾受十戒**　簡正卷七上：「釋上少分法，即十戒也。謂法海不頓，漸開方便。」（四一七頁上）

〔一七〕**得戒、得罪**　資持卷上三：「言得戒者，白四頓發也。得罪者，失漸次制也。上五次簡，從寬至狹。初、約諸趣簡人；二、就人中簡報；三、就勝報簡業；

四、就業淨簡儀；五、就具儀簡法。又，總為三：前二並報，中業同前；後二體相，形法二同。又，約遮難收者，一、三重難，無者方成；餘三輕遮，有亦通許。」（二一六頁下）【案】四分卷三五，八一四頁下。

〔一八〕所對有六　簡正卷七上：「謂『所對境』也。『有六』，即舉數。六中闕一，受亦不成。」（四一七頁上）鈔批卷九：「古師立義，所對有七，今鈔略其第六。第六緣云須在佛法時中。謂若佛法滅已，一切羯磨作法，及與結界，皆不成就。波沙（【案】『波』疑『婆』。）諸論師亦解云（四六一頁上）：據未作者則不成，已作者則不失。抄闕此緣，今立亦好，故須『第六在佛法時中』。問：『佛法幾時當滅？』答：『據聖教文，正法五百，像千，末萬。然南山每敘聲聞住法，極六萬之遐齡。（未詳所據。）又，案傳中，迦濕彌羅國有五百羅漢，佛滅度後，欲集作論，共議：『何國土中，多有資緣，於中造論？』見迦濕彌羅國多有供養，但無好伽藍耳。時有一池，池中有龍，其地福德，諸羅漢就龍借其池地，用作迦藍。龍惜不與。有一尊者，求一坐處，龍即許之。尊者入池，坐池內。龍先既許，收悔不得，即自避去之。臨去時曰：『今將此池，奉諸大德，用造迦藍。若後佛法滅時，地當還我。』諸羅漢於此造寺，廣造諸論。薩波多論即其處造。」（四六一頁下）

〔一九〕結界成就　簡正卷七上：「簡不成，即是闕也。」（四一七頁上）【案】「結界成就」文分為三：初，「以羯」下；二、「比人」下；三、「中國」下。

〔二〇〕以羯磨所託，必依法界　鈔科卷上三：「敘立所以。」（二四頁下）資持卷上三：「結界中。初科為二，初明須界所以。」（二一六頁下）簡正卷七上：「羯磨疏云：教法所由，非界不立。」（四一七頁上）

〔二一〕若作不成，後法不就　簡正卷七上：「作結界不成也。後法不就者，受、懺等為後法也。」（四一七頁下）

〔二二〕故須深明界相，善達是非　資持卷上三：「『故』下，誡令審悉。則有二種：一、明界相，知集限分；二、達是非者，究本行事。」（二一六頁下）簡正卷七上：「界分標相也，緣牆傍壠等。善達是非者，如法為是，反此為非也。」（四一七頁下）

〔二三〕訪問元結是誰　簡正卷七上：「訪問者，借訪委問也。『原（【案】『原』鈔作『元。』。）結是誰者』，原本刱立法是何人等。」（四一七頁下）

〔二四〕審知無濫，方可依準　簡正卷七上：「審實委知：大界內外及場四面有自然等不汎濫，方可依准也。」（四一七頁下）

〔二五〕**不然，捨已更結**　簡正卷七上：「然者，是也。原本結界不是明閑之人，或大界內外不分明，戒場四面汎濫相接之類，即捨了更結也。」（四一七頁下）資持卷上三：「不然者，即反上二。或標相無準，或先結不如。微涉疑濫，並須再結。疏云：捨結極易，何得自輕？」（二一六頁下）

〔二六〕**比人行事，多不遵用**　鈔科卷上三：「『比』下，斥古妄行。」（二四頁下）簡正卷七上：「比，近也。近代有人行持受戒之事也。」（四一七頁下）資持卷上三：「初二句，明違本制。」（二一六頁下）

〔二七〕**輒爾寺外結小界受**　資持卷上三：「『輒』下，斥妄行。」（二一六頁下）鈔批卷九：「立謂：無難結三小，不成非法。一由無難故，二縱有難，亦不合豎標唱相故。」（四六一頁下）簡正卷七上：「但為大界僧多，便往寺外結齋身難事小界為人受也。」（四一七頁下）

〔二八〕**如上已明**　鈔批卷九：「指上結界篇也。」（四六一頁下）

〔二九〕**必有此緣，結大界無爽**　資持卷上三：「『必』下，指教。此緣者，或僧難集，或疑舊界，須出界外故。然大界本制，不為難緣，兼須立相。小界反此，故判非法。若加大界，（二一六頁下）緣相並如，故云無爽。」（二一七頁上）簡正卷七上：「有此大界，僧多難集之緣也。結大界無爽者，爽，由失也。縱往寺外，隨處大小，但結攝僧，大界即得，何須結小界？」（四一七頁下）

〔三〇〕**直結小界，不以大界圍繞，亦不得受**　資持卷上三：「引傳即其事矣。上決小界。『若依』下，次示戒場。恐後濫用，故此引示。」（二一七頁上）

〔三一〕**中國諸師，行事受戒，大有尊重**　鈔科卷上三：「『中』下，引事勸慎。」（二四頁下）資持卷上三：「初三句通示。言諸師者，以傳中所述僧伽跋摩，既是西僧，例知皆爾，故總指之。」（二一七頁上）

〔三二〕**凡有受者，多駕船江中作法**　鈔批卷九：「薩婆多師資傳云：宋元嘉十年（公元四三三年），祇洹寺慧照於天竺僧僧伽跋摩所重受大戒。（四六一頁下）時祇洹寺慧義法師，為性剛直，見跋摩等更授具戒，情有不同。怒曰：『大法東流，傳道非一，先賢勝哲，共有常規。忽為改異，豈穆眾心！』跋摩答曰：『相與棄俗，本為弘法，法必句傳，豈忤眾情？（云云。）』義即問曰：『求那跋摩在世之日，布薩僧事常在寺中，及至受戒，何故獨在邑外？等成善法，何以異耶？』答：『受戒事重，不同餘事。若餘不成，唯得小罪，無甚毀損，罪可懺。夫紹隆佛種，用消信施，以戒為本。受若不成，非出家人；障累之原，斷滅大法，故異餘法事也。』義法師忻然心伏，無復餘言，遂令其弟子慧基、靜明、

法明三人，度蔡州埠，於船上受戒。當時有始興寺叡法師評曰：『覩善患不及，見惡猶探湯。義公於可同中立異，未經旬月，而復同其所異，蓋譏其始惑也。』（抄中，人問其故，答曰『等者』，盡是上文問答也。）」（四六二頁上）資持卷上三：「『故』下，正引，即梁高僧傳。宋元嘉十一年（公元四三四年），祇桓寺慧照於跋摩重受大戒，駕船江中。人問者，即慧義。法師難曰：『布薩僧事，常在寺內，及論受戒，何出邑外？』」（二一七頁上）【案】比丘尼傳中也記有此事。

〔三三〕結界如法者少，恐別眾非法，不成受戒　資持卷上三：「『答』下，並跋摩語。初，示所疑。別眾非法者，或本結時，僧有乖別，或今受時，界無分齊，致有別眾。」（二一七頁上）

〔三四〕餘事容可再造，不成無多過失　資持卷上三：「『餘』下，答寺內布薩。」（二一七頁上）

〔三五〕夫欲紹隆佛種、為世福田者，謂受具戒，不宜輕脫　資持卷上三：「『夫』下，答出外受戒。前云『尊重』（【案】指上文『大有尊重』句。），蓋指此也。脫，猶略也。」（二一七頁上）鈔批卷九：「為世福田者，謂受具戒者，此明作人天福田，能長他福，能消他利養者，皆是持戒之力。近見華嚴闍梨呵諸大德，每入內時，聖上皆聽將一侍者同入。多將沙彌入者，皆大非法。然沙彌無戒，何能消他國家百段、五十段絹是一；又復，沙彌無戒，將入宮闕中，必造罪過，（四六一頁上）或見他貴物即盜，或見寶女即染，豈不誤於大德耶？然此誡勅大能，無奈大德不相用語。」（四六一頁下）

〔三六〕有能秉法僧　鈔批卷九：「謂白四弘通，非僧不合。」（四六二頁下）資持卷上三：「『能秉與下數滿何異？』答：『能秉據僧體，數滿約事用。』」（二一七頁上）簡正卷七上：「羯磨云：白四弘通，非僧不合。」（四一八頁上）

〔三七〕若少一人，非法毗尼　資持卷上三：「作無軌度名非法，事違教制曰非毗尼。」（二一七頁上）【案】本節分二：初，「若少」下；二、「文云」下。「非法、毗尼」即非法、非毗尼。

〔三八〕今言少者，非謂頭數不滿　資持卷上三：「『今』下，遮濫。必取應法，昧教寡德，多亦非滿。」（二一七頁上）簡正卷七上：「釋上數不滿便成非法也。問：『文言若少一人，莫是中不滿十、邊不滿五，名為少不？』可引鈔答云『今言少者，非謂頭數』等。（云云。）為不約頭數不滿，如中國十人，今只有九等。『若爾，如何是少一人耶？』更引文答云：『謂作法至時緣起（四一八頁上）

乃至不足所明等，謂至受戒時，別有諸緣而起，如睡定、鬧語、顛狂、神隱之類，故不足也。』（四一八頁下）

〔三九〕文云　簡正卷七上：「『文云』等者，受戒犍度文也。」（四一八頁下）資持卷上三：「『文』下，二、引本制。初，明兩位，中、邊分齊，如二衣中。」（二一七頁上）【案】四分卷三三，七九九頁下。

〔四〇〕邊方無僧，曲開五人，持律得受　資持卷上三：「邊地僧少，恐不簡練，故特標之，非謂中國便容濫預。古師錯解，如疏委斥。此土邊陲，本是開位，僧既漸多，還遵中制。末世浮薄，德學全虧，必準本開，理亦無過。是知，律制五人持律，經開千里無師，非謂無僧，但實行者不易得耳。」（二一七頁上）簡正卷七上：「鈔中云『持律得受』者，持律是清淨義也。律是『能詮』，能詮下『所詮』也，是戒。今既持戒，豈非清淨？反顯不持戒人，不在此例也。更有非說不敘。上依羯磨疏解也。」（四一八頁下）鈔批卷九：「謂迦旃延弟子名曰億耳，住於憂槃提國，三年求師僧，受戒方得。礪云：致使億耳受戒三年始獲，緣此白佛。佛開自今已去，邊方五人開受。言持律得作（原注：『作』鈔作『受』。）者，濟曰：中國十人，何以不言持律所以，獨語邊方持律得作者？以邊方非法者多故，須言持律。中國僧皆清淨，故不言之也。」【案】見僧祇卷二一，一四四頁上。

〔四一〕若後有僧，用本開法，「得戒」「得罪」者，此十誦所列　資持卷上三：「『若』下，決上邊開。『得戒』謂僧法無缺，『得罪』即本制有乖。『若爾，中國五人，可同此否？』答：『中本無開，不可相例。』『此』下，指所出。伽論亦然。」（二一七頁上）簡正卷七上：「比為無人。今既僧多，還用五者，沙彌得戒，據不違他開文，眾僧得罪。約持律僧多，故不應爾也。十誦所列者，彼云：『頗有邊地具十人，但取五人成受以不？』答：『得名受具。僧得可呵也。』（已上律文）。玄云：『『可呵』謂吉羅也。』或有不許此解：『若云可呵是吉羅者，提舍尼罪無是，吉羅莫但有四篇、無五篇不？』彼說『可呵』是提舍尼罪，以十誦中所結，部別不同故。今意不然。彼雖云『可呵』不是提舍尼戒，但喚『吉羅』為『可呵』。若云部別不同者，由如四分與減季人戒中，云諸比丘亦可呵，豈非眾僧得吉？不可呼為提舍尼耶！（四一八頁下）故知此破無理。」（四一九頁上）鈔批卷九：「彼律問曰：『頗邊地有十人，但取五人，成受以不？』答：『得，名受具。僧得可呵罪。』伽論亦爾。准此，似是約處定制故。」【案】十誦卷五五，四〇五頁上。「僧得可呵罪」意即受戒者得戒，授

戒者得罪。

〔四二〕**界內盡集和合**　簡正卷七上：「羯磨疏云：以界收人，咸尊一法。」（四一九頁上）

〔四三〕**更無方便，得別眾故**　鈔批卷九：「以同界故，皆須盡集。若也不來，不成受戒。」（四六二頁下）

〔四四〕**則除顛倒、錯脫、說不明了等**　資持卷上三：「『則』下二句，且括四非，或昧綱緣。白讀謹誦，皆不成法，故云『等』也。」（二一七頁上）鈔批卷九：「前作羯磨，後作白，名顛倒；遺落文句，曰錯脫。」（四六二頁下）簡正卷七上：「玄云：白在後曰顛，羯磨在前曰倒。如律正斷，非法不成。言彼稱此為錯，文句不足為脫。言不辨折（【案】『折』疑『析』。），說不明了也。」（四一九頁上）

〔四五〕**資緣具足**　鈔批卷九：「羯磨疏云：內忻勝法，外假勝儀，身心相依，如魚有水。若無若借，俱非具緣。」（四六二頁下）資持卷上三：「問：『與能受中第四何異？』答：『前約小眾容儀，此據大僧道具。能所內外，豈不明乎？』統上六緣，（二一七頁上）還歸四種。人法事處，單複配之。又，前五不具，定不成受。第六有闕，容多諍論。若準祖意，例亦不成。如後委辨。又，準羯磨復加一種，謂佛法時中，毘曇論云：若至法滅，一切結界、受戒，皆失沒故。」（二一七頁中）

〔四六〕**發心乞受**　資持卷上三：「上並旁助，此正因本，必須開悟，方堪進受。若論發乞，合是兩緣。心、口雖殊，希求義一，故合之耳。」（二一七頁中）簡正卷七上：「羯磨疏云：此寔因本，不乞者不得。不欲於此，而欲於彼，若非本壞（原注：『壞』疑『懷』。），乞非所乞，不名受也。」（四一九頁上）

〔四七〕**不乞者，無心者不成故**　資持卷上三：「『文』下，引示。律中，佛言：教乞戒而不乞，不得受具足。又云：時有強與授戒，後便逃走還家。佛言『不得強授人具足戒』，即無心也。」（二一六頁中）鈔批卷九：「夫欲受戒，理須殷重乞求，方成受具。（四六二頁下）若也輕慢不請，義無得戒。」（四六三頁上）簡正卷七上：「羯磨疏云：無心欲受，強抑登壇，亦不得也。」（四一九頁上）【案】四分卷三五，八一四頁上。

〔四八〕**心境相應**　資持卷上三：「心境者，無別緣相，即合二三，相對以論，計有四句。標即俱如，是今正取。俱非易解，止明二互。」（二一七頁中）簡正卷七上：「『心』是能受人心，『境』是眾僧所作之法為境。境當於心，心稱於境，

故曰相應也。」（四一九頁上）

〔四九〕眠、醉、狂人及無心而受等，是心不當境　鈔批卷九：「謂師、僧、衣鉢如法，是境。但受者無心，不稱此境故也。」（四六三頁上）簡正卷七上：「羯磨疏云：法正緣合，而意別緣，是心不當境也。」（四一九頁上）資持卷上三：「眠、醉、狂三，皆因受已，後覺返道，佛並制斷。心俱無記，正缺戒因。『無心』同上。若準多論，通列四心：善、惡、無記及以無心。文收二種，善、惡準之。」（二一七頁中）

〔五〇〕復以文云　資持卷上三：「『復』下，次句。文中略引人、法二非。事、處亦爾。」（二一七頁中）

〔五一〕境不稱心　鈔批卷九：「謂受者求戒斷惡之心，而師僧不清淨者是也。」（四六三頁上）

〔五二〕若慇重心受，則有「無教」；若輕心受，但有其「教」，無「無教」　資持卷上三：「『薩』下，引證。文但明心，善必兼境。重心者，即上相應。輕心者，即眠、醉等。教、無教者，即是成宗『作』與『無作』。會釋名義，委在中卷。」（二一七頁中）鈔批卷九：「此明能受之人，若有慇重，則發『無作』之戒也。」（四六三頁上）

〔五三〕事成究竟　資持卷上三：「通括前後，具緣正加，一一無違，方成究竟。」（二一七頁中）

〔五四〕始從請師，終至白四　資持卷上三：「初，約正受釋。言『始從』者，總攝八緣；終至者，正納法體。共為九法，下列十緣，除初及三，但取八種。」（二一七頁中）

〔五五〕九法往來，片無乖各　簡正卷七上：「九品（【案】『品』鈔作『法』。）往來者：請師；二、教發戒；三、安置處所；四、單白；差教授師；六、單白召入；七、教乞戒；八、戒師白和；九、解師問難。片者，少也。乖，違。各，別也。」（四一九頁上）鈔批卷九：「九法者，一、請師；二、置受者處；三、差教授；四、往見問；五、喚入眾；六、教令乞；七、戒師白；八、撿遮難；九、正白四。頌曰：請置差往喚，乞白撿羯磨。」（四六三頁上）資持卷上三：「言往來者，行事出入、施造之相。」（二一七頁中）【案】鈔批「九法往來」句也可參見後「正加法」中。

〔五六〕界非別眾　資持卷上三：「『界』下，二、約具緣釋。略舉心境，以明成否。」（二一七頁中）

今引文證〔一〕。

母論云，五緣得成〔二〕：一、和尚如法〔三〕；二、二阿闍梨如法〔四〕；三、七僧清淨；四、羯磨成就〔五〕；五、眾僧和合與欲〔六〕。多論云：若受者，在家受五戒、八戒，出家受十戒〔七〕；隨五戒破一重，受八戒不得，乃至不得受具足及作和尚〔八〕。即十三難中，初難攝〔九〕。

【校釋】

〔一〕今引文證　資持卷上三：「上列諸緣，皆依律本，此但通證。立緣簡辨，非無所據，至論列相，不必全同。」（二一七頁中）簡正卷七上：「謂前『能』中有五，『所』中有六，且依首疏所列。然於『能』『所』之中，文義由有未了處，故今引論更明，證前不了。」（四一九頁下）

〔二〕五緣得成　資持卷上三：「總束五緣，不過人、法，略證所對，三、四、五也。」（二一七頁中）【案】毘尼母經卷一，八○六頁中。

〔三〕和尚如法　簡正卷七上：「謂反證前所對中。彼但云數滿如法，若少一人，非法毗尼。非謂頭數不滿等，並不說和上。」（四一九頁下）

〔四〕二阿闍梨如法　簡正卷七上：「二師、七師等是不了。今引論文，方為如法也。」（四一九頁下）

〔五〕羯磨成就　簡正卷七上：「證前『所』中第五，彼云白四教法等。既言白四，則不收單白之文，是不了也。今言羯磨，何簡白四、單白？一切並是，方為決了。」（四一九頁下）

〔六〕眾僧和合與欲　簡正卷七上：「證前『所』中第四。彼云界內和合盡集等，忽若有緣，身不得赴集，不可不開與欲，是不了。今云『和合與欲』，若無緣應來者來，或有緣應與欲者與欲來，方是決了。」（四一九頁下）

〔七〕若受者，在家受五戒、八戒，出家受十戒　資持卷上三：「引多論，唯明『邊難』，略證『能』受第三一緣。然其『邊罪』，律據具戒，論通白衣，故約三戒，次第明相。初列三受。」（二一七頁中）

〔八〕隨五戒破一重，受八戒不得，乃至不得受具足及作和尚　資持卷上三：「『隨』下，顯難。文出破五，即障餘三，中間省略『受十不得』，故云『乃至』。破八障二、破十障一，第論可知。然五、八戒相，不分輕重，還準具戒，殺盜淫妄，各有大小。酒是遮惡，犯則非障。不作和尚者，設有濫受，體非僧故。」（二一七頁下）簡正卷七上：「五中破重者，受八不得；八中破重者，受十不得；十中破重者，受具不得。今引此文，方為決了。鈔引彼論，猶是語略，故

著『乃至』之詞。若展開，亦合一一而牒也。」（四一九頁下）

〔九〕十三難中，初難攝　簡正卷七上：「鏡水大德云：此約受了說，謂此人根本是器不淨，（四一九頁上）即是『邊罪』。所收初時，既受不得，但相似比丘。今若令此人登壇為人作師受戒者，便是十三難人，為和上累他前人不得戒也。」（四二〇頁上）毘尼母卷一：「十三種人不得作和上受具。」（八〇六頁下）【案】「初難」即十三難之第一的「邊罪難」。

必有受者，前準上緣〔一〕。必不堪任，聖教不許〔二〕。

【校釋】

〔一〕必有受者，前准上緣　鈔科卷上三：「『必』下，誡令檢勘。」（二四頁中）資持卷上三：「初，令準勘。『必』下，示簡除。」（二一七頁下）簡正卷七上：「謂若欲受戒者，受前一一，須准上來所列之緣。」（四二〇頁上）

〔二〕必不堪任，聖教不許　簡正卷七上：「與上相違，不堪任用。律論明斷，違理不成，故云聖教不許也。」（四二〇頁上）

二、加法中〔一〕

分二：初，緣起方便；二、明體用。

若集僧、羯磨方法〔二〕，如前篇中〔三〕。故重明之〔四〕，以事大，故也。

緣中有十〔五〕。

【校釋】

〔一〕加法中　鈔批卷九：「總有十段，前通辨羯磨，中明七非。」（四六三頁上）【案】「加法」文分為三：初，「分二」下；次，「若集」下；三、「緣中」下。

〔二〕若集僧、羯磨方法　鈔科卷上三：「『若』下，點示。」（二四頁上）資持卷上三：「覆釋所對成法諸緣。初指前文，且舉二篇。結界、足數，義同文省。方法者，總於上二。」（二一七頁下）簡正卷七上：「『集僧』如第二篇，『羯磨』如第五篇，『方法』如第六篇。」（四二〇頁上）

〔三〕如前篇中　鈔批卷九：「如上通辨羯磨中明之也。」（四六三頁上）簡正卷七上：「謂欲受戒，先須集僧秉法，須知剛骨緣本，又須結戒場及大略（【案】『略』疑『界』。）等。如是軌摸，如前已述。『若爾，何故此中更明？』『可引抄答云『故重明之，以事大故也』。意道：前既廣辨，今不要更論。然受戒大事，此三寂（【案】『寂』疑『最』。）急故，略提舉名目也。』『外難既是重

明，足數與欲何不舉起？』答：『有兩解。一、玄記云：今時行事，皆是碩德，儀相並同，不用論其足別。又作法界，殊不須與欲也。二、解云：若欲委細，必須盡明也。已上兩釋，今依所稟云妙（【案】『云妙』疑『玄記』。），如後解，蓋是略也。若言碩德行事，不論足別，即碩德明閑教文，羯磨結界，必定無非，亦不假更標舉。又云：作法界別，不要與欲，（四二〇頁上）或無戒場，多在大界。有人有緣，不來不傳，欲法不免別眾，即被事不足。』」（四二〇頁下）

〔四〕**故重明之**　資持卷上三：「『故』下，示重意。又解：即此提示，便為重明。」（二一七頁下）

〔五〕**緣中有十**　資持卷上三：「緣起有十，前取八法。<u>羯磨篇</u>云『八種調理』，注<u>羯磨</u>中亦列『八緣』。『所以多少異者？』」答：『一、三兩種，容在餘時，不定受前事儀次第。』『若爾，此何列耶？』答：『未請師前，僧須檢問，既請師已，義必開導。出沒隨時，不妨兩是。』問：『前五後十，並號為緣，如何分異？』答：『前則立定綱格，檢括是非，後謂布列行儀，發起正體所以。前云具緣成受，後云緣起方便。<u>業疏</u>科云：前是約法辨緣，後是就事辨緣。』」（二一七頁下）鈔批卷九：「謂此十段中，除此第一段沙彌十戒門，并正眾中受門，但有八門調理，是『受前』也。」（四六三頁上）【案】「緣中有十」文分為二：初，緣起方便；二、正明體用。初又分十，如下所列。

　一、受者，得法以不〔一〕

　四律所明〔二〕，必須十戒於前，後聽受具〔三〕。文中〔四〕：不與受十戒，眾僧得罪。多云：所以制十戒者，為染習佛法故〔五〕。不同外道，一往頓受〔六〕。佛法不爾，猶如大海，漸深漸入〔七〕。

【校釋】

〔一〕**得法以不**　簡正卷七上：「得十戒法也。」（四二〇頁下）

〔二〕**四律所明**　簡正卷七上：「四、五、十、祇，皆明與（原注：『與』下一有『少』字。）分法，非局四分一律也。」（四二一頁下）

〔三〕**必須十戒於前，後聽受具**　簡正卷七上：「謂染習佛法，必須次第，先受五戒，自以調伏，信樂漸增；次十戒，善心轉除（【案】『除』疑『深』。）；後受具足，得佛法味。如游大海，漸深漸入。」（四二〇頁下）

〔四〕**文中**　資持卷上三：「『文中』即指本律。」（二一七頁下）

〔五〕**所以制十戒者，為染習佛法故**　資持卷上三：「『多』下，二、出制意。外道之

法，但入彼道，便同事業，無漸次故。問：『此中不云先受五戒，何耶？』答：『十是具緣，故當此示。五是十緣，如沙彌篇中。尼鈔註云：不受五戒，直受十戒，得戒得罪。即多論云：先以五戒調伏身心，信樂漸增，方受十戒是也。』（有人見此不言五戒，刪欲廢之，如別所破。）」（二一七頁下）【案】多論卷一，五〇八頁上。

〔六〕不同外道，一往頓受　鈔批卷九：「謂今且與十戒者，（四六三頁上）恐受大戒者不堪護持，故漸與之，以調其根器。事同『式叉六法』，以漸漸而進也。」（四六三頁下）

〔七〕猶如大海，漸深漸入　鈔批卷九：「報恩經第六卷云：憂婆離問佛：『若受具戒，攝得十戒，何須先受十戒，復受大戒？』佛言：『雖一時得而染習佛法，必須次第。先以十戒，以自調伏，信樂漸增，善根轉深，次受具戒。如是次第，得佛法味，深樂堅固，難可退敗。如遊大海，漸漸入深，如入法海，亦復如是。」（四六三頁下）【案】報恩經卷六，一五九頁上。多論卷一，五〇八上。

二、明請師法

初，請和尚〔一〕者

以是得戒根本〔二〕。若無此人，承習莫由，闕於示導，不相生長〔三〕。必須請之。

善見論云〔四〕：以不請故，多造非法，諸師訶責。反云：「誰請大德，為我和尚？」佛因制之：若不請者，不得；與受，得罪〔五〕。

四分請法，不云僧、屏〔六〕。計理別處預請，何損大理〔七〕？今在眾中者〔八〕，十誦云：令受戒人，先入僧中，教使次第頭面一一禮僧足已，然後請之。僧祇云：今從尊求和尚等〔九〕。五分云：請和尚時，兩手捧足〔一〇〕。

當具修如上〔一一〕，至和尚前〔一二〕。旁人教云：「所以請和尚者，此是得戒根本所歸投處〔一三〕。」種種隨機已，計汝自陳不解〔一四〕，故教也。文云〔一五〕：「大德一心念：我某甲今請大德為和尚，願大德為我作和尚。我依大德故，得受具足戒。慈愍故！」三說。

僧祇云：眾中三請已，和尚應語「發彼喜心」〔一六〕。四分云〔一七〕，答言：「可爾！教授汝。清淨，莫放逸。」弟子答云：「頂戴持。」下文更有十種答法〔一八〕。

問：「沙彌戒時已曾請訖，今何重請〔一九〕？」答：「以容改轉，不用本師〔二〇〕。又，沙彌時請，初來為受十戒，今者沙彌為受具戒，受法不同〔二一〕；或可和尚無德，不合相攝〔二二〕，故二對請之〔二三〕。」

次請二師。

律無正文。據佛阿毗曇中，亦有請法〔二四〕，文非巧勝〔二五〕，故不鈔出，即準和尚例通請之〔二六〕：

應具儀至師前〔二七〕。旁人示語云：「羯磨戒師阿闍梨者，受戒正緣。若無此人秉於聖法，則法界善法無由得生。故須增上重心，於戒師所，方發無作。」

種種說已。教云：「大德一心念！我某甲今請大德為羯磨阿闍梨，願大德為我作羯磨阿闍梨。我依大德故，得受具足戒。慈愍故！」三說。

次請教授師。亦具修至前。旁人教云：「由此人為汝教授，引導開解。令至僧中，發汝具戒。緣起方便，並因此師。重心請者，方乃發戒。」文如羯磨師法。但以「教授阿闍梨」為異。

次請七證師〔二八〕。

義須準請〔二九〕。以羯磨法非是獨秉〔三〇〕，必取此人證無錯謬。十誦正則，理例請之〔三一〕。則受者生善，前師心重，彼此俱和，豈非同法？

世多不行，但自滅法。若論發戒功，與三師齊德，何為不請之乎？可準三師而請〔三二〕。必在大眾多僧，亦未必通限〔三三〕。

更明十師成不之相〔三四〕

四分云：弟子知和尚犯戒〔三五〕，知不應如是人邊受，亦知雖受不得戒。如此具知，則不成受〔三六〕；反上，成也。餘之九師，律無正文，準可知也。若和尚犯重，而羯磨師知，亦不成受，以了知所牒〔三七〕非比丘用故。若十師之內，互知犯重，法亦不成〔三八〕。並了知犯者，不得共住，知何不該〔三九〕。若據律文〔四〇〕，弟子知和尚破戒，未顯輕重。準義詳之，乃至犯吉羅者，亦不成受〔四一〕，以犯威儀，不應師德。知不得戒，強受不成〔四二〕，由無心故。既知必須見聞清淨〔四三〕，預須選擇。文云令選擇取〔四四〕也。

和尚德者，差互不同〔四五〕。律中所列百三十餘種〔四六〕。十夏一種，必須限定〔四七〕。餘之德相，如師資法中。故九夏和尚〔四八〕，受戒得罪；二種闍梨，五夏已上〔四九〕。律云多已五歲也。餘師〔五〇〕隨夏多少。統

明師義，幸有老宿碩德，則生善於後〔五一〕。五百問云〔五二〕：比丘五臘不滿度弟子，知非而度，犯墮。弟子不知是非，得戒；若知，不得戒。明了論疏〔五三〕：若已得五夏，為受大戒作證人，及作威儀師。七夏已去，得作羯磨闍梨〔五四〕。既是師位，故不得互共同床坐〔五五〕。

【校釋】

〔一〕初請和尚　簡正卷七上：「謂具戒和上也。所以十師之中，何故先請和上者？抄釋，以是得戒根本。謂沙彌望和上，是得戒之原。緣即根本也。」（四二〇頁下）【案】「請師法」文，初，正明請法；二、「更明十師」下，料簡。「請法」又分三：請和尚，請二師，請七證。「請和尚法」文分二，初請法，「問」下釋疑。初又分五，如鈔文所列。

〔二〕得戒根本　資持卷上三：「戒從彼生故。」（二一七頁下）

〔三〕若無此人，承習莫由，闕於示導，不相生長　簡正卷七上：「謂無和上，即稟秉終（【案】『終』疑『承』。）習無由而成法身慧命也。闕於示導等者，餘人不是師，不可輒教誡。既無教授，五分法身不立，即無所長益也。」（四二〇頁下）資持卷上三：「『承習』謂稟學，『示導』謂軌行，『生長』謂成。德不附嚴師，此三俱喪。」（二一七頁下）

〔四〕善見論云　鈔科卷上三：「『善』下，引制緣。」（二五頁下）簡正卷七上：「彼云：有婆羅門欲出家，佛令舍利弗白四度之。以多作非法，餘比丘呵責云：『何造作非法？』彼答云：『誰請大德與我受戒？誰請汝為我作和上？』（四二〇頁下）諸比丘白佛，佛因制令請。」（四二一頁上）【案】善見卷一六，七八九頁上～中。

〔五〕與受，得罪　資持卷上三：「得罪者，準伽論得戒。」（二一七頁下）簡正卷七上：「若不請，不乞戒，與受者，結吉也。今文云得罪，即是吉羅。」（四二一頁上）善見卷一六：「……佛因此制戒：人不請，不作和上；不乞戒，不得授具足戒。若與受，得突吉羅。」（七八九頁中）【案】「受」，依義當為「授」。

〔六〕四分請法，不云僧、屏　資持卷上三：「古有定執在眾，故此決破。疏云：必預，（二一七頁下）須受前一年，一月亦無傷也。」（二一八頁上）簡正卷七上：「謂當部受戒揵度，不云僧中、屏處也。」（四二一頁上）

〔七〕計理別處預請，何損大理　簡正卷七上：「今師商度也。以道理計度，必私房院、屏處請，亦未傷大理。」（四二一頁上）

〔八〕今在眾中者　資持卷上三：「『今』下，據他部對眾。」（二一八頁上）簡正卷

七上：「今人行事，並在壇內一一對眾請者。鈔準十誦，令受人先入僧中等。」
（四二一頁上）

〔九〕今從尊求和尚等　資持卷上三：「僧祇示請詞之異。（五分亦爾。）」（二一八頁
上）簡正卷七上：「謂諮彼為尊，求彼為和上也。」（四二一頁上）

〔一〇〕請和尚時，兩手捧足　資持卷上三：「引五分明致敬之極。」（二一八頁上）簡
正卷七上：「以至尊手，捧至卑足，表勤重也。」（四二一頁上）

〔一一〕當具修如上　鈔科卷上三：「『當』下，出請詞。」（二五頁下）資持卷上三：
「初明具儀。如上者，指前十誦。」（二一八頁上）鈔批卷九：「如上僧網大綱
篇中云：凡來僧中，律云偏露右肩、脫革屣、禮僧足、右膝着地、合掌等五法
也。」（四六三頁下）

〔一二〕至和尚前　簡正卷七上：「敷坐具，對於和上跪也。」（四二一頁上）

〔一三〕所以請和尚者，此是得戒根本所歸投處　資持卷上三：「『旁』下，明教導。」
（二一八頁上）簡正卷七上：「今時自有引請之人教示也。『所以』等者，未陳
詞之前，先說此由，漸令他心中殷重故。」（四二一頁上）

〔一四〕種種隨機已，計汝自陳不解　資持卷上三：「應更接前『若無此人』等語。」
（二一八頁上）

〔一五〕文云　簡正卷七上：「『文云』等者，正請詞也。羯磨疏分五句：初，『大德一
心念』，請專意也；二、『我某甲』至『和上』者，明所祈也；三、『願為我作
和上』者，慈副本望；四、『我依大德』至『戒』字，學生之由也；五、『慈愍
故』已，述所懷，唯願聽許可。」（四二一頁上）

〔一六〕眾中三請已，和尚應語「發彼喜心」　資持卷上三：「初，示須答之意。」（二
一八頁上）【案】有注本「眾」前校加「次」字。

〔一七〕四分云　資持卷上三：「『四』下，出答詞。疏云：初，可爾者，總領『請詞』，
許為師也。又云：『可』是答諾下流，『爾』是應酬上位。準此，但答云『可』。
教授汝者，非但事攝，有法弘訓也。清淨者，宜重戒本、攝持三業也。莫放逸
者，諸過之源，由行放逸，當攝情根，遠五欲也。準疏，四句共成一答。初是
許詞，後三相攝。不同古解隨一成答。今時行事，多不依用，妄搆浮言，殊無
軌度。」（二一八頁上）

〔一八〕下文更有十種答法　資持卷上三：「『下文』者，即增五中。彼云：有五法與人
依止，若言能、若言可、若言是、若言善自修行、若言不放逸。復有五法與
人依止：若言善哉、若言好、若言起、若言去、若言與依止。二五，共十種

也。（舊記指師資篇，非也。）」（二一八頁上）【案】四分卷五九，一〇〇三頁中。

〔一九〕沙彌戒時已曾請訖，今何重請　簡正卷七上：「此問意云：適來受十戒時，已請為十戒和上竟，今受具戒，便是此師，何必更重請法？」（四二一頁下）

〔二〇〕以容改轉，不用本師　資持卷上三：「答有三解。初，改轉者，遠行返道、死等緣也。」（二一八頁上）簡正卷七上：「依鏡水大德作三段意解之。初云『以客（【案】『客』疑『容』。）改轉，不用本師』者，且申初解也。大德云：據客有不定說也。謂十、具二戒，若同是此人為和上，不要重請，亦得。今緣受具戒之時，別請餘人為和上，不用前來十戒和上，故云以容改轉等也。」（四二一頁下）

〔二一〕請初來為受十戒，今者沙彌為受具戒，受法不同　資持卷上三：「『又』下，約法異。」（二一八頁上）簡正卷七上：「第二解也。大德云：此約法別，不就人論。縱使十、具二戒，同是此一比丘，亦須更請。鈔自解云：沙彌時請，標心為十戒。今復請者，為受大戒。標心約法既別，是以請法有殊。」（四二一頁下）

〔二二〕或可和尚無德，不合相攝　資持卷上三：「『或』下，約德闕。」（二一八頁上）簡正卷七上：「『或』是不定之談。謂受十戒時，請他與我作和上已後，或見和上犯戒，或聞人說此和上有過、無德業等，心中懷疑，不欲更請他。各師遂別選擇持戒之人，為我作具戒和上等。故下文云：以犯威儀，不應師德也。」（四二二頁上）鈔批卷九：「立謂：受十戒時雖請，或可於和上犯戒，故曰無德。故今須量度有德、無德，應更請也。」（四六四頁上）

〔二三〕故二對請之　資持卷上三：「『故』下，總結三義。十、具各請，故云二對。」（二一八頁上）鈔批卷九：「濟曰：一謂沙彌時，對面請，并今受具時，又對面請，故曰二對。」（四六四頁上）簡正卷七上：「沙彌戒時，一度對面請，今具戒時，又一度對面請，故云二對請之。（已上正釋了。）若依玄記中，將『以容改轉，不容本師』為標，將下句兩段文共釋前未改轉之義，失鈔意甚。幸請思之。」（四二二頁上）【案】有注本在「故」後校加「須重請之」。

〔二四〕據佛阿毗曇中，亦有請法　資持卷上三：「彼論但有請十戒闍梨法。」（二一八頁上）【案】「請二師」文分二，初標示，次二「應具」下。「二師」即羯磨師、教授師。

〔二五〕文非巧勝　資持卷上三：「彼云：『大德憶念：我某甲從大德乞出家，願大德度

我出家，憐愍我。慈愍故。』」（二一八頁上）

〔二六〕**即準和尚例通請之**　資持卷上三：「和尚一法，兼請二師，但改名字故。」（二一八頁上）

〔二七〕**應具儀至師前**　鈔科卷上三：「『應』下，正明請法。初請羯磨師，二請教授師。」（二五頁中）簡正卷七上：「正明請法也。文句與前和上中解判亦不別。」（四二二頁下）資持卷上三：「請羯磨中。初，具儀；二、教示；三、正說。教授法中分三，同上。」（二一八頁上）

〔二八〕**請七證師**　鈔科卷上三：「初，約義立請；二、『世』下，斥世不行。」（二五頁中～下）鈔批卷九：「此人號為尊人，亦曰尊師，見論名為『臨壇師』也。」（四六四頁上）

〔二九〕**義須準請**　簡正卷七上：「以今師義意，可准三師而請也。」（四二二頁上）

〔三〇〕**以羯磨法非是獨秉**　資持卷上三：「『以』下，示義。言非獨者，疏云：據成羯磨，合眾齊功，豈獨三師偏受其賜？」（二一八頁上）

〔三一〕**十誦正則，理例請之**　資持卷上三：「十誦正則者，即上引云：『一一禮僧已，然後請之。』驗知非局，猶非明文，故云理例。」（二一八頁中）簡正卷七上：「謂前文引十誦云：『令受人先入僧中，教使次第頭面，一一禮足已，請之。』既次第一一，則何局和上？二師准此，總須請之，故云理例也。」（四二二頁上）【案】有注本「正」後校加「文」字。

〔三二〕**可準三師而請**　資持卷上三：「『可』下，令準請。亦應具儀，至七師前總請。旁人教云：以羯磨法非是獨秉，必須此人證無錯謬。若論發戒，功與三師齊德，故須請之。法中但改尊證，或云七證為別。」（二一八頁中）

〔三三〕**必在大眾多僧，亦未必通限**　資持卷上三：「『必』下，遮濫。七證之外，不煩盡請。」（二一八頁中）鈔批卷九：「必人眾多，但請所指為尊者，餘不須請也。」（四六四頁下）簡正卷七上：「或在大界上受，總集百餘人，不可總請。如許多人，此等諸人，雖為我受戒事來，如今但准中國受法十人，三師七證已外，亦不在請也。」（四二二頁上）

〔三四〕**更明十師成不之相**　鈔科卷上三：「『更』下，料簡成否（二）：……初，初簡持破……二、『和』下，簡德臘。」（二五頁中）簡正卷七上：「持戒如法者，名成；破戒無德與受，不成為不。『相』謂相狀也。」（四二二頁下）【案】「料簡」文分為二：初，「四分云」下；次，「和尚」下。初又分三：初，「四分」下；二、「若十」下；三、「若據」下。

〔三五〕**弟子知和尚犯戒** 資持卷上三：「此即四句中一句，如足數具引。」（二一八頁
中）簡正卷七上：「准律四句，前三得，後一不得。今此文中，舉第四句，前
足數中已辨，託餘之九師，准可知者。律雖無文，今師意云『但准知上四句得
不得』，即可知也。」（四二二頁下）

〔三六〕**如此具知，則不成受** 資持卷上三：「『如』下，準判。具知者，即上三種。餘
下例準。」（二一八頁中）

〔三七〕**所牒** 資持卷上三：「初，約二師。所牒者，羯磨緣中揲（【案】『揲』疑『牒』。）
和尚。」（二一八頁中）

〔三八〕**若十師之內，互知犯重，法亦不成** 鈔科卷上三：「『若』下，十師互知犯。」
（二五頁下）簡正卷七上：「戒師知和上犯，和上戒師犯；教師知戒師，戒師
知教師。七證亦爾，迭互相知也。」（四二二頁下）

〔三九〕**不得共住，知何不該** 鈔批卷九：「明比丘犯重已，不得在說戒及羯磨二種僧
中共住，不足僧數。今已知犯重竟，即非同法之人，不合同證羯磨。將此『知』
字，何所不該？但知犯重，即不應一切羯磨也。豈獨說戒乎！應師云：該者，
備也。方言云：該，由包也。十師相望，約知犯重。犯下篇，猶得應法。若望
受者，善知師犯吉羅，即非師德也。」（四六四頁下）簡正卷七上：「該，遍也。
謂若知犯重，不得說戒、羯磨僧中共住。不獨戒師知和上犯，不得共住，即受
不成，其十人之內互知，總是不得共住，不成受戒，故白（【案】『白』疑『曰』。）
知何不該。既和上不得十師，亦准不得，何得不該十師也？」（四二二頁下）
資持卷上三：「不共住者，不入羯磨僧中。此語簡絕一切犯重之人，故云知何
不該。該，猶通也。」（二一八頁中）

〔四〇〕**若據律文** 鈔科卷上三：「『若』下，決前犯相。」（二五頁下）資持卷上三：
「初，示文缺。」（二一八頁中）簡正卷七上：「謂文中但云和上犯戒，且五篇
總是戒，不知犯何戒？為是夷、殘，為是提、吉？並不顯此重輕也。」（四二
二頁下）

〔四一〕**乃至犯吉羅者，亦不成受** 資持卷上三：「十師相知，局約四重，白停僧殘，
得預數故。弟子知師，則通諸篇，故云乃至等。」（二一八頁中）簡正卷七上：
「乃至吉羅，亦是戒收，亦不得為和上也，何呪（【案】『呪』疑『況』。）上
篇重罪耶？」（四二二頁下）

〔四二〕**知不得戒，強受不成** 資持卷上三：「『知』下，責強受。」（二一八頁中）鈔
批卷九：「景云：謂弟子和（原注：『和』上疑脫『知』字。）上犯戒，不應師

德，無心從受，故受不成。又如今時受戒人，意在彼人為和上者，以知事壇主
逼令將餘人為和上，以無心，強受不得也。」（四六四頁下）

〔四三〕既知必須見聞清淨　資持卷上三：「『既』下，誡揀擇。」（二一八頁中）

〔四四〕令選擇取　資持卷上三：「『『律云：彼不選擇人受依止，而師破戒見等。佛言：
自今已去，不得不選擇師受依止。（準明和尚。）」（二一八頁中）【案】四分卷
三四，八〇五頁下。

〔四五〕和尚德者，差互不同　鈔科卷上三：「『和』下，簡德臘。初，正示階漸；二、
『統』下，通簡宿德。」（二五頁中～下）

〔四六〕律中所列百三十餘種　資持卷上三：「準增五中，列二十六箇『五句』，今略引
之。有五法，不應授人大戒：（無戒、無定、無慧、無解脫、無知見。又云：
復有五法，應授人大戒，即反上五句。下諸五句，皆爾。）復有五法，（自無
上五，復不能教人令住此五；）復有五法：（不信、不慚、無愧、懈怠、多忘；）
復有五法：（不知增戒、增定、增慧，不知白，不知羯磨；）復有五法：（不知
威儀戒、不知增淨行、不知木叉戒、不知白、不知羯磨；）復有五法：（不知
犯、不知犯懺悔、不知犯已懺淨、不知白、不知羯磨；）復有五法：（不知有
難、不知無難、不知白、不知羯磨、不滿十歲；）復有五法：（不能教人增戒、
增心、增慧、不能作瞻病人、不滿十歲；）復有五法：（不能教弟子威儀、增
淨行、增木叉、不能令捨惡見、不滿十歲；）復有五法：（不知犯、不犯輕重、
不廣誦二部毗尼；）復有五法：（不具持木叉、不多聞、不能教弟子毗尼、毗
曇、不滿十歲；）復有五法：（不具持木叉、不能教弟子毗尼、毗曇，復不能
教捨惡見、住善見；）（二一八頁中）復有五法：（不能教弟子毗尼、毗曇，不
能教捨惡見住善見，不樂住處不能移，有疑不能開解；）復有五法：（四法同
上，五、不滿十歲；）復有五法：（不知木叉、亦不能說、不知布薩、不知布
薩羯磨、不滿十歲；）復有五法：（不善知犯、不善知犯懺、不善入定、不知
出定、不滿十歲；）復有五法：（不知犯、不犯輕重，不滿十歲；）復有五法：
（不具持木叉、不多聞、不能教弟子增戒、不能瞻病、不廣誦二部律；）復有
五法：（不具持木叉、不多聞，不能教弟子增戒學、捨惡見、不善誦律；）復
有五法：（三種同上，四、不樂處不能移，不堅住毗尼；）復有五法：（不具持
二百五十戒、不多聞、不能教弟子增戒學、有疑不能解、不能斷諍事；）復有
五法：（第三，不能教弟子增定學，餘四同上；）復有五法：（二、不能教弟子
增慧學；【案】此處疑脫『餘四同上』四字。次三同。）復有五法：（二、不能

令增威儀戒學；）復有五法：（二、不能教增淨行學；）復有五法：（二、不能教增木叉戒學）。已上總一百三十種。」（二一八頁下）【案】資持引文對律文進行概括，見四分卷五九，一○○一頁～一○○八頁。文中「不知犯不犯輕重」即不知犯、不知不犯，不知輕、不知重。

〔四七〕**十夏一種，必須限定**　資持卷上三：「『十』下，別定。」（二一八頁下）

〔四八〕**九夏和上**　鈔批卷九：「立九夏和上，開得戒，師犯罪。若八夏和上，一向不得戒，同是犯也。」（四六四頁下）

〔四九〕**二種闍梨，五夏已上**　資持卷上三：「『二』下，明二師。多已五歲，即師位故。」（二一八頁下）簡正卷七上：「羯磨、教授二也。五夏已上者，至五夏已上，即六夏乃至三十、五十等。律云多已五歲等，證也。今時四夏已下，為人作戒師、教師，理不可也。文中既有制約，違制自是非法，不成。由如和上，定是十夏，若九夏是開，八夏等定是不許也。」（四二三頁上）

〔五〇〕**餘師**　資持卷上三：「『餘』下，即七證也。」（二一八頁下）簡正卷七上：「除三師外，七證曰『餘』。但明解羯磨是非即得，不論夏之多少也。」（四二三頁上）

〔五一〕**統明師義，幸有老宿碩德，則生善於後**　簡正卷七上：「統，通也。幸有老宿碩德者：耆，耆長者，名為老宿；碩者，大也，有名聞大德、眾人奉重之者。生善於後者，云記（【案】『云』疑『玄』。）云：『於後』即指師資篇為後也。彼辭師出離，謂見和上有非法事，良由無德不具足，故去也。大德云：『不知此釋有何意，乖於文旨。今云生善於後者，亦是大約而言也。』意道：老宿碩德，與他作師，不唯壇場一席。初受戒時，起殷重心，亦乃久後之間令他善，故云『於後』，何必要指後篇少道理也。」（四二三頁上）鈔批卷九：「碩德者，碩謂大也。方言云：齊、宋之間，謂大曰碩。碩，亦美也。七夏已去，得作羯磨闍梨者，此是了論文。威儀及七證須五夏，戒師須七夏，與四分不同也。」（四六四頁下）

〔五二〕**五百問云**　資持卷上三：「『五百問』下，和尚不滿。」（二一八頁下）

〔五三〕**明了論疏**　資持卷上三：「了疏中，諸師階級、威儀同上。餘並增加。」（二一八頁下）【案】參見明了論，六七二頁上。

〔五四〕**得作羯磨闍梨**　鈔批卷九：「此是了論文。威儀及七證須五夏，戒師須七夏，與四分不同也。」（四六四頁下）

〔五五〕**不得互共同床坐**　資持卷上三：「然須具德，兼更老成，寡德多年，何足可取？

問：『少多既別，如何取正？』答：『若依制限，須準本宗，幸有耆年，宜用了論。鈔意在此，故旁引之。』（二一八頁下）簡正卷七上：「五夏、十夏，不得更互共同坐也。五夏先坐，十夏後來，不得共十夏人共同床坐等。」（四二三頁上）

三、教發戒緣

薩婆多云〔一〕：凡受戒法〔二〕，先與說法，引導開解〔三〕，令一切境上起慈愍心，便得增上戒〔四〕。就文如此〔五〕，今以事求，初明緣境〔六〕，後明心量〔七〕。

初中

所發戒相，乃有無量〔八〕。由未受戒前，惡徧法界，今欲進受，翻前惡境〔九〕，並起善心，故戒發所因，還徧法界。若隨境論，別鈔應有三十餘紙〔一〇〕。要而言之〔一一〕：不過情與非情〔一二〕，空有二諦〔一三〕、滅理涅槃〔一四〕，佛說聖教、文字卷軸、形像塔廟〔一五〕，地、水、火、風、虛空、識〔一六〕等。法界為量，並是戒體〔一七〕。故善生云〔一八〕：眾生無邊故，戒亦無邊。薩婆多云：非眾生上，亦得無量〔一九〕。如十方大地，下至空界，若傷如塵，並得其罪。今翻為戒善，故徧陸地。即善生言〔二〇〕：大地無邊，戒亦無邊。艸木無量，海水無邊〔二一〕，虛空無際，戒亦同等。

薩婆多云：新受戒人，與佛戒齊德也〔二二〕。以此而推，出家僧尼，真是功德善法之聚〔二三〕，位尊人天，良由於此。不論受而具持〔二四〕，功德難數。若毀破者，猶利無邊。故十輪云：破戒比丘，雖是死人〔二五〕，是戒餘力，猶能示於人天道行。猶如牛黃、麝香、燒香等喻〔二六〕。佛因說偈〔二七〕：瞻蔔華〔二八〕雖萎，勝於一切華。破戒諸比丘，猶勝諸外道〔二九〕。是故行者：破戒之人，功德無量，遠有出期；不受戒者，隨流苦海，永無解脫。智論說言：寧受戒而破〔三〇〕，初入地獄，後得解脫；不受戒者，輪轉三界。涅槃亦云〔三一〕：雖復得受梵天之身，乃至非想，命終還入三惡道中。良由無戒，故致往返〔三二〕。

如是隨機廣略〔三三〕，令其悟解。若不知者，心則浮昧〔三四〕，受戒不得，徒苦自他。薩婆多云：若淳重心，則發無教〔三五〕。輕則不發，豈可虛濫，理當殷重。

次令發戒〔三六〕。

應語言：「當發上品心，得上品戒〔三七〕。若下品心者，乃至羅漢，戒是下品。」〔三八〕

毗跋律〔三九〕曰：「發心我今求道〔四〇〕，當救一切眾生〔四一〕，眾生皆惜壽命〔四二〕。」以此事受，是下品耎心，雖得佛戒，猶非上勝〔四三〕。

餘二，就義明之〔四四〕。

云何中品？若言：「我今正心向道〔四五〕，解眾生疑〔四六〕；我為一切作津梁〔四七〕，亦能自利，復利他人受持正戒〔四八〕。」

云何上品？若言：「我今發心受戒，為成三聚戒故〔四九〕，趣三解脫門〔五〇〕，正求泥洹果〔五一〕。又以此法引導眾生，令至涅槃，令法久住。」

如此發心，尚是邪想，況不發者，定無尊尚〔五二〕。智論云〔五三〕：凡夫始學，邪心中語〔五四〕；那含果人，慢心中語〔五五〕；羅漢果者，名字語〔五六〕也。如此，自知心之分齊〔五七〕，得佛淨戒，亦有分齊〔五八〕。故文云：佛子亦如是，勤求梵戒本等〔五九〕。

問：「此教宗是何乘，而發大乘志〔六〇〕耶？」答：「此四分宗，義當大乘〔六一〕。戒本文云〔六二〕『若有為自身，欲求於佛道，當尊重正戒』，及『迴施眾生，共成佛道』。」律中多有誠例〔六三〕。光師亦判入大乘律限〔六四〕。

如是「發戒緣境」及「心有增上」〔六五〕。此之二途〔六六〕，必受前時，智者提授〔六七〕，使心心相續〔六八〕，見境明淨，不得臨時方言發心〔六九〕。若約臨時師授，法相尚自虛浮〔七〇〕，豈能令受者得上品耶？或全不發，豈非大事！

【校釋】

〔一〕薩婆多云　資持卷上三：「初，引論明須師。教法語略，總下境心。」（二一八頁下）【案】「發戒緣」文，分三：初，「薩婆」下；二、「初中」下；三、「如是」下。

〔二〕凡受戒法　簡正卷七上：「凡者，諸也，亦不局受具戒時，但凡是五、八、十等，總須如是說法，引道開解。」（四二三頁下）

〔三〕開解　資持卷上三：「『解』即是智，戒法深廣，非智不剋。」（二一八頁下）

〔四〕令一切境上起慈愍心，便得增上戒　資持卷上三：「一切境者，即情、非情。問：『慈愍一切，全非小行？』答：『善戒經中，七眾所受為菩薩方便。業疏

云：向不緣慈，如何容大？意在後也。『增上』即上品。」（二一八頁下）鈔批卷九：「羯磨疏云：增上心中，救諸眾生。即慈善根，謂佛心也。」（四六五頁上）

〔五〕**就文如此**　資持卷上三：「『就』下，準文生起。以論語通，未足開導，識境發心，納體正要，不可粗略，故須約義，廣明體量。學者至此，必須深究。多見誦語，以盲導盲，二俱墜陷，寧無畏乎？問：『所以須示境者？』答：『眾生造惡，（二一八頁下）由迷前境。惡業既因境起，善戒還從境生。是制法之所依，為發戒之正本。若不明境，將何用心？持此廣張，深有遠致。』問：『戒本防心，何須制境？』答：『機分大小，教殊漸頓。大機達境唯心，直從心制，即菩薩戒也；小機謂境異心，故從境制，即聲聞戒也。教雖制境，理實制心，權巧方便，於茲彰矣。」（二一九頁上）

〔六〕**緣境**　鈔批卷九：「謂初且明所緣之境遍於法界也。」（四六五頁上）

〔七〕**心量**　鈔批卷九：「即能緣之心也。」（四六五頁上）

〔八〕**所發戒相，乃有無量**　資持卷上三：「初二句，總示戒量。」（二一九頁上）【案】所發戒相，文分為三：初，「所發」下；次，「薩婆」下；三、「如是」下。「故」下引證即善生。

〔九〕**由未受戒前，惡徧法界，今欲進受，翻前惡境**　資持卷上三：「『由』下，明戒遍所以。境本無惡，惡心該遍，故名惡境。戒發所因，即指諸境，謂翻惡心遍戒。『境』即遍。」（二一九頁上）

〔一〇〕**若隨境論，別鈔應有三十餘紙**　鈔批卷九：「謂京中一僧，錄『受戒緣境之心』有三十餘紙，每欲受戒者，令誦心首。南山闍梨常號為『末代佛』，由能曲巧，導示眾生故也。」（四六五頁上）資持卷上三：「『若』下，正列境相。初三（【案】『三』疑『二』。）句指廣。疏云：有師別出一卷戒方便相，每至將受，依說引化。未詳何人，其文已墜。諒亦無他，止是展演情非情耳。必欲委列，何啻三十餘紙？束廣從略，亦不出下兩行之文。」（二一九頁上）

〔一一〕**要而言之**　簡正卷七上：「謂古人雖展張三十紙文，似廣似繁，今若撮說，大約而言，故云『要而』。」（四二三頁下）

〔一二〕**情與非情**　鈔批卷九：「上至諸佛，下及三途，皆是情道；山河大地，名曰非情。」（四六五頁上）簡正卷七上：「有命根者，是情也，上從如來，下至蠢動、有識之類。非情者，非有命也，上從妙高山，下至草葉、微塵等類，皆約不起損害之心。」（四二三頁下）

〔一三〕**空有二諦** 簡正卷七上：「空則真諦，有則俗諦也。」（四二三頁下）資持卷上三：「『空』下五句，別舉二寶。據情、非情，攝境斯盡，為遮疑濫，故須別示。上句明化相法也。佛說四諦，即攝世及出世凡聖因果。苦、集、道三，名有諦，滅即空諦，亦名真俗二諦。」（二一九頁上）鈔批卷九：「立謂：真諦是空，俗諦是有。此之二諦，經稱不同：涅槃、大品名『世諦』『第一義諦』，菩薩、瓔珞經『有』『無』二諦，華嚴及仁王、般若名『真』『俗』二諦，亦曰『空』『有』二諦。言有無二諦者，『有』是有為，『無』是無為。」（四六五頁上）

〔一四〕**滅理涅槃** 資持卷上三：「『理』即理體，法也。異上空諦，是教攝故。」（二一九頁上）簡正卷七上：「是第一義諦，非空非有也。」（四二三頁下）鈔批卷九：「涅槃有四種：一、自性涅槃，即一切眾生同理有也；二、無住涅槃，謂如來方便應化眾善（原注：『善』疑『生』。）是也；三、四，有餘、無餘也，皆約誹謗，不信得罪，今翻為善，方發戒也。」（四六五頁上）

〔一五〕**佛說聖教，文字卷軸、形像塔廟** 資持卷上三：「『佛』下三句，即住持二寶。問：『此並非情，何須重舉？』答：『恐謂聖境非戒緣故。』問：『化、理二法，云何發戒？』答：『疏云：俱有損壞、毀謗義故，如提婆破法之類。』問：『化相不明佛，住持不言僧者？』答：『並情收故。理中，佛僧俱無別體，所以可知。』」（二一九頁上）鈔批卷九：「即三藏典籍，佛制依學結罪，故是戒境也。言形像塔廟，應須立信。信有此法，起恭敬心，故發心也。如戒本中有敬塔戒。又，毀壞塔寺，皆得蘭罪故也。」（四六五頁上）簡正卷七上：「謂今三藏文字能詮名教也。形像塔廟者，泥龕、素畫、殿堂、支提等，皆約不起毀謗、不信破壞之心。」（四二三頁下）

〔一六〕**地、水、火、風、虛空、識** 資持卷上三：「『地水』下二句，別舉六大。上五非情，後一是情。風空及識境相難見，故復示之，如盜戒說。又，復須知隨戒多別，如婬、殺等，單情境也；如掘、壞，唯非情也；如盜、妄等，則兼二種，謂盜分四主，物兼六大，妄對所誑，復規利養。」（二一九頁上）簡正卷七上：「六界也，皆約不起盜損之意。」（四二三頁下）

〔一七〕**法界為量，並是戒體** 資持卷上三：「『法』下，總結。言法界者，若就教限，則局三千大千。今從圓意，須論十方法界。無作之體，稱境而發，等法界量，故云並是戒體。〔古記云令（【案】『令』疑『並』。）云戒境，又云此是能領心體。誤之甚矣。〕」（二一九頁中）鈔批卷九：「立謂：合是戒境。今稱體者，由從此境發得戒，故詺為體也。言法界者，雜集云：一切聲聞、獨覺、諸佛妙

法，所依相故。述曰：謂諸法為戒性，故名為法界也。」（四六五頁下）簡正卷七上：「法界為量者，雜心云：一切聲聞、獨覺，諸佛妙法，此之妙法，法彼眾生心故。如是妙法，各各差別，界分不同，云法界也。並是『戒界（【案】『界』疑剩，）體』者，據理應合云『戒境』，今云『體』者，由從此境發得戒故，故諸此境為體。亦是因中談果也。」（四二三頁下）

〔一八〕善生云　資持卷上三：「初，證有情。」（二一九頁中）【案】優婆塞戒經卷七，一〇七〇頁上。

〔一九〕薩婆多云：非眾生上，亦得無量　資持卷上三：「『薩』下，二、證非情。非情境廣，且舉地塵，示其多相。」（二一九頁中）【案】薩婆多卷一，五〇七頁中。

〔二〇〕即善生言　資持卷上三：「『即』下，復引四物轉證。善生五種，前後離明。若復細論，飲食、衣服、房舍、臥具，常住現前四種僧物，行住坐臥，俯仰威儀，大小便利，一切作務無非制法。所謂森然萬境，何事非持！若不爾者，豈名具足？若不先發，行自何生！故知受前，預須委學，沙彌建位，正存於此。今時昧教，誰復知之？」（二一九頁中）

〔二一〕海水無邊　鈔批卷九：「約酒、約飲用虫水，又約盜水等，故水皆得為戒境。如有人賣水，或一擔直五文、三文，若作盜心，皆是罪也。」（四六五頁下）

〔二二〕新受戒人，與佛戒齊德也　鈔科卷上三：「『薩』下，顯德。」（二五頁中）資持卷上三：「凡戒因行，佛戒果德。凡聖優劣，實非相擬。一往且望，清淨義同，故云齊德。」（二一九頁）鈔批卷九：「約遍法界之境，有攝持之心，善法總起，與佛齊也。復以初受，未有毀犯，戒體光潔，與佛同也。今時既知此人與佛等德，不可輕受此人作禮、駈使等事。故多論中，昔有一比丘應得羅漢，而有轉輪王業障，不得漏盡。佛欲除其障故，即為比丘一正富羅，轉輪王福一時滅盡，即得無著。以是因緣，若使新受戒人供給所乏，則滅己功德不少也。」（四六五頁下）簡正卷七上：「謂遍法界境有護持心，心與佛齊，故云齊德也。或約初受戒人，嚴潔不犯，儼然光淨，與佛不異也。」（四二四頁上）【案】鈔批引多論，文見卷二，五一二頁上。「薩」下一節分二：初，「薩」下；二、「是故」下。

〔二三〕真是功德善法之聚　資持卷上三：「『以』下，就人顯勝。善法聚者，攬無邊戒法，歸無盡識藏，成善種子，作聖道基；翻無始惡緣，俱為戒善，變有漏苦報即成法身。我等云何不自珍敬？佛恩深重，粉骨難酬；苦海導師，朽宅慈父。

願從今日，盡於未來，竭力亡身，常贊三寶，廣度群品，少答聖慈。」（二一九頁中）

〔二四〕不論受而具持　資持卷上三：「『不』下，舉毀破校量。」（二一九頁中）

〔二五〕死人　資持卷上三：「經據犯重，故曰死人。如僧網具引。」（二一九頁中）

〔二六〕牛黃、麝香、燒香等喻　資持卷上三：「略眼藥喻，故云『等』也。」（二一九頁中）

〔二七〕佛因說偈　資持卷上三：「偈中。上半舉喻，下半合法。」（二一九頁中）

〔二八〕瞻蔔華　鈔批卷九：「立云：中梵正音『瞻博迦』，此云『黃華』，而小香，西域多有。」（四六五頁下）資持卷上三：「此云『黃花』，花小而香。西土所貴，故多舉之。有毀戒者，見此言相，似順愚情，妄自矜誇，謂犯猶勝。此乃一途引接，隨時之義，聖制令受，意在成持。即下文云：寧起行用，不須願求。又云：若毀佛戒，不如不受。教旨甚明，慎勿錯會。」（二一九頁中）

〔二九〕破戒諸比丘，猶勝諸外道　簡正卷七上：「外道邪見邪行，是生死原，無解脫之望。破戒雖一期墮惡久久，亦有出期也。」（四二四頁上）

〔三〇〕寧受戒而破　簡正卷七上：「蓮花色尼本生經說。佛在世時，此尼證羅漢果，入貴人宅，常讚出家，語諸女言：『姊妹可共出家去。』女言：『我少恒盛色，持戒甚難。』尼言：『縱使破戒墮惡，遠有出期。我自憶念，作戲女時，著比丘尼衣，以為戲笑。以是因緣，迦葉佛時作比丘尼，自持端正而故。破戒墮地獄，地獄罪畢，值釋迦佛出家，得六通四果也。』」（四二四頁上）【案】智論卷一三，一六一頁中。

〔三一〕涅槃亦云　資持卷上三：「引大經但證其損。文明極有勝報尚爾，餘凡可知。」（二一九頁下）

〔三二〕往返　資持卷上三：「『往』謂昇天，『返』即入惡。」（二一九頁下）

〔三三〕如是隨機廣略　鈔科卷上三：「『如』下，結勸。」（二五頁中）資持卷上三：「隨機者，須觀利鈍，所宜廣略。大論示導，取解為期。」（二一九頁中）簡正卷七上：「『如』者，指法之詞。『是』者，即『可為』義。『隨』謂隨逐。『機』是根機。機鈍則廣談，機利則略說。雖有廣略，一一令他悟解，神用不沉也。」（四二四頁上）

〔三四〕浮昧　資持卷上三：「『浮』謂不重，『昧』即不明。」（二一九頁下）

〔三五〕若淳重心，則發無教　資持卷上三：「『薩』下，引示得否。由心重輕，誠令策進，必使開解。」（二一九頁下）【案】薩婆多卷一，五〇五頁上。

〔三六〕發戒　鈔批卷九：「明能緣心之量也。」（四六五頁下）【案】「發戒」文分二：初，「應語」下，勸發；二、「毗跋」下，列示。

〔三七〕當發上品心，得上品戒　鈔批卷九：「立謂：戒是酬一品心因也。」（四六五頁下）資持卷上三：「如諸律論，多言上品。前引多論，但云增上。彼論又於五、十、具中，各分上、中、下心，則為九品。然是通論心之濃薄，亦不明示三品之相。此中欲令受者知心限量，故約文義，次第明之。獨此精詳，餘皆不述。勸發中，唯言上品，故知中、下，非是正意。為顯上品，令知優劣。」（二一九頁下）

〔三八〕若下品心者，乃至羅漢，戒是下品　資持卷上三：「『若』下，毗曇所明。有一羅漢戒是下品，年少比丘卻得上品，皆由最初發心有異。『乃至』者，始從凡夫，終至無學，歷諸階位，更不增長。或云受體是定，隨行有增；或約作戒永定，無作通增。並具如後。」（二一九頁下）鈔批卷九：「立謂：此人當受戒時，發下品心，後策勤修道，證得無學。戒仍下品，由當時發一品心定故。」（四六六頁上）

〔三九〕毗跋律　鈔批卷九：「立云：唯有一卷。律文中，明下品心不得中、上。鈔文中，上二品，是鈔家義作。賓云：此毗跋律是大乘文，非全符會，不須引之。」（四六六頁上）簡正卷七上：「此云是大乘律，疑偽目中收。（此釋非也。）法寶云：是小乘律，非疑偽也。若是疑偽，鈔終不引。故下文云：上之所說，並是正經，非謂失譯、疑偽等，（四二四頁上）引彼證此足不謬。」（四二四頁下）資持卷上三：「毗跋律，藏錄不出。」（二一九頁下）

〔四〇〕求道　簡正卷七上：「即是受戒異名也。若變通語勢，應云：我今發心受戒也。」（四二四頁下）資持卷上三：「所期果也。」（二一九頁下）

〔四一〕當救一切眾生　簡正卷七上：「謂不煞即是救命也。」（四二四頁下）資持卷上三：「所修行也。然雖救生，行有深淺：一、不害彼命，二、以法開導，三、令得究竟度。前不得後，後必兼前。約義推之，初但護命，不令得脫，即二乘心。前云『求道』，正據小果。中品所修，以法開解，自他兩利，度非究竟，即小菩薩；雖期佛果，行處中間，望前雖勝，比後猶劣。上品引導，令至涅槃，同歸佛道，即大菩薩行。準沙彌篇，三位配之，恰然符合。學者至此，宜須明辨，三心所期，行果分齊。舊記解釋，但述名言，執卷討尋，殊無緇素。」（二一九頁下）

〔四二〕眾生皆惜壽命　鈔批卷九：「此明救其身，未救心也。」（四六六頁上）簡正卷

七上：「『命』是浮假忻生。」（四二四頁下）

〔四三〕**以此事受，是下品爽心，雖得佛戒，猶非上勝**　簡正卷七上：「惡（音『污』）死，即軟心也。雖得佛戒等者，反釋上軟義也。」（四二四頁下）

〔四四〕**餘二，就義明之**　簡正卷七上：「餘，外也。下心之外，中、上為二也。就義者，簡文也。前來下品，依彼律文；中、上二心，律既無文，就義辨也。」（四二四頁下）

〔四五〕**我今正心向道**　簡正卷七上：「絕餘思念，名為正心。專求戒品，號為向道也。」（四二四頁下）資持卷上三：「初明期果，須約佛乘。」（二一九頁下）

〔四六〕**解眾生疑**　資持卷上三：「『解』下，期行。明兼兩利。」（二一九頁下）鈔批卷九：「乃是救其心也。由疑心生，今言解眾生疑，是救心也。」（四六六頁上）簡正卷七上：「猶豫不決名疑。以法濟神，令心悟入，自（【案】『自』疑『目』。）之曰解。」（四二四頁下）

〔四七〕**津梁**　簡正卷七上：「不沉疑悔，故號律（原注：『律』疑『津』。）梁。」（四二四頁下）資持卷上三：「津梁是喻。眾生墮疑，故受生死，能為開解，令彼得度。生死如津，我身如梁。法喻可見。」（二一九頁下）

〔四八〕**亦能自利，復利他人受持正戒**　簡正卷七上：「為彼解疑，令不沉沒是利他，所得功德是利也。作如是心受持戒者，是中品也。」（四二四頁下）

〔四九〕**我今發心受戒，為成三聚戒故**　資持卷上三：「發心受者，即今正受比丘戒也。『為成』下，明遠期也。上二句，大乘三學，即因行也。……三聚戒者，出瓔絡經（【案】即瓔珞經。）。『聚』即總攝為義。小乘七聚，從教以論。菩薩三聚，攝行斯盡：一、攝律儀戒，（律儀禁惡，結業煩惱，究竟斷故，即止行也。）二、攝善法戒，（世、出世間大小修證，究竟修故，即作行也。）三、攝眾生戒，（一切含識究竟度故，即四攝行，謂布施、愛語、利行、同事；亦名饒益有情戒。此三須配『三脫』、『四弘』、『三身』、『三德』。如別所明。）」（二二〇頁上）鈔批卷九：「立明：由此三聚戒品，感報三身：一者，誓斷一切惡。無惡而不斷，即攝善法（原注：『善法』疑『律儀』。）戒，當來感得法身菩提。二、誓修一切善。無善而不修，即攝律儀（原注：『律儀』疑『善法』。）戒，當來感得報身佛也。三、誓度一切眾生。無眾生而不度，即攝眾生戒，當來感化身佛也。」（四六六頁上）簡正卷七上：「明知前文求道向道，總是受戒之異名。今此直言受戒，即領納名受，禁防曰戒也。為成三聚戒故者，謂此三聚尸羅為因，後感三身之果。經云：誓斷一切惡，名攝律戒，得法身佛；誓修一切

善，名攝善法戒，得報身佛；誓度一切眾生（四二四頁下），名饒益有情戒，得化身佛。」（四二四頁下）

〔五○〕**趣三解脫門** 資持卷上三：「下句，求大涅槃，即圓果也。……三解脫者，雖是觀慧，非定不發。即定、慧二學，絕縛證真，由此得入，故號三解脫門。然名通小教，今對三聚，須局大乘：一、空解脫門，（即性空也；）二、無相解脫門，（即相空也；）三、無作解脫門，（即唯識也，亦名無願。）懺篇三觀，別配三位，此明大行，須約圓修。泥洹果者，名亦通『小』，取『大』可知。問：『今此所受，為即三聚，為非三聚？若云即者，後須更受菩薩戒不？又復，大小混亂，如何分別？』『若云非者，戒從心發。既發此心，那非此戒。大見錯解，故特提示，使自求之。』」（二二○頁上）鈔批卷九：「立云：空解脫門、無相解脫門、無願解脫門，佛則承空解脫門而化眾生也。亦名『三三昧』，新經論中名『三摩地』。此三解脫門，准法華經是小乘之理。故彼文中，聲聞自敘但念空、無相、無作，於菩薩法等心不喜樂。案，劉璆注云：但以三空為極，（四六六頁上）至於遊神度物，菩薩之道不生一念在樂之心。夫三空之稱，生乎盡累：一者滯有，故爾以萬法皆空；二者好空，復云空無相；三者執兼，遣以為極，便欲施壞造行。復導以無行可作，行盡心灰，此小乘究竟之名。濟云：三解脫門，大乘中有，小乘中無。法華經言：念空無相等者，乃是聲聞自敘，我昔日亦翹慕三解脫門而不肯修，故曰『但念』等也。」（四六六頁下）簡正卷七上：「趣，向也。三，數也。脫，謂脫也。遊履之處曰門。故智論云：諸法性空，名空解脫門；諸法相空，名無相解脫門；諸法性相俱空，無願解脫門，更無願求之心故。諸經論中亦呼為『三三昧』，亦名『三摩地』，亦名『三觀』等。」（四二四頁下）

〔五一〕**正求泥洹果** 簡正卷七上：「二乘擇滅，望佛圓寂，由偏令悕，佛果菩提，方成正也，故云正求泥洹果。四種之中，即是無住處涅槃也。上來所說，總約自己，以論鈔文。」（四二四頁下）

〔五二〕**如此發心，尚是邪想，況不發者，定無尊尚** 資持卷上三：「舉況以勸。言邪想者，凡夫結惑，全在未見正理，異所動作，皆是邪倒亂心，事善容有退沒。所以然者，如多論中，凡夫感戒，具有四過：一、忻下有羸；二、容退道法；三、容變二形；四、邪見斷善。內凡已去，分見真理，方無此患。初心，薄地非邪，而何尊尚？謂心不崇重。」（二二○頁上）簡正卷七上：「指前來下、中、上品之心也。邪相（【案】『相』疑『想』。）者，謂有所怖求之心邊，名

為邪也。況不發等者，發殷重心，尚名為邪，豈更不發？定知無所獲也。」（四二五頁上）【案】「結勸」分二：「如此」下，為勸文；二、「如是」下。

〔五三〕**智論云** 資持卷上三：「彼明世界，語言有三：一、邪，二、慢，三、名字。是中，二種不淨，（二二〇頁上）一種淨。凡人具三，（鈔舉前一，必兼後二。下亦同之。）見道學人有二，無邪語。（鈔舉三果，以收初二，愛未盡故，猶有慢語。）聖人唯一，無邪、慢。（見愛永斷，隨世假名。）」（二二〇頁中）【案】此句義為：凡人有邪、慢、名字三種；見道學人有慢、名字二種；聖人有名字一種。

〔五四〕**凡夫始學，邪心中語** 鈔批卷九：「慈云：雖作是善，以有所得心，故名為邪心。立謂：凡夫具煩惱性，常以六識麁心，攀緣覺觀，名麁心。若入定觀，是細心。若緣其真如，即名無漏心。此是正心。今無定及出定，即是麁心。攀緣覺觀，名邪見心、外道心。今雖復始學，猶是邪心。故曰也。」（四六六頁下）簡正卷七上：「資加七方便人名始學。始者，初也。具足惱煩性，雖作諸善，有所得心，名邪心中語也。」（四二五頁上）【案】「七方便」即小乘見道之前的七種位階。

〔五五〕**那含果人，慢心中語** 鈔批卷九：「慈云：此人斷見諦煩惱，盡有修道，煩惱未除，以貪、嗔、慢煩惱在，故曰慢等也。賓云：成實宗中，學人或時散亂念故，則起我慢。然薩婆多宗，我慢雖通，修道所斷，然不現起。故俱舍第十九云：我慢既由我，（四六六頁下）見所增我見，已斷皆已斷，故聖不能起。成實宗中，意許初果我見猶有，是故我慢亦得現起。大乘宗說，如唯識論第二云，然諸宗所執，略有二種：一者俱生，二者分別。『俱生我執』，細故難斷，後修道中，數數修習勝生空觀，方能除滅。（故知猶有我執，即顯那含慢心中語，是俱生煩惱也。）『分別我執』，麁故易斷，初見道時，觀一切法生空真如，即能除。（故初見道，則斷一个我執，即顯那含分別略盡。）立明：此人斷欲界麁惑盡，猶有五下分結。五下分結如何？即是調戲、憍慢、無明、色染、無色染。亦云色愛、無色愛。由有此五，斷此五盡，方得羅漢。雖有此五結，其慢最多。凡所言語，皆有慢心，故曰慢心中語也。」（四六七頁上）【案】「五下分結」可見大乘義章卷五（末），五七一頁下。

〔五六〕**羅漢果者，名字語** 簡正卷七上：「謂三界見修，煩惱悉並斷盡，內既無執，（四二五頁上）但順世間，假名流布，故云名字語也。」（四二五頁下）鈔批卷九：「慈云：煩惱並盡，但順世間名字語言，而無執著。立明：此人斷三界

子果，而纏都盡，不還三界，觀世如幻，但有名字耳。若所發言，但是順諦法名字語言，故曰名字語，亦名世流布語。如涅槃三十二云：何名世流布語？如佛所說。男女、大小、去來、坐臥、車乘、房舍、瓶衣、眾生、常樂我淨、軍林城邑、幻化合散，是名世流布語。疏解云：隨世流布，說男女等，名為世流布語也。」（四六七頁上）【案】南本涅槃卷三二，八二一頁上。

〔五七〕**如此，自知心之分齊**　資持卷上三：「『如』下，二、約自知以勸。良以『無作』假『作』而生，既非心、色，無由表示，必約能領，顯戒優劣。前明上品所期遠大，所納之體定知增上，故云有分齊也。」（二二〇頁中）簡正卷七上：「謂求戒之心，有上、中、下也。如人飲水，冷煖自知。」（四二五頁下）

〔五八〕**得佛淨戒，亦有分齊**　簡正卷七上：「戒隨人心，亦有三種，各各差別，號為分齊。故前文云：戒者以隨器之功，行者以領納為趣等。」（四二五頁下）

〔五九〕**佛子亦如是，勤求梵戒本等**　資持卷上三：「『故』下，引勸，即律序偈。疏云『相召為佛子』，即是此文。勤求者，謂能受心。禁戒本者，即所納體。然與彼文語有少異。偈云：如人欲度河，用手及浮囊，雖深無沒憂，便能到彼岸。（上偈舉喻，下偈合法。）如是諸佛子，修行禁戒本，終不迴邪流，沒溺生死海。」（二二〇頁中）

〔六〇〕**此教宗是何乘，而發大乘志**　資持卷上三：「前明上品，越教乖宗，故須問釋。」（二二〇頁中）簡正卷七上：「謂攝前文生斯問也。是（【案】『是』鈔作『此』。）教宗是何乘，而發大乘志者：教者，四分律，能詮教也。宗者，宗旨也。何乘者，為是大乘宗旨，為是小乘宗途？若言大乘，即律部合是小乘所攝；若云是小乘，小乘極果，但是羅漢。何故令發大乘之心，求於佛道。文中，『志』字訓心也。」（四二五頁下）

〔六一〕**義當大乘**　資持卷上三：「義當者，則顯教宗本非是大，有義相當。即如下引疏云『分通』，意亦同此。」（二二〇頁中）簡正卷七上：「謂若據律部宗計，能詮文等，定屬小乘。然於五部之內，此律約義，分通大乘，依成實假名宗，說有種子等。」（四二五頁下）

〔六二〕**戒本文云**　簡正卷七上：「引戒本證此律『分通』大乘也。」（四二五頁下）【案】可見佛陀耶舍譯四分僧戒本，引文略有文字不同。

〔六三〕**律中多有誡例**　簡正卷七上：「律文多處有『通大乘』之例，只如查婆無學，知非堅固為僧，知事欲求牢固；又律云『佛子亦如是』，既云『佛子』，知無異乘；又如捨衣虗通，無係但斷相續，不必拋棄衣物等。總是誡例也。」（四二

五頁下）資持卷上三：「『律』下，指廣。疏中總列五義，云：相召為佛子，（文如上引；）施生成佛道，（如此所引；）查婆厭無學，捨財用非重，塵境非根了，此皆誠例也。」（二二○頁中）

〔六四〕光師亦判入大乘律限　資持卷上三：「『光師』下，攀古例然。彼所判太成通漫，文雖引據，意不全取。四分是大，將何為小？即應梵網，體、行全同，菩薩、聲聞，二戒無別，定知不爾。是以祖師所立，語意從容，義當分通，深符教旨。待至中卷，更為詳明。（今亦有人直判為大，不識教限，妄自云云。）問：『上品心者，為全是大、為分通耶？』答：『扶成本宗，分通義耳。』問：『分通之義，出自何人？』答：『如來立教，被此機緣。部主深知，還符佛意，別立成宗。是以前後律序，法正所安，多伸此意，豈不明乎！（有人妄斥南山不合立『分通』義，寡陋之識，何足議也！）』」（二二○頁中）鈔批卷九：「即北齊僧統光律師也。賓等諸師（【案】『師』後疑脫『云』字）：南山判四分是大乘宗，以見本（【案】『本』前疑脫『戒』字。）文云：欲求於佛道，及皆共成佛道等；又相命為佛子等，故須令發大乘心。今詳此言大失。南山羯磨疏云：查婆厭無學，知非牢固也；（欲知僧事，求牢固法，明知大小乘羅漢，非牢固也。）施生成佛道，知餘非向也；〔戒本終（【案】『終』疑『疏』。）云『施一切眾生，皆共成佛道』，明佛可向。〕相召為佛子，無異乘也。（律序云：佛子亦如是，修行禁戒本。），捨衣用非重，知心虛通也。（佛讚頭陀時，比丘捨衣成大蘊。）塵境非根曉，知識了義也。（成實宗中『識見非根見』，餘宗『根識合見』也。）」（四六七頁下）

〔六五〕如是「發戒緣境」，及「心有增上」　簡正卷七上：「通結指歸也。『緣境』二字，牒前所緣之境也。及心有增上者，牒心量也。此言增上者，謂上上品心名增上也。羯磨疏云：增中救諸眾生，即慈善根，謂佛心也。（上疏文）。」（四二六頁上）

〔六六〕此之二途　鈔批卷九：「即所緣之緣，及能緣心量也。」（四六七頁下）簡正卷七上：「緣境為一、心量為二也。」（四二六頁上）

〔六七〕智者提授　簡正卷七上：「明閑律相，名為智者。一一標舉名字、題目，授與受人等。有解云：提，携者，不窮字學也。」（四二六頁上）

〔六八〕使心心相續　簡正卷七上：「善心不間斷也。」（四二六頁上）資持卷上三：「『使』下二句，即上心境。心須念念無間，境必法法無昧。」（二二○頁中）

〔六九〕見境明淨，不得臨時方言發心　鈔批卷九：「立明：由能開悟其懷，於一切

情、非情境，明白可見也。」（四六七頁下）簡正卷七上：「必受前時簡，不得
臨時，恐者浮昧也。」（四二六頁上）簡正卷七上：「見境明淨者，猶如目覩分
明清淨也。」（四二六頁上）

〔七〇〕虛浮　資持卷上三：「以臨事倉卒，多容舛謬故。」（二二〇頁下）

第四

　　律云：當立受戒人，置眼見耳不聞處〔一〕。若受戒人離見聞處〔二〕，
若在界外等〔三〕，皆不名受具。恐聽羯磨，故著離聞處；猶恐非法，令
僧眼見。五分中，以起過故，聽安戒壇外眼見處等〔四〕。四分文云：界
外問遮難等〔五〕。今時受者，多在界內〔六〕，理亦無傷〔七〕，順上律文〔八〕。
僧祇云：教授師應將不近不遠處〔九〕等。

　　若多人共受者，應兩處安置〔一〇〕。一、多人行立〔一一〕，令望見僧，
起敬重意；二、將問難〔一二〕者離僧及離沙彌行處〔一三〕，於中問緣。必
在同處亦得。恐後問如前，心不尊重。應各令反披七條及衣鉢，在彼而
立〔一四〕。

【校釋】

〔一〕當立受戒人，置眼見耳不聞處　鈔批卷九：「立明，此中有兩種：若受戒時，
　　不得安離見聞處，則不成受；約未受前，恐聞羯磨，故置離聞處也。恐復造
　　過，故着眼見處立也。」（四六七頁下）簡正卷七上：「立處製作省約，但着第
　　四，即知是安置處所門也。律云：當立受人乃至不聞處者，正明安置受者立處
　　也。若離見聞處者，離聞處即是本分。若離見處，便成非法。律製受者，在見
　　而不聞處立，今既俱離，即非安置之所也。」（四二六頁上）

〔二〕若受戒人離見聞處　簡正卷七上：「離聞處即是本分，若離見處便成非法。律
　　製受者在見而不聞處立。今既俱離，即非安置之所也。」（四二六頁下）資持
　　卷上三：「疏云：此通白四之時，今約時緣，界外無失。」（二二〇頁下）鈔批
　　卷九：「立明：此正明受時，正秉羯磨等。若雖在見聞處，若在界外，亦非得
　　戒。」（四六七頁下）

〔三〕若在界外等　簡正卷七上：「玄記云戒場外也。且據有場大界中，正作白四之
　　時受者，須在場內；若在外者，中隔自然，作法不成，不名受具。（四二六頁
　　上）此約白四時說，以律文語通也。准南記中不許此釋。且此門本為明安置受
　　者，立處遮難，尚乃未問，何得預明白四之時？據此段文，並未合論量戒場內
　　外如非之事。如下『正明受體』中方辨也。彼記自釋：云界外者，是大界外

也。若有場大界，即場外大界內是安置立處。縱無戒場，但有大界，亦須在大界內，離僧不近不遠處立。必一向在大界外，即非處所也。已上雙申兩解，任情思之。間有道理，着眼見處，而耳不聞。可引抄文釋，云『恐聽羯磨』等。」（四二六頁下）

〔四〕**以起過故，聽安戒壇外眼見處等**　簡正卷七上：「引五分證上非法。彼文云：時一比丘，借他衣鉢受戒。受後，諸比丘語着衣持鉢，共汝乞食去。彼云：『我無衣鉢。』諸人向（原注：『向』疑『問』。）云：『汝適來受戒，何處得衣鉢？』彼云：『我暫借得。』諸比丘言：『無衣鉢不得受戒，汝何故借他衣鉢？』彼云：『佛不制我不得借衣鉢。』諸比丘白佛。佛言：『自今日後，應時受戒者，置戒壇外眼見耳不聞處立，差人往彼問衣鉢等。』」（四一六頁下）【案】五分卷一七，一一九頁中。

〔五〕**界外問遮難**　簡正卷七上：「謂就有場大界中，受戒合在戒場外問遮難。准此，即喚場外為界外也。有人云：約難事小界，在界外問；或云：據無場大界，合在大界外問難等。（四二六頁下）並非解也。」（四二七頁上）

〔六〕**今時受者，多在界內**　資持卷上三：「『今』下，指時事。壇經云：戒場內東階設席，擬問遮難是也。」（二二〇頁下）

〔七〕**理亦無傷**　簡正卷七上：「謂律文問難，佛令在場外。今或可無場，但有大界，便多在界內。問者，教授師作法差遣。雖同一界，無別眾過去，理亦無傷也。」（四二七頁上）

〔八〕**順上律文**　鈔批卷九：「立謂：順上五分文也。（此解非。）有云：順上『界外不成受具』文也。」（四六八頁上）簡正卷七上：「順上來『若在界外，不名受具』之文等。如此銷文，即順。若依搜云（【案】『云』疑『玄』。）前解將『界外』為『場外』者，雖則律文語通，及至此文，似解釋不便也。」（四二七頁上）資持卷上三：「以見前云『若在界外，不名受具』，故云順上文也。」（二二〇頁下）

〔九〕**教授師應將不近不遠處**　簡正卷七上：「證前不得出大界外，以大（【案】『大』疑『太』。）遠故。菀陵（【案】『菀』疑『宛』。）云：如有場大界，即在場外界內，不近不遠處。若單大界，即不得出界外，但同界內離僧不近不遠處；若小界，開教授人與受者一向在界外，亦須離僧不近不遠，於中問也，臨時量用。」（四二七頁上）資持卷上三：「僧祇不言內外，故知兩通。不近不遠，望僧坐處為言。」（二二〇頁下）

〔一〇〕若多人共受者，應兩處安置　鈔科卷上三：「『若』下，立儀式。」（二六頁中）

鈔批卷九：「此謂若在本沙彌眾中問者，恐餘未被問者聞之後，不尊重，故二處安也。」（四六八頁上）

〔一一〕多人行立　簡正卷七上：「如三十人，二十七人未問難者，安一處。」（四二七頁上）【案】「行」，音「航」。

〔一二〕將問難　簡正卷七上：「欲問難三人或一人等。」（四二七頁上）

〔一三〕離僧及離沙彌行處　簡正卷七上：「離僧者，離壇上僧。離沙彌者，謂未問難者，於其中間，設對諸沙彌前問得不。可引鈔文答云『必在同處』等。」（四二七頁上）

〔一四〕應各令反披七條及衣鉢，在彼而立　資持卷上三：「反披衣者，示縵相故。『及』下，合有『捉』字。」（二二一頁下）簡正卷七上：「玄云：將離下位，故脫下衣，未入上流，反披尊服。……（四二七頁上）鏡水大德云：今時行事，必須准此為憑。或有正披七條，便着副膊者，全是未達教意也。』」（四二七頁下）

鈔批卷九：「業疏云：行住兩儀，心躁馳散，坐是安靜，未足稱恭。故立望僧，意取翹注也。」（四六八頁上）

五、單白差威儀師

四分云：由界外脫衣看，致令受者慚恥，稽留受戒事〔一〕。佛言：不得露形看，當差人問難事。

五分：令和尚語羯磨師「長老今作羯磨〔二〕」；復語威儀師「長老今受羯磨」。四分云，彼戒師當問：「誰能為某甲作教授師？」答言：「我某甲能。」

應索欲問和，答言：「差教授師單白羯磨。」如此四答，止得各作一法〔三〕。若總答云「受戒羯磨」〔四〕，已後更不須和。乃至多人，例通問答〔五〕。不得過明相。

戒師應白言：「大德僧聽：彼某甲從和尚某甲求受具足戒〔六〕。若僧時到，僧忍聽。某甲為教授師。白如是。」

應下座禮僧已，按常威儀，至受者所〔七〕。

【校釋】

〔一〕由界外脫衣看，致令受者慚恥，稽留受戒事　鈔批卷九：「立明：由當時對僧中遣脫衣看，沙彌身上有病，不肯脫衣，以稽廢受戒事。佛言：『自今已去，界外問遮難，不須脫衣。』」（四六八頁上）【案】四分卷三五，八一四頁下。

〔二〕**長老今作羯磨**　資持卷上三:「和尚白告,或是彰異,或令旁取。」(二二〇頁下)

〔三〕**如此四答,止得各作一法**　簡正卷七上:「一、差威儀師;二、召入;三、戒白和;四、正秉白四。此據別答,一番和僧,但作一法。如是四番,須四度和也。」(四二七頁下)

〔四〕**總答云「受戒羯磨」**　資持卷上三:「前後四法,無非受戒。一言總收,鈔用『總答』,下無別問。」(二二〇頁下)

〔五〕**乃至多人,例通問答**　鈔批卷九:「立明:若通答者,得為沙彌,乃至十人、百人,但同一壇,盡得通用。此亦約無別僧來去,故得。又,約眾中無有僧,暫出界,若暫出迴來,還須更和。景云:差威儀師時,問『誰能作』,答『我能』,不稱名不得成。以羯磨中要牒名字,可云『我』耶?」(四六八頁上)資持卷上三:「雖通多人,可盡日夕。然於行事,或容停止,義非連續,相涉疑濫。必欲準行,且通一坐。今諸州郡,年別開壇,多人併受,反用別答,理雖無害,事成繁重。」(二二〇頁下)

〔六〕**彼某甲從和尚某甲求受具足戒**　簡正卷七上:「於中『彼』字,不得錯悞。有人錯呼『彼』為『此』字者,決定不成,是『彼』『此』不分也。受人在場外曰『彼』,若在僧中即為『此』。今戒師壇內秉單白,遙指外面,豈非『彼』耶?往往見人解云『彼』『此』總得者,無知甚也。外難曰:『且如邊在(【案】『在』疑『地』。)五人受戒,單白差教授師時,第一中間云:彼某甲從和上某甲受戒,先牒和上名入法竟,不足數也。(四二七頁下)第二中間又云:某甲為教授師,牒師牒名入法,又不足數。都有五人,二人不足,三非僧故,作法如何得成法寶?』『准羯磨疏云:謂隔句故,互相足也。如差自恣人,雙牒二人,入法即是不得。今此不然。牒和上時,教授師未牒,入法猶成僧數。正牒教授名時,又不標和上名字,和上卻成僧數。為隔中間綱骨句故,是以無妨。此南山意也。或依准南闍梨(【案】『准』疑『淮』。)云:和上但是威儀師緣也。若沙彌望和上,即名本從他得戒故;威儀師望和上,但是被他出眾所為之緣。若第二中間,牒威儀師,為僧所量,是正差故,必定是不足數。若第一中間,牒和上名時非正為故,本無不足。舉例。如威儀師欲召沙彌入眾時作白,豈不牒和上之名?且威儀師本分,是不足收。今又牒和上,和上是不足攝。現在三人非僧,作法爭得成就?故知和上從前無不足之理也。此解雖違疏文,自是一家意見。」(四二八頁上)

〔七〕應下座禮僧已，按常威儀，至受者所　鈔科卷上三：「『應』下，教授出眾。」
（二六頁上）鈔批卷九：「即向沙彌處也。」（四六八頁下）

六、明出眾問緣

所以爾者。恐在眾〔一〕惶怖，有無差互。屏處怖微，安審〔二〕得實。
即須依律問之。

但遮難之中，有得、不得〔三〕，故前廣分別。令其識相，使問難者，
據法明斷〔四〕；使問答相應，無有迷謬〔五〕。若問而不解，終為非問〔六〕。
故中、邊不相解語，佛判不成〔七〕。若準律云：不問十三難者，則不得
戒〔八〕。故前須明解，彼此無迷。脫由不解不成，豈不誤他大事！應沙
彌時，教令列名顯數，識相誦之〔九〕。此非羯磨，不犯賊住〔一〇〕。若約
律本，但問十三難事〔一一〕。及論作法，但問諸遮〔一二〕。今就義準，著
問遮之前〔一三〕。又，問難之體〔一四〕，要唯相解。今問「汝不犯邊罪不」，
自非明律者，方識名知相。自外經論雜學，必無曉了。下一一具之〔一五〕。
不同舊人，蒙籠誦習〔一六〕。

一、邊罪難〔一七〕者

謂先受具戒，毀破重禁，捨戒還來，欲更受具。此人罪重，名佛海
邊外之人〔一八〕，不堪重入淨戒海也。乃至準論，白衣五戒、八戒，沙彌
十戒〔一九〕，破於重者，同名邊罪。

二、犯比丘尼〔二〇〕

四分等律並云「汙尼」，不明淨穢〔二一〕。故世行事者云〔二二〕：「汝
不犯清淨尼不？」此依僧祇而問。彼律云，若須、斯二果〔二三〕，及凡夫
持戒尼，被人汙者：初人受樂，是壞尼淨行；中、後人犯，不名壞尼難
〔二四〕；若那含、羅漢，初、後人〔二五〕，俱名難也。故知唯是淨境，方
成難攝〔二六〕。

十誦云：若摩觸，八尼汙尼八事、若一人以八事犯尼〔二七〕，令犯重
者，俗人不成難也〔二八〕。

善見云〔二九〕：若壞尼下二眾，不障出家〔三〇〕；若壞大尼，三處行
淫，皆名難也〔三一〕。若以白衣俗服，強與尼著〔三二〕而行淫者，成難；
若尼自樂著白衣服〔三三〕，就上淫者，不障出家。必以義求：若知受具戒，
緣事著於俗服，亦應成難〔三四〕；但壞淨境，不論知淨不淨〔三五〕。廣有
廢立，如疏、義鈔〔三六〕。

問：「何不言『壞比丘』耶〔三七〕？」答：「亦成難也。尼受戒中，反問便是，由事希故〔三八〕。善生經受五戒者〔三九〕，問遮難云：汝不犯比丘、比丘尼不？故知同是難攝〔四〇〕。」

皆謂俗人時犯〔四一〕。若受戒已犯者，止名邊罪所收。

三、賊心受戒〔四二〕者

律中：為利養故，輒自出家〔四三〕。若未出家者，未受，不應受；已受，得戒〔四四〕。曾經說戒、羯磨，已受者，滅擯〔四五〕。四分云：若至一人、二人、三人、眾僧所，共羯磨、說戒，皆滅擯〔四六〕。義詳〔四七〕：共一人作對首眾法，皆成障戒，如說戒、自恣等法〔四八〕；必聽眾法心念，亦成難攝〔四九〕。若對他三人已下對首法〔五〇〕，四人已上餘和合法〔五一〕，不秉羯磨，皆不成難。善見云「三種偷形〔五二〕」：一者，無師自出家〔五三〕——不依大僧臘次，不受他禮，不入僧法事，一切利養〔五四〕不受。二、偷和合〔五五〕者——有師出家，受十戒，往他方〔五六〕，或言十夏，次第受禮，入僧布薩一切羯磨，受信施物。三、二俱偷〔五七〕者，可知。若偷形〔五八〕者，不經法事，不受禮施，為飢餓故，若欲出家受戒者，得。下二不合〔五九〕。五百問云〔六〇〕：沙彌詐稱大道人，受比丘一禮拜，是名賊住難。

四分中，但言賊住難者，謂共羯磨、說戒，不說聽聞不聞，及愚癡因緣等〔六一〕。依如僧祇〔六二〕，若沙彌作是念——「說戒時論說何等」，即盜聽之：若聰明，記得初、中、後語者〔六三〕，不得與受戒；若闇鈍，或緣餘念〔六四〕，不記初、中、後者，得受具。若凡人自出家著袈裟，未經布薩等者，得受；反之不得〔六五〕。摩得伽云：不自知滿二十而受具，後知不滿者，若經僧布薩羯磨，是名賊住〔六六〕。四分「疑惱戒」云：若年不滿，作法不成受者，有知者，語令識之，後更受戒〔六七〕。十誦云：比丘尼如法捨戒，若更受者，不得——即名賊住難〔六八〕。

四、破內外道〔六九〕者

謂本是外道，來投佛法〔七〇〕，受具已竟，反還本道〔七一〕。今復重來，彼此通壞，志性無定〔七二〕。

律中〔七三〕：今度出家，對僧與沙彌戒，四月試之，使志性和柔〔七四〕，深信明著，方為受具。

問：「信邪來久，何故先與沙彌戒耶〔七五〕？」答：「信此投歸〔七六〕。

若不以十戒調柔，違相不顯。又彰佛法深妙，漸次授法。不同外道，一往不簡。」

此事既希，多述無益〔七七〕。必有，律自廣明〔七八〕。

五、非黃門〔七九〕

律中五種：一、生黃門〔八〇〕；二、犍作〔八一〕者；三、因見他婬，方有妒心婬起〔八二〕；四、忽然變作〔八三〕；五、半月能男，半月不能男〔八四〕。

世中多有自截者。若依四分，應滅擯。文云：若犍〔八五〕者，都截卻也。今時或截少分，心性未改者〔八六〕，兼有大操大志者，準依五分應得。彼文云：若截頭及半，得小罪〔八七〕；都截，滅擯〔八八〕。

四分云：若被怨家、惡獸、業報落等，應同比丘法；若自截者，滅擯〔八九〕。不明分齊〔九〇〕。五分云：時有比丘為欲火所燒，不能堪忍，乃至佛訶責言：「汝愚癡人，應截不截，不應截而截〔九一〕。」告諸比丘：「若都截者，滅擯〔九二〕；猶留卵者，依篇懺之〔九三〕。」

準此以明，則未受具已截者，終無明教〔九四〕，必須準前勘取，依餘部為受〔九五〕。

六、殺父，七、殺母〔九六〕，八、殺阿羅漢〔九七〕。此三難，為之既希，故略知文相。

九、破僧。即法輪僧也；若破羯磨僧，非難〔九八〕。

十、出佛身血〔九九〕

此二難，佛滅後無〔一〇〇〕也。僧祇律注云：佛久涅槃，依舊文問耳〔一〇一〕。

十一、非人難〔一〇二〕

皆謂八部鬼神，變作人形而來受具〔一〇三〕。律中、五分：天子、阿脩羅子、犍闥婆子化為人等〔一〇四〕。

十二、畜生難〔一〇五〕

亦謂變為人形而來者。律中，龍變形來受〔一〇六〕，佛言：「畜生者，於我法中無所長益。」此上二趣，若依本形，是人通識。恐變而來，故須問之。脫有高達俗士來受戒時〔一〇七〕，語云「汝非畜生不」，若聞此言，一何可怪。應方便轉問〔一〇八〕。如下所陳〔一〇九〕。

十三、二形〔一一〇〕者

謂一報形,具男女二根〔一一一〕。若先受後變,猶尚失戒,況初帶受者,滅擯〔一一二〕。

上已略述難相,而遮事非一〔一一三〕。

律中略問十六〔一一四〕,自餘受法廣明〔一一五〕,皆言「不應」,亦有得、不得者〔一一六〕。

若不自稱名字,不稱和尚字,年不滿等,定不得戒〔一一七〕。

五分〔一一八〕:諸比丘度截手腳耳鼻、截男根頭、挑眼出、極老、無威儀、極醜,一切毀辱僧者,皆不得度;若已度,得戒。或有先相嫌,以小小似片事作留難〔一一九〕,似瞎、似跛、似短小、父母不聽等,作難者,吉羅。

僧祇云〔一二〇〕:盲者,若見手掌中文;若雀目〔一二一〕;聾者,高聲得聞〔一二二〕;蹙者,捉屐曳尻行〔一二三〕;鞭瘢,若凸凹〔一二四〕,若治與皮不異,得。印瘢人,破肉已,用銅青等作字、獸形〔一二五〕;侏儒〔一二六〕者,或上長下短、下長上短。一切百遮〔一二七〕,不應與出家;若已出家,不應驅出,僧得越罪。準此,諸遮皆言「不應」「得罪」〔一二八〕。下文復云「是謂不名受具足」〔一二九〕,一一皆言「不應驅出」〔一三〇〕;「是中清淨如法者,名受具足」〔一三一〕。不名者,總結師罪〔一三二〕,何妨有得、不得者〔一三三〕。如啞等〔一三四〕:若有輕遮,不障戒者,故言清淨、共住如法〔一三五〕。文云:啞者,不能語,用手作相〔一三六〕;又云:遣書、舉手作相、不現前,如是等,不名受〔一三七〕。前「啞者」文中「不應驅出」,作沙彌也。

十誦、伽論云〔一三八〕:啞聲人不名受具;若聾聞羯磨聲,得受。

衣鉢不具〔一三九〕者。四分云:若無衣鉢,不名受戒;若借衣鉢,應與價直〔一四〇〕。五分云「令主捨之〔一四一〕」。亦不明得不。今準薩婆多,得戒〔一四二〕。論問曰:「若爾,何故必須衣鉢?」〔一四三〕答〔一四四〕:一、為威儀故;二、生前人信敬心故,如獵師著袈裟〔一四五〕,鹿見以著異服,故無怖心;三、為表異相故,內德亦異〔一四六〕。引彼證此,文不可和〔一四七〕。四分云不名受戒〔一四八〕,此則部別不同〔一四九〕。必誦十誦羯磨〔一五〇〕,依彼開成,準急無損〔一五一〕。昔人義準四分「和尚法」中〔一五二〕:若知「借衣鉢受戒不得」者,則不得戒,不知者,得。此乃人判,終違律文〔一五三〕,必敬佛言,再受依法〔一五四〕。

父母聽不〔一五五〕者。善見云：若餘方國度者，不須問〔一五六〕。僧祇：親兒此彼不聽；自來兒、養兒，餘處得受〔一五七〕。

負債〔一五八〕者。諸部但言「不應」。義準理得〔一五九〕。

奴者〔一六〇〕。僧祇云〔一六一〕：若家生、買得、抄得〔一六二〕，此彼〔一六三〕不得；他與奴、自來奴，餘處聽度〔一六四〕。今有人放奴出家者，若取出家功德經：若放奴婢及以男女，得福無量。律中不明放者，但言自來投法度之是非。準奴及兒，彼此通允〔一六五〕。五百問中：知是佛奴，度者犯重〔一六六〕。若先不知，後知不遣，亦重。問：「其人是大道人不〔一六七〕？答：非也。」僧奴準此，復本奴位〔一六八〕。

官人〔一六九〕者。僧祇〔一七〇〕：有名有祿、有名無祿，此、彼國不得度〔一七一〕；有祿無名，餘處得度〔一七二〕；無名祿者，一切俱聽〔一七三〕。準此，俗人來投出家，理須為受〔一七四〕。

丈夫〔一七五〕者。必以建心慕遠、清節不群，卓然風霜不改其操，鏗然憂喜未達其心，便為丈夫之貌〔一七六〕。故律云：年二十者，方堪受具，謂能忍寒、熱、飢、渴、風、雨、蚊虻毒蟲，能忍惡言、苦事，能持戒，能一食等〔一七七〕。僧祇云：若過二十，減七十，無所堪能，不應與受具〔一七八〕。

五種病〔一七九〕者。上四應得。狂中有三種〔一八〇〕：若全不覺好惡，應不得；餘二應得。善見云：癩癬，莫問赤、白、黑〔一八一〕，屏處增長、不增長，俱得〔一八二〕；露處反前，不得。然癩病有二〔一八三〕：一、惡業所致；二、四大違反則生，故育王經有疥癩須陀洹、瘡痍阿羅漢〔一八四〕也。若出家已，癩者，一切僧事共作〔一八五〕；若食，莫令在眾。此薩婆多解。

次明餘事，更明所以〔一八六〕。

五分：若先不相識人，不應雲、霧、暗時受〔一八七〕。五百問中：要須燈燭照之。

若先曾受具者〔一八八〕。十誦問云：「曾作大比丘不？」答：「作。」問：「清淨持戒不？捨時，一心如法還戒不？」四分無文〔一八九〕。必有，亦同邊罪〔一九〇〕。幸依十誦，十三難前問之，答若有違，則成邊罪故。

四分云：若有難緣，如說戒中，當二人、三人，一時作羯磨，不得至四〔一九一〕。僧祇〔一九二〕：一和尚、一戒師、一眾，得二人三人並

受〔一九三〕；若二和尚共一戒師，二三人不得一眾受〔一九四〕。善見云：二人三人一時受戒，一一同等。臘等時，不相作禮〔一九五〕。

上已略明雜相，今正出眾問法〔一九六〕。

教授師至受者所〔一九七〕，正敷坐具。坐已，語令敷坐具，為舒正四角，相對相及申手內〔一九八〕。五分云，應安慰言：「汝莫恐懼，須臾持汝著高勝處〔一九九〕。」

彼應取其衣鉢舒示，寄此以為陶誘〔二〇〇〕。前執五條〔二〇一〕，語言：「此名安陀會衣。」又指身所著者：「此名鬱多羅僧。」執大衣已，語云：「此衣名僧伽梨。」薩婆多云：此三衣名，一切外道所無。今示汝名相。」若依諸部，此處即為「受衣鉢」〔二〇二〕者，或在眾中戒師受者〔二〇三〕。四分無文〔二〇四〕。或受已方持者，亦隨兩存〔二〇五〕。并執鉢已〔二〇六〕，言：「此器名鉢多羅。此衣鉢是汝已有不？」彼答言：「是。」即便襆之〔二〇七〕。或加受法，如前。

應語言：「善男子諦聽：今是至誠時，我今當問汝，汝隨我問答。若不實者，當言『不實』，若實，言『實』〔二〇八〕。何以如此？由無始來，欺誑聖賢，沈沒生死。今欲捨虛妄，證真實法故，令汝實答。今問汝遮難，若不實答，徒自浪受。律云〔二〇九〕：犯遮難人，七佛一時為受，亦不得戒。」

「汝第一不犯邊罪不？」〔二一〇〕答言「無」者，語云：「汝應不識此罪，謂曾受佛戒，而犯淫、盜、殺、妄，作此四者，必不得受。今汝無耶？」答言「無」者，又語云：「汝若不識不解，不得妄答。」

「第二，汝不白衣時，汙淨戒比丘尼不？」答言：「無。」

「第三，汝不白衣沙彌時，盜聽他說戒、羯磨，詐作比丘不？」答言：「無。」

「第四，汝非曾作外道，來投受戒，後還作外道，今復重來不？」答言：「無。」

「第五，汝非五種黃門依名示之〔二一一〕。不？」答言「無」者。

「第六，汝非殺父不？」「第七，汝非殺母不？」「第八，汝非殺阿羅漢不？」「第九，汝非破僧不？」「第十，汝非惡心出佛身血不？」各各答言「無」者。

「第十一，汝非天子、阿脩羅子，名為非人，變為人形而來受戒

不？」答言：「無。」

「第十二，汝非諸龍畜等能變化者，變為人形而來受不？」答言：「無。」

「第十三，汝今身中不佩男女二形不？」答「無」者，應讚言：「善男子！已問難事。十三既無，戒可得受〔二一二〕。

更問十遮〔二一三〕：

「汝今字誰〔二一四〕？」答言：「某甲。」

「和尚字誰？」答云：「某甲。」

「年滿二十不？」答：「滿。」

「衣鉢具足不？」答：「具。」

「父母聽汝不？」隨有言「聽」，若無言「無」〔二一五〕。

「汝不負債不？」答：「無。」

「汝非他賤人，佛不許度，不是奴不？」答：「無。」

「汝非官人不？」答：「無。」

「汝是丈夫不？」答：「是。」

「丈夫有如是病：癩、癰疽、白癩、乾痟〔二一六〕、顛狂，汝今無此諸病不？」答言「無」者。

應復語云：「汝無遮難，定得受也〔二一七〕。如我今問汝，僧中亦當如是問。如汝向者答我，僧中亦當如是答。」

應教起立〔二一八〕，為正著七條〔二一九〕，令威儀齊正；著履，揲坐具肩上，衣鉢襆置手中〔二二〇〕。語令：「汝此處立，我至僧中，為汝通請〔二二一〕。若僧許可，我舉手召汝，汝可即來。」五分云：教著衣時，密如法視無重病不。種種隨緣〔二二二〕，廣如彼述。或外律中於此受衣鉢者〔二二三〕。

【校釋】

〔一〕恐在眾　資持卷上三：「謂正問時。」（二二〇頁下）【案】「問緣」文分為二：初，「所以」下示出意；二、「但遮難之中」下辨遮難。

〔二〕安審　資持卷上三：「或約能問委悉，或是所問詳緩，言通兩釋。」（二二〇頁下）

〔三〕但遮難之中，有得、不得　鈔科卷上三：「『但』下，辨遮難。初，廣辨之意。」（二六頁上～中）鈔批卷九：「立明：難則一向不得。遮中不定：如不稱和

上名及自名，必定不得；若負債，作還心即得；聾聞大聲亦得。」（四六八頁下）

〔四〕令其識相，使問難者，據法明斷　資持卷上三：「『令』下，顯意。上三句，令能問知法，得不無昧，故云明斷。」（二二〇頁下）

〔五〕使問答相應，無有迷謬　資持卷上三：「『使』下，令『能』『所』俱解。」（二二〇頁下）

〔六〕若問而不解，終為非問　資持卷上三：「『若』下，示非。」（二二〇頁下）簡正卷七上：「意云：雖依文誦語，心中自不體解。自既不明，焉令他會？故云問而不解也。雖問與不問何殊？故云終為非問。非者，不也。」（四二八頁下）

〔七〕中、邊不相解語，佛判不成　資持卷上三：「即舉中、邊不足為例。」（二二〇頁下）簡正卷七上：「證上不解也。中國、邊地，彼此不解，方言互不相足。反顯適未雖問雖答，彼此總不明之，有無如何知委？故不可也。」（四二八頁下）

〔八〕不問十三難者，則不得戒　鈔科卷上三：「『若』下，受前預教。」（二六頁中）簡正卷七上：「問：『既律云不得戒，今既問何以不得？』答：『雖問不解，還如不問無異。舉例，由如作說戒等，具非不成，亦如不說一般也。』」（四二八頁下）

〔九〕應沙彌時，教令列名顯數，識相誦之　資持卷上三：「『應』下，明先教。」（二二一頁上）

〔一〇〕此非羯磨，不犯賊住　資持卷上三：「『此』下，遮疑。據論，賊住同法方成，必讀羯磨，理應非障。此由古執，問難不取相解。猶恐妄計，同於羯磨。不可預讀，故一往遮之。下文正明賊住，即引四分，一、二、三人及眾僧所共作方成，或可因讀，後聞易解，就深防為言。」（二二一頁上）

〔一一〕若約律本，但問十三難事　鈔科卷上三：「『若』下，安布次第。」（二六頁中）資持卷上三：「律因脫衣慚恥，佛言：『自今已去，聽問十三難。』即列其相，故云『但問』等。」（二二一頁上）鈔批卷九：「謂律本受戒犍度具列十三難緣起，解釋有者，不重與受。」（四六八頁下）簡正卷七上：「受戒犍度中，先列十三難緣起，次列諸遷（【案】『遷』疑『遮』。）緣起竟。結云：污辱眾僧者，不得受具足戒。時有欲受者，將至界外脫衣着受者慚恥，稽留法事。以此白佛。佛言：『不能得如是露形看。自今已去，聽問十三難事，然後授具足戒。白四羯磨，當如是作。』次文，即列十三難竟。佛言：『自今已去，先問十三

難事，然後受具足戒。」准上<u>律本</u>之文，只言問難，總不見說著諸遮，故云『但問』十三難等。」（四二八頁下）【案】<u>四分</u>卷三五，八一四頁中～下。

〔一二〕**及論作法，但問諸遮**　<u>簡正</u>卷七上：「律中作法，差教授師出眾，至受者所，（四二八頁下）但問諸遮不問難也。其戒師對眾作法，亦但問諸遮不問難也。」（四二九頁上）<u>資持</u>卷上三：「至教授出眾戒師對僧兩列問法，但問十六遮，故云『及論』等。」（二二一頁上）<u>鈔批</u>卷九：「但問諸遮，不見問十三難事，此乃律文互缺，非為理無。」（四六八頁下）

〔一三〕**今就義準，著問遮之前**　<u>簡正</u>卷七上：「今鈔主准律三節之義，合將其『難』著向『問遮』之前。所言三節義者：第一節，列緣。先列『難緣』，後列『遮緣』。第二節，律云『自今已去，聽問十三難事』，然後受具，亦合『難』在『遮』前。第三節，律云：『自今已去，聽先問十三難。』既云先問『難』，即知『遮』在後。准斯三節之義，故云『今就義准』等也。」（四二九頁上）<u>資持</u>卷上三：「今此合之『難』在『遮』前，故云『義準』等。」（二二一頁上）<u>鈔批</u>卷九：「今以義准，先問重難，次問輕遮，故曰著問遮之前。」（四六八頁下）

〔一四〕**問難之體**　<u>鈔科</u>卷上三：「『又』下，能問通解。」（二六頁中）<u>資持</u>卷上三：「『體』謂大體，即本意也。」（二二一頁上）<u>簡正</u>卷七上：「『體』字有多解，今並不取。但依<u>搜玄</u>云：體者，得也。謂問難詞句，能問、所問，要唯彼此相領解，方體得也。」（四二九頁上）

〔一五〕**一一具之**　<u>資持</u>卷上三：「謂列名顯相，簡辨是非也。」（二二一頁上）

〔一六〕**不同舊人，蒙籠誦習**　<u>鈔批</u>卷九：「立明：古人但直誦出，冥目急誦，前人竟不解。今不同之，須一一解釋，令前人識知有無。<u>濟</u>曰：古人問時，何但受者不解？只自問者，亦自不解其義，便語受者言：我若問汝時，但答道『無』。閉眼急問，及至問和上字誰，亦即答言『無曾聞』。并<u>汾中</u>老僧，與他受戒，飲酒已醉，少時登壇，一人醉困，未能得出場上，但有九人。既欠一人，其上座即云：『取一束草，豎著下行，將袈裟貫之，以當一人，充足十數。』夫問答賓主，皆須領解。曾見有人講<u>法華</u>，論義者問云：『既稱法喜禪悅食，（四六八頁下）未知與三尼寬狹，其相如何？』高座愕然，不知何答。三尼者，即蒲闍尼、佉闍尼、奢夜尼也。又見問律師云：『夷末提初，皆是面門所犯，何以輕重不同？』（【案】此處疑有脫文。）」（四六九頁上）<u>簡正</u>卷七上：「<u>羯磨疏</u>云：余周游<u>晉</u>、<u>魏</u>、<u>京輔</u>，律席罕不登臨，至於難緣，全未籌議，但恐誦文不

得，何暇更識其相也。(已上疏文。)准此，即是敍上蒙籠是不明之義也。」
(四二九頁上)資持卷上三：「疏云：有師解云：『夫受戒法，作法令誦，但應
依文，十三使足？』答：『道無者，便即得戒，何須解義？祖師即引捨戒中邊
不解不足、僧殘麤語不解不犯相，並難破。此不委明，略斥之耳。』」(二二一
頁上)

〔一七〕邊罪難　簡正卷七上：「堂云：佛在羅閱城，有一比丘名難提，坐得四禪定。
從定起，有魔女來前立，比丘捉之，女則隱而不現。比丘趂捉，欲心不止，於
死馬上行非淨行，都不覆藏。佛言：與白四學悔後重犯，滅殯次數名所言。邊
罪難者，羯磨疏云：曾受內戒，今棄眾外，名之為邊；(四二九頁上)障戒不
生，稱之為難也。至於俗人受五、八等，望與常途俗人有異，總號邊罪也。」
(四二九頁下)鈔批卷九：「就此十三，准疏先有五門料簡：一、制揀淨意，
二、釋名體，三、得名廢立，四、收難多少，五、通塞不同。初，制意者。光
律師云：『夫欲遠希玄果，非戒不剋。然戒法清虛，乃出道之津濟，法既精妙，
致受非易。論其受也，非身淨不剋。是以身為受道之器，心為納法之主。身心
圓淨，得戒亡言。若內懷遮難，於道非淨，雖備眾緣，徒勞無益。一生絕分，
障不發戒，名之為難。由難障故，因撿稽留，故制問之，意在此也。』二、釋
名者。隨唱一一釋下。三門在後明。言十三難者，帶數釋也。頌曰：邊尼賊破
黃，五逆非畜二。言邊罪者，曾受佛戒，理宜謹奉，捉(【案】『捉』疑『但』。)
心不固，具緣犯重，為過不輕。業果生報，不思捨悔，返戒更受，義無再攝，
分在眾外，名之為邊。一生永障，名之為難。由邊罪障戒而生，故曰邊罪難。」
(四六九頁上)

〔一八〕此人罪重，名佛海邊外之人　資持卷上三：「釋邊罪，從喻為名。文中備釋，
前依本律，且據具足。」(二二一頁上)

〔一九〕乃至準論，白衣五戒、八戒、沙彌十戒　鈔批卷九：「『礪云：母、多二論，准
此極急。今解：『據出家十戒，犯者成難，謂先是內。今甄眾外，(四六九頁
上)對內辨邊，五戒八戒，但是俗眾，無來非內，對何以名邊耶？』深云：『今
行事者問他，還須向說，若准論文，不得。律則無文，准令得戒。宋朝有智嚴
法師，小時曾破八戒，後受具竟，見多論文，疑身受戒不得，便往西國問諸羅
漢。至月支國，亦云至罽賓，見諸羅漢，具問斯事，彼亦不決。有一羅漢為往
天上問彌勒，為通(【案】『通』疑『答』。)云『不成難』。嚴既知身有戒，欲
還此國，未發國亡。西國送屍，有凡聖兩墓，不知嚴之凡聖，欲道(原注：

『道』疑『向』。）凡墓，數千人挽喪，終日不動，便疑是聖；欲置聖墓，未假數人，飄然得昇。嚴有二弟子，還此土述之云爾，故不動便疑（原注：『不』等四字未詳。）知五、八破者，不成難也。」（四六九頁下）資持卷上三：「下準多論，通前四戒，皆號邊罪。然俗戒中，大小通制，準僧篇聚，定約大重。所以具戒須云捨者，犯重不捨，自號二滅。欲明成障，故約捨來。後三犯即障戒，不論捨與不捨。」（二二一頁上）扶桑記釋「通前四戒」：「濟覽：『四』字疑寫誤歟！合作『三』也。即五、八、十故。下文云：後三犯即障戒，知傳訛矣。」（一○四頁上）

〔二○〕犯比丘尼　鈔批卷九：「淨具尊境，是世福田，理宜虔敬，生出世福。今乃返慢辱，毀壞梵業深羅（原注：『羅』疑『罪』。）重。雖受無利，名之為難。難由壞尼淨行而生，故曰也。」（四六九頁下）簡正卷七上：「堂云：律云：『時有多比丘，從俱薩羅國行往黑闇，何俱有？』一比丘言：『此中曾有白衣與著袈裟者，共犯。』諸比丘云：『汝何故得知？』彼云：『我見一數，等次數名。』羯磨疏云：毀壞梵行，名為犯尼。業深罪重，障戒不生稱難。」（四二九頁下）【案】「犯比丘尼」文分二：初「四分等」下；二、「皆謂俗人」下。簡正引文見四分卷三四，八一一頁下。

〔二一〕四分等律並云「汙尼」，不明淨穢　鈔科卷上三：「初，明壞尼。」（二六頁中～下）資持卷上三：「初，示通濫。即律本云：『汝不污比丘尼耶？』五、十皆爾，故云『等律』。」（二二一頁上）簡正卷七上：「四分等律者，等取五分、十誦，除僧祇也。不明淨穢者，若據律文，但云曾婬著袈裟者成難。且尼三眾，總著袈裟，為總成難、為局大尼？是不了也。又，文云『若犯比丘尼』，又似簡下眾。然比丘尼有淨境、穢境，為通犯，為約淨方犯？並不論量，是二不了。五分、十誦亦然。」（四二九頁下）鈔批卷九：「律中但是著袈裟者，即名難也。善見論中：於尼三處行婬，皆名壞尼難也。」（四六九頁下）【案】「四分等」下分二：本句及下為初，「問」下為次。

〔二二〕故世行事者云　資持卷上三：「『故』下，二、明簡淨。前引時事，下文準用。」（二二一頁上）簡正卷七上：「『若爾，今時受戒行事之時，皆言汝不犯淨行比丘尼不？引依何教？』鈔答云『故世行事者云』乃至『此依僧祇問』也。」（四二九頁下）

〔二三〕須、斯二果　簡正卷七上：「須陀洹是初果，斯陀含是第二果。」（四二九頁下）【案】僧祇卷二三，四一七頁上。

〔二四〕**初人受樂，是壞尼淨行；中、後人犯，不名壞尼難**　簡正卷七上：「謂二果尼，欲界修惑，九品下三未除；初果尼，欲界修惑，九品總未斷；凡夫見修，（四二九頁下）一切未除；並有受樂心。故初人懷（【案】『懷』疑『壞』。次同。）時，即是淨境，成難；中、後人懷時，已是穢境，不成難也。」（四三〇頁上）資持卷上三：「初果，三界思惑全在；二果，欲界思惑未盡。故此二聖，猶受染樂，凡夫總收，內外薄地。問：『必不受樂，前境不壞，成障戒不？』答：『污壞成難，從能得名，但取慢辱，不論前境。』『上論受樂，為簡初、中、後人成不成耳？』『三果，欲界思盡；四果，結使俱亡。此二，必無染樂。』」（二二一頁上）鈔批卷九：「明此人受欲，煩惱未盡，受樂故犯戒，壞故成難。（四六九頁下）後人雖污，非名。至第二人，尼受樂，此人即是難也。以要約尼受樂時，俗即成難。若尼受樂已後，更有人污者，百千非難。後云（原注：『云』疑『之』。）二果，由愛染已盡。今若污者，不問初、中、後，皆是難攝。問：『凡言壞者，謂污戒也。聖境不壞，何名為難？』答：『尊境清勝，慢污成業，不待前壞，方成戒難。遬云：准論中，辨初二果人，但有俱生煩惱，而無分別煩惱。如鳥獸相食噉，亦名俱生煩惱。初二果人，雖所造事，內心無染，名為俱生煩惱，不令受樂。據此義故，與今文相違妨也。高云：初二果人，受樂之時，俗則成難，即顯此尼煩惱未盡。是破戒者。』『何故論中，聖人經生，得五不作戒？又涅槃經中，初果生惡國，不作惡業。今既受樂，豈非作耶？』解云：『望自不故作，故云不作惡業，望煩惱未盡，容有失念受樂。雖名破戒，由抵債故，不受地獄報也。且此釋終成相違。』」（四七〇頁下）【案】釋文中「九品」，即是將貪、瞋、慢、無明四種「修惑」而分別以下下、下中、下上、中下、中中、中上、上下、上中、上上品九個品級而分成「九品修惑」。

〔二五〕**若那含、羅漢**　簡正卷七上：「那含三果尼，羅漢第四果。若壞此境，初、後總成難攝。所以爾者，那含人欲界修惑並盡，羅漢三界見修並除，終無染樂之心，是初、後人壞，並是淨境也。」（四三〇頁上）

〔二六〕**唯是淨境，方成難攝**　資持卷上三：「『故知』下，雙決。」（二二一頁上）簡正卷七上：「唯者，偏獨之義也。即反顯不淨境不犯。」（四三〇頁上）

〔二七〕**若摩觸，八尼汙尼八事、若一人以八事犯尼**　鈔科卷上三：「『十』下，明餘犯。」（二六頁下）資持卷上三：「觸、八二戒，尼通夷重，恐謂俱障，故引簡之。文中：『若摩觸』為一句；下二句明八事，上句約八人共成，下句約一人

獨作。準疏，『八尼』合作『八人』，傳寫誤也。」（二二一頁中）鈔批卷九：
「立明：一个男子污觸八个尼，重境，尼則犯重，俗不成難。言污尼八事者，
立明：八个男子污一个尼。八事中，一一事，令尼犯重。勝云：明將第八事污
尼，以尼先犯七故，成重。上言『八事』者：一、捉手，（四七〇頁上）二、
捉衣，三、入屏處，四、共立，五、共語，六、共行，七、共期，八、身相倚。
頌曰：捉手捉衣入屏處，共立共語并共行，七八共期身相倚，如是次第應當
知。」（四七〇頁下）簡正卷七上：「鈔云，摩觸八尼者，玄云：據文但云八事，
鈔加『摩觸』字，故此一句，標觸八二，初，摩觸尼戒，觸其重境，纔觸即犯，
易知。八尼污尼八事，戒標也。將一个『尼』字，管兩戒也。八人共污一人，
一尼以八事污一尼，此似難知。下釋污尼八事也。故羯磨疏云：摩尼八事等，
八个俗人，人以一事，即有八事，共污一尼。或有一人，自污尼八也。（上是
疏文）。已上引如許多文意證。四分文中但云『犯比丘尼』，並不論量淨之不
淨。（四三〇頁上）適來所說總依宗方成，決定行事無滯也。」（四三〇頁下）
【案】十誦卷五一，三七五頁中；卷五四，三九七頁下。

〔二八〕令犯重者，俗人不成難也　資持卷上三：「『令』下二句，總結二戒。」（二二
一頁中）

〔二九〕善見云　簡正卷七上：「善見等者，數為證。四分文中但云婬着袈裟者，並不
說除下二眾等。」（四三〇頁下）【案】善見卷一七，七九二頁中。四分卷三
四，八一一頁下。

〔三〇〕若壞尼下二眾，不障出家　資持卷上三：「初，簡下眾。」（二二一頁中）簡正
卷七上：「今引此文。若下二眾無犯，不障出家等，羯磨疏云：未滿位，輕不
成難。攝具戒是尊，故成障也。（已上疏文。）」（四三〇頁下）

〔三一〕若壞大尼，三處行淫，皆名難也　資持卷上三：「『若』下，明通三道。據本成
婬，不勞此示。為遮疑濫，謂餘非障故。」（二二一頁中）

〔三二〕若以白衣俗服，強與尼著　資持卷上三：「『若』下，辨形服。」（二二一頁中）
鈔批卷九：「此防巧也。謂言服別，應不成難。但約境淨，不論儀服。」（四七
〇頁下）簡正卷七上：「謂尼不欲着，而強將白衣衣服令彼着，成難也。若尼
自樂著，不障出家。故知前文強與著之，必是陵辱，彼不樂著，即是淨境也。
此兩段文，莫非約境淨穢以說也。（此解有意。）或依玄記云：既自樂著白衣，
表同邪見捨戒，所以不障出家也。前文強與彼著，即顯不生邪見，戒不失故，
是以成難也。今恐不然，縱樂輕著白衣，但結不應之吉。設爾邪見，須准教

文,起九品圓滿之心。今暫樂服俗衣,未必捨於戒體。此釋不應理甚矣。」(四三〇頁下)

〔三三〕若尼自樂著白衣服　鈔批卷九:「景云:以心作非淨解,故不成難也。即如今尼,樂著俗女裙衫,皆是俗習。就此行婬,亦非難攝。此向約尼自欲行非,故非成難。又約俗人,不知此尼是淨境。若是淨境,還成難也,但壞淨境。」(四七〇頁下)扶桑記引濟緣釋「若見自樂」:「尼自樂著而不障者,亦據不知為言。」(一〇四頁下)

〔三四〕若知受具戒,緣事著於俗服,亦應成難　資持卷上三:「初,正決。上言自著不障,不約知與不知,故須兩判。」(二二一頁中)簡正卷七上:「今師以義意求之也。若明白之心,審知前是受具戒之人,今有難事緣礙,暫著白衣之服者,亦成難捧(【案】『捧』疑『攝』。)也。」(四三〇頁下)

〔三五〕但壞淨境,不論知淨不淨　資持卷上三:「『但』下,遮濫。恐謂前境淨穢,亦同形服,約知不知,故特簡之。」(二二一頁中)簡正卷七上:「今師以義意求之也。若明白之心,審知前是受具戒之人,今有難事緣礙,暫著白衣之服者,亦成難捧(【案】『捧』疑『攝』。)也。」(四三〇頁下)鈔批卷九:「景云:如實淨,壞境作不淨想而污,亦成難攝。若污,非淨作淨想,不成難也。然成污者,必取淨境。此是鈔主義言耳。諸部意者,要心境相應。」(四七〇頁下)簡正卷七上:「古師云:知他前境是淨而壞之,成難。若壞是淨境,我心不知,雖壞亦不成難。今云:但使前境是淨壞者,冥然是犯,不約心論知不知等。」(四三〇頁下)

〔三六〕廣有廢立,如疏、義鈔　資持卷上三:「義鈔第一、業疏第三。」(二二一頁中)鈔批卷九:「羯磨疏云:但是具戒,何論淨穢?陵辱慢重,故障出家。未備位輕,在不問攝。故文云『汝污尼不』,明簡下眾。由是具戒,望於俗人,皆是尊境故。若准律中,曾婬著袈裟者成難,此文通三眾也。然文列比丘尼,又似簡故。三律俱無正決,斯即不了之文,宜用僧祇明判淨穢也。如前祇言『斯須初人成難』等是也。」(四七〇頁下)簡正卷七上:「羯磨疏云:『如善見,煞凡尼至三果不障戒,今但污尼,云何成難?』答:『煞障戒者,取福田極處,須是第四果人。以前三煩惱未盡,污據陵慢勝境,故是難收。各有理也。』」(四三一頁上)

〔三七〕何不言「壞比丘」耶　簡正卷七上:「法寶云:此約僧受戒時問也。謂適來但云不犯比丘尼,何不見言犯比丘耶?」(四三一頁上)

〔三八〕尼受戒中，反問便是，由事希故　資持卷上三：「『尼』下，例決。」（二二一頁中）簡正卷七上：「攝尼受時，反問由事，文中者，卻將尼來反釋也。意云：僧受時，即云『汝不犯尼不』，尼受時，即云『汝不犯比丘不』。問曰：『前來既云約僧受戒時起間（【案】『間』疑『問』。），今將尼來反釋，文勢似不相當？』寶云：『鈔主密意，無約僧以論，但為其事稍僻，不能顯明，故將尼來反說。下句云以事希故，必若將尼污僧頻頻有之，何言希少？故知唯約易訓也。』」（四三一頁上）【案】資持將「故」斷為下句首。

〔三九〕善生經受五戒者　資持卷上三：「『故』下，引文決。欲具問云：汝不盜現前僧物不？於六親所，比丘、比丘尼所行不淨行不？父母、師長有病棄去不？不殺發菩提心眾生不？」（二二一頁中）簡正卷七上：「謂善生長者受五戒時問難中，亦云『汝不犯比丘』及『比丘尼』。意可見也。」（四三一頁上）【案】優婆塞戒經卷三，一〇四七頁下。

〔四〇〕故知同是難攝　簡正卷七上：「今師印定也。」（四三一頁下）

〔四一〕皆謂俗人時犯　鈔科卷上三：「『皆』下，總示。」（二六頁中）簡正卷七上：「俗人據總未曾受。受五、八等戒，即是污尼難收。若受五、十、八戒後犯者，但號邊罪捧（【案】『捧』疑『攝』。）也。」（四三一頁下）

〔四二〕賊心受戒　資持卷上三：「法財非分，詐竊歸己，故以為名。」（二二一頁中）鈔批卷九：「沙彌（【案】此引羯磨疏，『彌』簡正作『門』。）俗人，法非本位，形濫潛上，又盜聖財，非分妄謂，故名為賊。障不發戒，故名為難。世財是共，雖盜非難，法財不共，具緣方感，此難由賊，妄謂而生，故曰也。立云：初掠法財，名賊心也。礪問：『此十三難，並是受戒為難，所以第三獨名賊心受戒難者？』答：『此實不望今受作難，名受戒難，故不須並。蓋是無賊心，詐稱大比丘，與今為難，故獨標之。餘非此類，可知。』」（四七一頁上）【案】「賊心受戒」文分為二：初，「律中」下；二、「四分中」下。

〔四三〕為利養故，輒自出家　資持卷上三：「初引本緣。律因波羅奈國穀貴，有一年少外道，見佛及僧多得供養，即自剃髮，著衣持鉢入眾中食。諸比丘窮問，彼乃自言。佛因制斷。」（二二一頁中）【案】「律中」下，文分為二：初，「律中」下；次，「善見云」下。「律中」下又分二：初，「律中」下；次，「四分云」下。四分卷三四，八一二頁上。

〔四四〕若未出家者，未受，不應受；已受，得戒　資持卷上三：「『若』下，判成不。初，明偷形。未出家者，謂十戒也。未受者，即具戒也。不應受者，約前知

也。已受得者，據後知也。（二二一頁中）律具云：若至一比丘乃至僧所，不共羯磨說戒；若未出家受具戒，不得與出家受具戒；若已與出家受具戒，聽即名出家受具戒。文剩『者』字，去之即義顯。」（二二一頁一）鈔批卷九：「立云：未受十戒，直爾剃髮，名出家也，謂既為利養故。若已出家者，及未出家者，此二人皆不得受具也。言『已受得』等者：此明約師僧，先不知其為利養自剃，則先與具戒；又約彼作沙彌，未經說戒等事故也。」（四七一頁上）簡正卷七上：「若未受不應受者，約僧知了，不得為定也。已受得戒者，據初時不知彼為利出家、是外道等，即得戒也。」（四三一頁下）

〔四五〕**曾經說戒、羯磨，已受者，滅擯**　資持卷上三：「『曾』下，明偷法。正是難位，故令滅擯。前但同遮，縱僧預知，違制得戒。」（二二一頁下）鈔批卷九：「此約沙彌時，共他作眾法竟，今若與受具已，理須擯也。」（四七一頁上）

〔四六〕**若至一人、二人、三人、眾僧所，共羯磨、說戒，皆滅擯**　鈔科卷上三：「『四』下，決通。」（二六頁下）簡正卷七上：「玄云：准律文，都有六句，前二重，後四輕。第一句云：若至一人、二人、三人、眾僧所，共羯磨、說戒；二云：若至一人、二人、三人、眾僧所，共羯磨、不說戒。（此二句成難。）三云：若至一人、二人、三人、眾僧所，不共羯磨、說戒；四云：若至一人、二人、三人，不至眾僧所，不共羯磨、說戒；（四三一頁下）五云：若至一人、二人，不至三人眾僧所，不共羯磨、說戒；第六句云：若一人，不至二人、三人眾僧所，不共羯磨、說戒。（此四句不成難。）六句如此。今鈔所引，是第一句，證前滅殯也。」（四三二頁上）鈔批卷九：「立云：若至一人者，謂對他秉眾法對首也。若至二人者，謂對他成三人，亦秉眾法也。若至三人者，謂配已成四，若作說戒法，即秉羯磨眾法；若自恣，猶是對首也。眾僧所，共羯磨等者，即入他眾僧四人已上僧中作法也。箋云：言賊住者，准聖教意，要對他秉眾法成難；今若房中偷看聖教者，非難也。礪云：賊心入道者，律文有六句。謂是外道為飢餓故，見僧得利養，輒自剃髮出家。僧問『汝幾夏歲』、『和上闍梨是誰』等，盡不知之。因即白佛，佛制不得與受。總有六句：前二句重，次四句輕。六句者何？一、或至一人、二人、三人及眾僧所，共羯磨，共說戒。第二句：謂或至一人、二人、三人及僧所，共羯磨，不說戒。此二句，佛言：若未出家受者，不應與出家受具；若已出家受具者，應滅擯。（『出家』即剃髮。）第三句：謂或至一人、二人、三人及僧所，不共羯磨、說戒也。第四句：或至一人、二人、三人所，不共羯磨、說戒。第五句：或至一人、二人所，不共羯

磨、說戒。第六句：或至一人所，不共羯磨、說戒。此四句，佛言：若未出家受具者，不應與出家受具；若已出家受具，佛言聽，（四七一頁下）不應滅擯。律文如此。諸師章疏，解不同。昔人云：以法從人秉法故，人有一、二、三，及秉羯磨、說戒等法，六句，明賊階降。以眾法如盜五錢，別法如似方便，別法不成賊住。此後四句，至一、二、三人所，作非不秉法，佛判非賊。礪不同之，破戒不爾。如對首、說、恣等，豈可下眾是其應秉耶！又，前二重句，至一比丘所、二比丘所、三比丘所、眾僧所，至四境所，共羯磨等。佛判滅擯，以得法故，即具二偷。（一、形；二、法。）後四句，佛判成受具者，以是全不得法，但是偷形故。是以上四句，並言不共羯磨等。又，前二个重句中，但盜眾法，對首已去，不得言偷，眾法心念以往，一人所通已即二，豈得共秉心念法耶？四人已上，餘和合法者，謂不秉羯磨，如今（【案】『今』疑『令』。）當頭唱白欲作某事，和其眾情也。」（四七二頁上）

〔四七〕**義詳**　簡正卷七上：「今師義意詳論，故云義詳也。」（四三二頁上）【案】「詳」，底本作「諍」，據大正藏本和簡正釋文改。

〔四八〕**共一人作對首眾法，皆成障戒，如說戒、自恣等法**　資持卷上三：「上文但云一、二、三人，不明眾，但須以義定。」（二二一頁下）簡正卷七上：「對首眾法等者，說、恣，此是僧法，今界無僧，只有二人，遂作此法。今此賊心之者，往彼盜聰（【案】『聰』疑『聽』。），亦成難也。」（四三二頁上）【案】「共」，底本作「出」，據大正藏本和簡正釋文改。

〔四九〕**必聽眾法心念，亦成難攝**　簡正卷七上：「破古也。古人云：一人作心念、說戒等，并己即是二人，便須改為眾法對首，豈名心念耶？今師云：此全不見文意。既云往一人所，偷聽眾法心念，便成難收，有何二人改為對首之理也？」（四三二頁上）

〔五〇〕**若對他三人已下對首法**　簡正卷七上：「謂懺三十捨墮，是對首法。覆處尋內，須問邊人，故三人也。『已下』，二人也。」（四三二頁上）

〔五一〕**四人已上餘和合法**　資持卷上三：「如說、恣、告眾和僧立制等。」（二二一頁下）簡正卷七上：「玄云：未秉單白前，問僧集和合等，名『餘和合』。聽此非難齊四人，即秉單白，單白前便有問和也。已上即百千萬等，皆先和僧，乃至答云『某事羯磨已來』，不成難也。」（四三二頁上）

〔五二〕**三種偷形**　鈔科卷上三：「『善』下，引他部細辨。」（二六頁下）資持卷上三：「善見三種，並號偷形。若據第二，正是盜法。所以疏中但言三種，（或恐寫

誤。『一』字合在『偷形』字上，則同義鈔。）或可稱夏受禮，濫大僧形，故通標耳。」（二二一頁下）簡正卷七上：「四分雖云偷形，不出偷形相貌，故取論文廣辨也。」（四三二頁上）【案】資持「恐寫誤」者，義為：善見三種，一、偷形，二、偷和合，三、二俱偷。善見卷一七，七九二頁上。

〔五三〕**無師自出家**　簡正卷七上：「此是偷形相狀也。由如今時不依師僧出家剃髮，但自剃落等是也。」（四三二頁上）

〔五四〕**利養**　資持卷上三：「須約二種現前僧物。飲食供設，是彼所希，義無不受。所以下云『為饑餓故』是也。」（二二一頁下）

〔五五〕**偷和合**　簡正卷七上：「標偷法也。」（四三二頁下）資持卷上三：「律唯約法，論通四種，加臘禮利，並成障戒故。疏問云：『偷和合者，應在羯磨，何以文中具列夏等？』答：『夏次禮儀及信施等，並是僧家六和表相。由有戒故，便有夏次等。以盜戒相，令他信之故也。』」（二二一頁下）

〔五六〕**有師出家，受十戒，往他方**　簡正卷七上：「有師出家者，釋非偷形也。往他方等者，辨偷法相狀也。」（四三二頁下）

〔五七〕**二俱偷**　簡正卷七上：「無師出家，是偷形；往他方受禮、入說戒處等，是偷法也。」（四三二頁下）

〔五八〕**偷形**　資持卷上三：「『若偷』下，判斷得不。同前四分。」（二二一頁下）簡正卷七上：「『若偷形狀者』已下，鈔文料簡。前一句不成難，得受也。」（四三二頁下）

〔五九〕**下二不合**　鈔批卷九：「前一偷形，不偷法，故不成難。下二即偷法不偷形，及俱偷也。」（四七二頁上）簡正卷七上：「偷法及二俱偷，不合與受也。」（四三二頁下）

〔六〇〕**五百問云**　資持卷上三：「引五百問，別證受禮。」（二二一頁下）

〔六一〕**但言賊住難者，謂共羯磨、說戒，不說聽聞、不聞，及愚癡因緣等**　鈔科卷上三：「『四』下，料簡盜法。」（二六頁中～下）鈔批卷九：「謂四分律但論往聽說戒、羯磨，不問解語、不解語，不成難。僧祇，要記得初中後語者，是難也。四分不說記初中後語，故曰及愚癡因緣也。」（四七二頁上）簡正卷七上：「四分明偷法中，但云盜聽他說戒，成難；然於聽時，有聞不聞，或聰明愚鈍，記不得等，不可一例，並成難收。既不料簡，是不了也。」（四三二頁下）【案】「四分」下分三，初，「四分中」下；二、「摩得伽」下；三、「十誦云」下。

〔六二〕**依如僧祇** 簡正卷七上：「引祇文方為決定。」（四三二頁下）資持卷上三：「『依』下，次引僧祇決正。初明偷法，彼云：沙彌潛身床下，盜聽初、中、後語者，即攝。羯磨言相始終，俱記成障，不具不成。文雖約記，義須明解。（古記云：作白為初，五篇為中，略教為後。此釋甚謬。說戒可爾，若單作羯磨，約何分耶！）」（二二一頁下）【案】僧祇卷二三，四一七頁中。僧祇下分二：一、偷法，二、偷形。

〔六三〕**若聰明，記得初、中、後語者** 簡正卷七上：「單白為『初』，廣序及五篇戒文為『中』，七佛略教為『後』。隨此三處，記得章句，便是難也。」（四三二頁下）鈔批卷九：「如說戒時，說夷是『初』，說吉是『後』，中間可知。亦可只約一戒，即有初、中、後；若比丘是『初』，行婬欲法是『中』，不共住是『後』；約羯磨作，『大德僧聽』是『初』，『若僧時到』曰『中』，『白如是』曰『後』。」（四七二頁下）

〔六四〕**或緣餘念** 簡正卷七上：「雖是聰明，心不專一，曰緣別念等，亦非難也。（云云。）更有將本自讀，亦例可知。位既未滿，未合，未得見及聞。今私竊偷者，亦是偷法成難，請不疑也。」（四三二頁下）

〔六五〕**若凡人自出家，著袈裟，未經布薩等者，得受；反之不得** 資持卷上三：「『若凡』下，明偷形。『反之』謂經布薩也。問：『不聞羯磨，但聽戒相，為成障否？』答：『此有二別。若身在眾，妄同僧列，但聽即成，不必羯磨。若論潛聽，必約羯磨；若但聞戒，義應非障。即前文云：不秉羯磨，皆不成難。又，如疏云：偷和合者，應在羯磨。『若爾，何以僧祇云說戒時論何事（【案】『事』僧祇作『等』。）耶？』答：『以說戒時，必作羯磨故。』『若爾，何以說戒遣未具者？』答：『恐生輕易，不論障戒。（二二一頁下）如戒疏云：下眾無知，多生慢習，制令耳目不屬，則重法尊人，生其欽仰。準知，簡出意令尊重。且如大尼亦遣，豈慮障戒耶？』問：『私習秉唱，未具忽聞，及未受前曾披經律，因讀羯磨，了知言義，成障戒不？』答：『準前後文，並論僧中正作，詐竊成障，安有讀文而成障戒！如前善見偷僧和合，屏唱私讀，僧和安在？以義斟酌，定非成障。前云『此非羯磨，不犯賊住』，意如上解，不可專執。（古記並云成難。古來高僧，多有在俗先披大藏，今時信士多亦如之。若皆障戒，無乃太急。學者詳之。）』」（二二二頁上）

〔六六〕**後知不滿者，若經僧布薩羯磨，是名賊住** 鈔科卷上三：「『摩』下，約年不滿。」（二六頁下）資持卷上三：「謂知而故為，然亦須準，聞解以判。」（二

二二頁上）簡正卷七上：「引此文意，亦為四分文中但云若六季不滿，作法不成，不說賊住，是不了也。（四三二頁下）今引論文。若經僧布薩羯磨，是名賊住等，方為周足。」（四三三頁上）【案】摩得伽云卷一〇，六二五頁中。

〔六七〕若年不滿、作法不成受者，有知者，語令識之，後更受戒　資持卷上三：「四分中，以年不滿及法不成，疑惱他人，即制提罪。今引不犯開語中文，『受者』二字，綴上讀之。文舉二事：『不滿』可解；言作法者，謂作白羯磨不成，非法別眾也。『有知』等者，謂知實不滿及非法，恐後疑悔受利養禮敬，語彼令知還本處受戒。故引此反明本受不得，輒受禮利，則為賊住，同伽論也。」（二二二頁上）簡正卷七上：「語云：汝季由未（【案】『未』後疑脫『滿』字。），作受戒法事不成，已後若滿更受等。」（四三三頁上）【案】四分卷一七，六七八頁中。

〔六八〕比丘尼如法捨戒，若更受者，不得　鈔科卷上三：「『十』下，明捨尼戒。」（二六頁下）資持卷上三：「尼捨戒來，不偷形法，據非賊住。但由佛制，尼無再受，故違捨之。望前在道，即同盜法，故名賊住。與前雖異，約過顯同。」（二二二頁上）鈔批卷九：「以尼無開捨之法，故名難也。」（四七二頁下）簡正卷七上：「彼云：佛在王舍城時，婦人為夫姑舅所惱，出家作尼。後與和上尼共住，還生苦惱，卻反還俗。白衣呵言：『是不吉弊女，我等先是其夫（【案】『夫』疑『主』。），中間受我尊重，無決定性。』以此白佛，佛言：『若尼一反戒，不復重出家也。』」（四三三頁上）扶桑記釋「望前在道」：「謂於比丘許再受，尼不許，而作下二眾，今知而故捨，其志操可知，如是者而前趣在道，共羯磨說戒，可謂盜法乎？依此釋意，若比丘尼違佛教制，懷捨戒心，乃至一念之際，其時名賊住。通釋：或可但是類攝而已，謂雖非實賊住，不得再受，同賊住者，故類攝此難之中也。」（一〇五頁下）【案】十誦卷四〇，二九一頁上。

〔六九〕破內外道　簡正卷七上：「羯磨疏云：志性不恒，內外無取，名破內外。障戒不生，稱之為難也。」（四三三頁上）鈔批卷九：「礪云：簡餘外道歸正非難。故言：汝非破內法之外道以（【案】『以』疑剩。）不？宣云：『正取破內，兼實破外。志性不順，內外無取，鬥亂彼此，俱不成辦。』故文云：汝不破二道耶！五分云『捨內法』，外道人者，不應受戒，此直取破內也。由信心未著，捨正歸邪，破於內法，即名為難。撿五分文，事起王舍城中，有一裸形外道，極大聰明，來至僧坊，言：『沙門釋子誰敢與我論義者？』時舍利弗念言：『此

尼犍為國人所宗。若以一句義問不能通者，必失名聞，不歸大法。今當與之七日論義。』乃至論言：『我當與汝七日論義。』從初一日至于六日，論說餘事，皆則結舌。謂外道至第七日，舍利弗說『欲』從思想生，尼犍說『欲』從『對』起。身子說偈：『世間諸欲本，皆從思想生。』（四七二頁下）思想，謂內也。尼犍以偈難曰：『欲若思想生，而有染著者，比丘惡覺觀，便已失梵行。』舍利弗復以偈答：『欲非思想生，從對而起者，汝師見眾色，云何不受欲。』俱舍第八頌云：『世諸妙境非真欲，真欲是人分別生（【案】『生』俱舍作『貪』。），妙境如本住世間，智者於中已除欲。』邪命外道便詰尊者舍利子云：『若世妙境非真欲，說欲是人分別貪，比丘應名受欲人，起惡分別尋思故。』時舍利子反質彼言：『若人妙境是真欲，說欲非人分別貪，汝師應名受欲人，恒觀可喜妙色故。』婆娑百七十三亦同俱舍。尼犍聞此偈已，不能加報，便生善心，欲於佛法中出家。時跋難陀在彼眾中，色類（原注：『類』疑『貌』。）姝長，而舍利形容短小。彼作是念：『此短小比丘中，智慧若斯，而況堂堂者乎！』便求跋難陀以為和上。受具已，問諸經律，悉不能答，便輕賤佛法，謂諸比丘都無所知，還復外道。舉事白佛。佛言：『自今已去，應具十夏、有智慧，聽度人。』尼乾子者，此外道裸形無衣，以手乞食，常行不住，執為離繫，佛法毀為『無慚外道』也。」（四七三頁下）【案】鈔批引文見五分卷一七，一一四頁中～下。俱舍第八頌見卷八，四一頁下。「破內外道」文分二：初「謂本」下；二、「此事」下。

〔七○〕**謂本是外道，來投佛法**　鈔科卷上三：「初，示二破名相。」（二七頁下）簡正卷七上：「破外也。」（四三三頁上）【案】「謂下」分二：初，「謂是」下；二、「律中」下。

〔七一〕**受具已竟，反還本道**　資持卷上三：「初投重來，兩番破外。受竟反還，即是破內。又須定約具戒為言。若受十戒，破不成難。」（二二二頁中）簡正卷七上：「破內也。鈔約界內外，兼破雙釋也。」（四三三頁下）【案】四分卷三四，八○六頁下～八○七頁上。

〔七二〕**彼此通壞，志性無定**　資持卷上三：「『彼』下，出障所以。」（二二二頁中）

〔七三〕**律中**　鈔科卷上三：「『律』下，明初來聽度（二）。初，引緣示制。」（二七頁下）【案】「律中」下分二：初，「律中」下；二、「問」下。

〔七四〕**對僧與沙彌戒，四月試之，使志性和柔**　資持卷上三：「因前破內，故制令試初投之者。若破內外，即是永障，豈復試耶？人多錯解，故曲示之。」（二二

二頁中）簡正卷七上：「先與受十戒也。四月試者，令彼來僧中合掌，（四三三頁下）乞四月試之。僧中秉白二法，與四月共住，對彼前說外道惡事，而毀罵之。觀於彼心，若不起嗔，即知調順。若猶占護彼宗，即知未伏故，故即不可也。」（四三四頁上）鈔批卷九：「疏云：『沙彌戒』願（【案】『願』疑『原』。）未是具法，雖破皆無難。問：『沙彌雖破而不成難，（四七三頁上）何故毀重，同為邊障？』答：『具、分乃殊，同壞本也。』『若爾，尼中兩眾（式叉、沙彌尼。）犯後四重，應是障也？』答：『前四限分故違，後四枝條深制。』……又，四月共住，當與剃髮，授十戒已，令至僧中，合掌乞。四月試僧，即作白二法，與共住，僧應觀彼。若聞人說外道不好事，便起瞋恚，猶執外道法、不親比丘者，不得與受具。若聞毀呰外道，便歡喜者，心意調柔，得正決正心，當與受具戒。若准母論，結髮外道、事火外道，此二不試，有業因故。按見論第十六云：若結髮外道、事火外道，不須波利婆沙。何以故？此二外道有業信因果，過去諸佛為菩薩時，波羅蜜皆於此道學。又云：四月之中，修得四禪，亦不得與受具足戒，要滿四月。若得須陀洹，即為受具足戒。（四七三頁下）若准長含第四云，佛告阿難：『我涅槃後，諸異學梵志，來求為道，亦聽出家，授具足戒，無試四月。所以者何？彼有異論。若山稽留，則生本見。』涅槃後分下卷：臨涅槃時，還令試驗。祇律云：與四月法竟，在沙彌下食；應日日在前毀呰外道，言信邪見，種種毀呰。若言『長老莫作是語，彼間亦有賢善須陀洹』等，應語：『汝還去彼間，求阿羅漢。』若言『實無慚愧，作泥梨行，願拔濟我』，滿四月心不動者，應與出家。若中間得聖，即名試竟。」（四七四頁上）【案】四分卷三四，八〇六頁下。善見卷一六，七八九頁下。

〔七五〕**信邪來久，何故先與沙彌戒耶**　鈔科卷上三：「『問』下，問通與戒。」（二七頁下）資持卷上三：「意謂但令在眾，可驗順違。而律文中未與羯磨，先須十戒，制意難顯，故問申之。」（二二二頁中）

〔七六〕**信此投歸**　簡正卷七上：「『此』者，謂我持十戒，即是調柔。若不持戒，違相即顯。若不將十戒驗他順違，焉能辨得邪正！」（四三四頁上）

〔七七〕**此事既希，多述無益**　資持卷上三：「此土黃巾（【案】『巾』疑『門』。）或有信樂，宜準前法。」（二二二頁中）

〔七八〕**律自廣明**　資持卷上三：「先令剃髮，大與十戒，應至僧中乞法。云：『大德僧聽：我某甲外道從眾僧乞四月共住，願僧慈愍故，與我四月共住。』三說。僧即安彼著眼見、耳不聞處。作羯磨云：『大德僧聽：彼某甲外道今從眾僧乞四

月共住，若僧時到僧忍聽，與彼某甲外道四月共住。白如是。』（羯磨準作。）
彼行共住竟，令諸比丘心喜悅，然後與受具戒。」（二二二頁中）

〔七九〕黃門　簡正卷七上：「堂云：准律緣起，時有黃門來投出家，與受戒境（【案】
『境』疑『竟』。），喚諸比丘，作如是事。比丘呵責，出去、滅去等；又往沙
彌處，呼彼作非事；復往界外，放牛人等處，喚彼作事。白衣譏云：『比丘之
中，多是黃門也。』以此白佛，佛制不許為受。次釋名者。有多解。古云：『黃』
是衣色，『門』是根門也。（不正。）或云：古有人亂於內宮，後被去其勢分，
又於住處以黃色土塗於門扇，意表割根之人。從此黃色門中而出，相承呼作黃
門。准此，約住處立名也。今師云：『門』是天子禁門，『黃』是五方色中，中
方之正色，即諂他內禁之門號為黃門。今令此人防護彼門，故從守護處彰名。
此蓋是全取他名，立於己稱故。羯磨疏云：黃是中方之色，以□中禁之門也。
（此解為正。）」（四三四頁上）【案】「非黃門」文分為二：初，「律中」下，
通列五種；二、「世中」下，釋第二。

〔八〇〕生黃門　資持卷上三：「『生』謂生來即是。」（二二二頁中）簡正卷七上：「梵
云『扇搋』，此云『生』，謂過去業故，從生來自然也。」（四三四頁下）【案】
此處四分引文均見卷三五，八一二頁、八一三頁等處。

〔八一〕犍作　簡正卷七上：「梵云『留拏』，此云『犍』，謂以力去卻也。」（四三四頁
下）鈔批卷九：「應師云：『居言』反。通俗文：以刀去陰曰犍也。十誦有五，
稍異此律：一、從生不能婬；二、半月能，（四七四頁上）礪云：謂有時節故。」
（四七四頁下）

〔八二〕因見他婬，方有妒心婬起　鈔批卷九：「見他婬人，己形方勇。礪云：因他以
發，他息還停，故曰也。」（四七四頁下）簡正卷七上：「語云『伊梨砂』，此
云『妒』。」（四三四頁下）

〔八三〕忽然變作　鈔批卷九：「他婬於己，身分方勇。」（四七四頁下）簡正卷七上：
「梵云『半擇迦』，此云『變』。鈔釋云：忽然變作也。」（四三四頁下）

〔八四〕半月能男、半月不能男　鈔批卷九：「病朽，爛若墮虫噉。前四應擯，後一聽
住；捨戒更來應擯。」（四七四頁下）簡正卷七上：「梵云『博叉擇迦』，此云
『半月』。……祇中有六，加其擦（【案】僧祇作『捺』。）破也。」（四三四頁
下）【案】六種黃門，即生、捺破、割卻、因他、妒、半月生，僧祇卷二三，
四一七頁下。

〔八五〕犍　資持卷上三：「『若』下，正判。上明都截成障。」（二二二頁中）【案】

「鍵」，底本為「揵」，依四分、大正藏本及義改。

〔八六〕今時或截少分，心性未改者　資持卷上三：「『今』下，反顯少分不成。截根之人，色心隨變，故約未改。必已改者，少分亦障。」（二二二頁中）

〔八七〕小罪　資持卷上三：「下云『依篇懺』是也。」（二二二頁中）

〔八八〕都截，滅擯　資持卷上三：「二文並明比丘，蓋準已受，例決未受耳。」（二二二頁中）

〔八九〕若被怨家、惡獸、業報落等，應同比丘法；若自截者，滅擯　資持卷上三：「本律四種，上三緣壞，下一鍵壞。」（二二二頁中）

〔九○〕不明分齊　資持卷上三：「『不』下，點下一種，不簡都分。」（二二二頁中）

〔九一〕汝愚癡人，應截不截，不應截而截　資持卷上三：「『乃至』者，略自截之語。應截者，欲情可治故。不應截者，報色無記故。即四十二章經云：若斷其陰，不如斷心是也。」（二二二頁中）簡正卷七上：「謂欲從心生，不由身起，應須截心中煩惱，何須截身？為佛呵也。」（四三四頁下）鈔批卷九：「令截心中煩惱，不須截身也。」（四七四頁下）【案】五分卷一七，一一九頁上。

〔九二〕告諸比丘，若都截者，滅擯　資持卷上三：「『告』下，明佛判。諸文都截並制，滅擯唯此五分。」（二二二頁中）

〔九三〕猶留卵者，依篇懺之　資持卷上三：「有少留之，開下令準之。依篇懺者，自害身分，犯重偷蘭，殺方便也。」（二二二頁中）鈔批卷九：「按四分文，佛言：若截頭及半，吉羅；若都截莖，偷蘭；若去一卵，偷蘭；若去兩卵，應滅擯。故知，須依上懺也。」（四七四頁下）

〔九四〕準此以明，則未受具已截者，終無明教　資持卷上三：「『準』下，例決。已截，謂都去。少留者，準前。」（二二二頁下）簡正卷七上：「此上諸文，皆受後也。若未受前截者，正是難收，無聖教斷之，必須准前五分文。或截頭、半，得吉；去一卵等，即截（【案】此處意為『偷蘭』。），不然（【案】『然』疑『須』。）滅殯。據此文勢，即非難也，為受得戒。若都截者，諸律並云滅殯，必受不得戒也。」（四三四頁下）

〔九五〕準前勘取，依餘部為受　資持卷上三：「『勘』者，即心性未改等。餘部，即取五分。本部都截，定不得故。疏云：四分無文，可準例也。」（二二二頁下）鈔批卷九：「須依上五分中，準比丘自截分齊。若留一卵，既令懺罪，仍未滅擯。今既沙彌欲受，若先都截，不得與受。必留卵（【案】『卵』疑『卵』。），或截小分，復有志操，應須與受也。」（四七四頁下）

〔九六〕六、殺父，七、殺母　資持卷上三：「『三殺』中，六、七違恩，第八違福。」
（二二二頁下）鈔批卷九：「人非化生，業寄胎報，假彼遺陰，以成己體。養
育恩深，理應返報，方興逆害，禍深障厚，故成難也。礪疏云，唯生身父母是
難，餘非難也。若殺畜生父母，非逆，以勞不滿故，又報卑故。（賓曰：）人
皆釋云：畜為父母，有生身恩，無養身恩，故曰『勞不滿』。今詳。生恩重於
養恩故。婆沙百一十九云：『如有女人羯刺藍墮，（四七四頁下）有餘女人收置
身中，亦云餘女收取，置產門中。後所生子，以誰為母，殺害何者得無間罪？』
答：『前為生母，後為養母。唯害生母，得無間罪。羯刺藍依前生故，諸有所
作，重談（【案】『重談』婆沙為『應諮』。）養母。俱舍十八亦有此文。准此
論文，但生非養，殺之得逆，故不得。生而非養，名『勞不滿』也。應言『勞
不滿』者，父母於子，恩愛情微，畜無智故，名『勞不滿』。子於父母，害心
不重，以報劣故。故疏中云『又報劣故』，是也。高云：但生非養，名『勞不
滿』者，今時貴勝，若生男女，自不乳哺，唯付乳母，可亦得言勞而不滿，殺
應非逆故。今正解。畜生父母殺非逆者，由報卑故，故非逆也。上言羯刺藍
者，引（【案】『引』疑『此』。）云『凝滑』，父母不淨，極相和，今（【案】
『今』疑『如』。）蜜和酪，受生七日，如酪上膏，凝結肥滑也。」（四七五頁
上）簡正卷七上：「堂云：緣起者，律云：有少季外道，（四三四頁下）先殺父
母，常懷憂念，作是思惟：『我救沙門釋子，出家受戒定，得除罪。』諸比丘
不於委問，輒度出家，出家之後，彼自言說，以此白佛。佛言：『應滅殯也。』
羯磨疏云：人非化生，業寄胎報，假彼遺陰，以成己體。養育思深，理應反報。
今典（【案】『典』疑『興』。）殺害，名之為逆，障戒不生，稱難。（已上疏文。）
此據生母說也。若養母者，不成逆故。俱舍云：設有女人墮羯邏藍，餘女取置
產門也。生子，子殺此母，不成逆，但得夷罪。故論頌云『母謂因彼血』。（指
生母也。）或在畜胎生者，殺亦不成逆，但得殺畜罪，以報劣故。或殺餘怨家，
悞殺父母，亦不成逆，以無心故。」（四三五頁上）【案】「羯刺藍」或稱為「羯
邏藍」、「歌邏邏」等，胎兒在女性體內形成的五個階段（五位）之一，即女子
受精後最初七日時的生命狀態。婆沙卷一一九，六一九頁下；俱舍卷一八，九
三頁下。

〔九七〕殺阿羅漢　鈔批卷九：「此人惑盡德圓，福田應供，反加興害，清淨聖境同上，
業重障深，故曰也。立曰：殺緣覺及三果，皆非難也，由未極福田故。若污，
則成難。又云：若殺阿羅漢，具得二逆。」（四七五頁上）簡正卷七上：「堂云：

准律緣中，有諸比丘往物薩羅國（【案】『物』疑『憍』。）游行。於中，二比
丘見一空靜處，指向諸比丘言：『此中曾有人殺羅漢來。』諸比丘問：『汝何得
知？』彼云：『我是一人數。』以此白佛。佛云：『滅殯。』羯磨疏云：此人惑
盡，德圓福田應供，反加興害，同上業重，名之為逆；障戒不生，稱之曰難。
『阿羅漢』是梵音，『阿』之言『無』，『羅漢』云『生』。此人惑盡，不向三界
受生，故與『無生』之『字』也。外難曰：『十輪經中：殺辟支佛非難；善見
論：殺前三果人非逆。今此殺於羅漢，（四三五頁上）何故成逆障戒耶？』答：
『前三果人，煩惱未盡、福田未極，故非逆。辟支佛者，雖煩惱盡，遊化義劣，
故非逆。如瑜伽論云：緣覺不說法於人家，受供後，擲枝騰空而去，但足下現
十二因緣字，令觀此修行悟道等。』（四三五頁下）【案】婆沙卷一一九，六一
九頁下；俱舍卷一八，九三頁下。

〔九八〕破僧，即法輪僧也；若破羯磨僧，非難　資持卷上三：「第九，即障他正道。
第十，兼違恩福。『五』皆違反中極，總號『五逆』。若有犯者，必墮阿鼻，亦
號『五無間業』。二逆中，破僧名濫，故兩分之。破法輪者，立邪五法，盡形
乞食、納衣樹下、不食酥鹽及魚肉，破如來四衣八正，犯上品蘭。破羯磨者，
一界兩眾，俱時作法，犯中品蘭。」（二二二頁下）鈔批卷九：「破僧者，眾和
法同，出道良箴，乃以邪法乖真，分眾異軌，使應悟失解，業深障戒也。立云：
約破法輪僧，成難；（四七五頁上）若破羯磨僧，不成難也。如調達化五百新
學比丘，於伽耶山立邪三寶，唱五法，是四依非，令三千世界禪誦不行，此名
破法輪僧也。」（四七五頁下）簡正卷七上：「羯磨疏云：邪法乖真，名為破
僧，障（【案】『障』後疑脫『戒』字。）不生，稱之曰難也。破羯磨非難者，
但得中品蘭，四人悔不成難也。」（四三五頁下）

〔九九〕出佛身血　資持卷上三：「耆婆治病，針刺出血，生梵天一劫。調達推山，迸
石傷足，墮阿鼻一劫。故下正問，加『惡心』簡之。」（二二二頁下）鈔批卷
九：「如來四等，導化眾生，皆憑出世，恩深厚報，義在虔恭，乃興惡心，侵
出身血，斯業大重，障我名難。難由惡心而生，故曰也。惡是惡心出，揀餘好
心。如耆婆為佛治病，好心出血，一劫受天樂，調達惡心出佛血，一劫入阿
鼻。礪問：『何以出血獨言惡心者？』答：『為簡好心出血，不犯故爾。餘則但
是邊等，誰問心之善惡？故無所簡。』」（四七五頁下）

〔一〇〇〕此二難，佛滅後無　資持卷上三：「『此』下，總示。唯佛世調達造此二逆，
餘無能者。疏云：破法輪逆，今時微有。（西土猶有調達之黨，此土亦有邪

見滅法。)又引古解,毀形損像,或有血光,並入逆攝。又云:不須血光,但論惡心,損是逆例。」(二二二頁下)

〔一〇一〕**佛久涅槃,依舊文問耳** 鈔批卷九:「礪云:『今問難之時,難雖有無通塞,以問無不問有,故聖教一制,並須具問十三也。』立至此時,廣引調達出血緣,乃至非空非海中偈等,臨時付口。」(四七五頁下)【案】僧祇卷二三,四一三頁中;卷三〇,四七二頁中。

〔一〇二〕**非人難** 鈔批卷九:「報處卑微,形心非器,由斯障戒,故曰也。」(四七五頁下)簡正卷七上:「緣起因修羅子猒生老死,化人為形,來投出家。諸比丘初時不知,遂度竟。僧坊中食七人分,外白衣處食五百人分。居士議慊。諸比丘窮問:『汝是何人?』彼云:『我非人也。』以此白佛。佛言:『非人於我法中,無利益故,不得。(云云)。』」(四三五頁下)羯磨疏云:非畜報處卑微,形心非器。由斯障戒,故是難收。」(四三六頁上)【案】五分卷一七,一一七頁下。

〔一〇三〕**八部鬼神** 資持卷上三:「且示鬼神,須通四趣,(天、修、鬼、獄。)」(二二二頁下)簡正卷七上:「八部者:一天龍、夜叉、犍闥婆、阿修羅、迦樓羅、禁那羅、摩睺羅伽、人非人等也。」(四三六頁上)【案】四分卷三五,八一二頁下。

〔一〇四〕**天子、阿脩羅子、犍闥婆子化為人等** 資持卷上三:「『律』下,引證。必取變化,方在問攝。四分但列三名而已。五分:因修羅厭患老死,化作人形。受戒後往居士家,食五百分食,招譏,故制。律文略舉二趣、三部,餘必須具。阿修羅,此云『非天』,以多諂詐,非天行故。『犍闥婆』,此云『嗅香』,亦名『食香』。」(二二二頁下)

〔一〇五〕**畜生難** 資持卷上三:「同取變化,故亦前科。」(二二二頁下)鈔批卷九:「四分律中,波羅奈國有善現龍王,厭離龍身,即變作一年少外道形,往僧坊中求欲出家。諸比丘不觀,輒與出家。受具足戒已,與一比丘同一房住。時,彼比丘出外小行。諸龍常法,有二事不離本形:一、睡眠,二、婬時。時,龍比丘睡眠,身脹滿於房中。彼比丘還來,以手排房,觸龍身,覺肉異,便高聲唱言:『蛇!蛇!』龍聞喚聲即覺,結跏趺坐,直身正意,繫念在前。比丘即入。問言:『汝是誰?』答言:『我是善現龍王,厭離此身,故出家學道耳。』比丘白佛。佛言:『畜生於我法中,無所長益。若未與出家受具者,不應與出家;若已出家者,應滅擯。』」(四七六頁上)簡正卷七上:「諸龍

常法，有五時伏本形相。言五時者，故偈云『生死非嗔睡』」（四三六頁上）

〔一〇六〕龍變形來受　資持卷上三：「『律』下，引證，即善見龍王厭身化為外道。出家受戒已，因睡現本形。佛即制斷，如文所引。龍為緣起，餘畜皆然。」（二二二頁下）扶桑記釋「善見龍王」：「『見』字寫誤乎？龍名善現，故疑脫王邊歟！濟覽：案古通用。」（一〇七頁上）

〔一〇七〕脫有高達俗士來受戒　資持卷上三：「『脫』下，教改轉。」（二二二頁下）鈔批卷九：「欲明公王貴士，今來出家受戒，忽聞師問『汝非畜生不』，言稍可怪。應方便引問云：『世中多有諸龍等畜生，變作人形來乞戒，佛所不許。汝今非是耶？』」（四七六頁上）簡正卷七上：「脫，由忽也。」（四三六頁上）

〔一〇八〕方便轉問　簡正卷七上：「應云：『汝非畜生，能變為人形來受否？』此是方便也。不得直言：『汝莫是畜生不？』似有輕觸前人也。」（四三六頁上）

〔一〇九〕如下所陳　簡正卷七上：「向下教授師，正問時陳說也。」（四三六頁上）

〔一一〇〕二形　鈔批卷九：「凡為道器，要須志節清卓，報殊性定，方能弘道，所作生成。今則形挾兩境，志致懦弱，善惡不成，焉能修道？先得戒者，因生尚失，何況現報！方欲感形，即為障。障因二形而生，故曰也。」（四七六頁下）簡正卷七上：「時有一比丘，變為男女二形，諸比丘不知云何，以此白佛。佛言滅殯。後有比丘尼變，亦爾。」（四三六頁上）

〔一一一〕一報形，具男女二根　資持卷上三：「善見三種：一、能自受胎，復能今他受胎；二、但能自受；三、但令他受。三並是難，皆二形故。」（二二二頁下）

〔一一二〕若先受後變，猶尚失戒；況初帶受者，滅擯　資持卷上三：「『若』下，以失況受。即四捨中一。」（二二二頁下）準疏，三障收者：黃門，愛欲多，煩惱障收；又不能男，亦報障攝；邊尼賊破五逆，九並業障；非、畜、二根，三是報障。」（二二三頁上）

〔一一三〕上已略述難相，而遮事非一　資持卷上三：「初句指前，『而』下敘廣。」（二二三頁上）【案】「上已」下分二：初，「律中」下，廣示；次，「若不自」下，列釋。

〔一一四〕律中略問十六　鈔批卷九：「立謂：鈔中但出十耳。六者：謂分父母聽為二，則長得一；病中分五：一、癲，二、癰疽，三、白癩，四、乾痟，五、顛狂也。勝云：十六者，衣鉢離為二，父母為二，病中取四，為六。」（四七六頁下）簡正卷七下：「受戒犍度中，合問總有十遮離（【案】『離』疑『難』。），開離成十六。父母為二，衣鉢為兩，病中五。上並除本到有六，故兼本成十

六也。」（四三七頁上）【案】四分卷三四，八〇三頁上～八一二頁中。

〔一一五〕**自餘受法廣明**　簡正卷七下：「除十六外，更有不一，如犍度中說，皆言不
　　　　應為受也。」（四三七頁上）資持卷上三：「彼有一百四十餘種，前後雜列。
　　　　今依六根括示。眼根二十三，〔青、黃、赤、爛、紅、黃赤色，或青、黃、
　　　　白翳、水精、極深、三角、彌離、大張、睞、盲、尖出、斜、突（【案】『突』
　　　　鈔作『凸』。）、瞋怒、一眼、鬥（【案】『鬥』鈔作『瞷』。）眼、眼瘡。〕；
　　　　耳根有一，（聾也；文不明鼻；）舌根有二，（啞及具二；）身有九十七；髮
　　　　毛有六，（髮瘢瘂、青、黃、白、無髮、無毛；）頭有十七，（象、馬、駱、
　　　　羺牛、驢、豬、羖羊、白羊、鹿、蛇、魚、鳥等頭，二頭、三頭、多頭，尖
　　　　頭、蟲頭；）顏色有七，（一切青、黃、黑、赤、白，或駁，或班；）口有
　　　　六，（鋸齒、無齒、喉戾、兔缺、無舌、截舌；）形相二十六，（前突、後突、
　　　　前後突、內曲、外曲、內外曲、太長、太短、如女身、婦女蹲、蟲身、捲足
　　　　指、跛、曳腳、一手、一腳、一耳、無手、無腳、無耳、一卵、無卵、顙、
　　　　曲指、六指、縵指；）病患二十三，（患瘡、死相現、瘻癰、氣病、疾病、
　　　　吐沫、常病、疥、婬瘡、當臥、不轉、老極、乾痟、男根病、左臂壞、右臂
　　　　壞、風病、熱病、澹瘲病、癖病、內病、外病、內外病；）截壞十二，（截
　　　　手、截腳、截手腳、截耳、截鼻、截耳鼻、截男根、截卵、截根頭、截臂、
　　　　截肘、截指；）意有三，（不知好惡、多諸苦惱、顛狂五根。共百二十六。
　　　　并下『雜遮』，共百四十餘種）。雜類二十餘，（不稱名，不稱和尚名，不乞
　　　　戒，著俗服、外道服，莊嚴具，眠醉，裸形，瞋恚，無心，有名籍，避租、
　　　　賦、官人，資（【案】『資』疑『負』。）債、奴、衣、缽，年歲，父母不聽，
　　　　五病等。）」（二二三頁上）【案】四分卷三五，八一四頁。

〔一一六〕**皆言「不應」，亦有得、不得者**　資持卷上三：「『皆言』下，總示得不。」（二
　　　　二三頁上）鈔批卷九：「如負債、父母不聽、官人、債者，約有還心，父母、
　　　　官人，他國得度等，故曰有得不得。」（四七六頁下）簡正卷七下：「於此十六
　　　　中，料簡有得，有不得。『重』即傷大理，故不得；『輕』則反前也。玄記對此
　　　　廣引下文，料簡得不。大德不許。此為此中生起下文，下文一一廣目，解其相
　　　　狀，明其得失。此若預前廣辨，便是兩度，太成繁廣也。」（四三七頁上）

〔一一七〕**若不自稱名字、不稱和尚字、年不滿等，定不得戒**　鈔科卷上三：「初，示
　　　　三遮，定不得。」（二七頁上）鈔批卷九：「『礪云：召體曰名，表德為字。
　　　　據此，自稱須道『名』，問師須云『字』。羯磨疏云：汝『字』何者，依俗中

法，子生三月，孩而名之，年至二十，冠而字之，隨義別也。愚謂名字，猶如眼目，字義無別，當隨機轉問，（四七六頁下）並改云名，得實錄也。又云：若自不稱名者，無心欲強抑（原注：『抑』字原本不明。）登壇。不稱和上者，別有所重，和上見輕也。言年不滿，足（原注：『足』疑『定』。）不得戒者，志幹成立，情標處遠，堪持戒品，忍共惡言，一食進道，有功成之益，方宜授法。年少反上，或容退敗，制不聽受。」（四七七頁上）資持卷上三：「據無衣鉢，應合同科，然非明文，容多異解，今師義判，故在後列。問：『據定不發，何不名難？』答：『名可改稱，年容待滿，非同永障，不在難收。』年不滿者，須論胎閏，頻大布薩增不滿者。」（二二三頁上）簡正卷七下：「縱開胎閏等，蓋是受後疑心。若受前自知不滿，及眾人知也，必不許受也。」（四三七頁上）【案】「若不自」下分二：初，「若不自」下；二、「五分諸比」下。

〔一一八〕五分　鈔科卷上三：「『五』下，明餘遮通得否（二）。初，先示諸部雜相。」（二七頁上）資持卷上三：「初列是遮，制僧輒度。」（二二三頁上）【案】「五分」下分二：初，「五分」下；二、「衣鉢不具」下。初又分三：初，「五分」下；二、「僧祇」下；三、「十誦、伽論」下。五分卷一七，一一九頁上～中。

〔一一九〕或有先相嫌，以小小似片事作留難　資持卷上三：「『或』下，次，明非遮。制僧作難。」（二二三頁上）鈔批卷九：「立云：片，由推也、指也。此明有人為受者作留難，云『汝似瞎、似短小、父母不聽』等。見他眼小，云『汝眼似瞎』，此既障他，犯吉羅也。濟云：小小似片者，謂汝片似瞎、似短等也。案律中云『片』者，前後文又言『片』者極多，應是律本錯。」（四七七頁上）簡正卷七下：「小小似片事者，玄云：此事小小似惡，便託此事，非片（原注：『片』一作『斥』。）於佗，障佗受戒。下『似瞎』等出小，似惡相貌也。有人改『行』【案】『行』疑『片』。字，為『行』字者，錯也。若『片』字訓『少』，鈔中已有『小』字了；若訓『似』，文中亦有『似』字竟，故無理也。」（四三七頁上）【案】五分卷一六，一一一頁下。

〔一二〇〕僧祇云　資持卷上三：「僧祇多種，大同四分，略舉七相。」（二二三頁上）【案】僧祇下分二：初，「僧祇」下；二、「準此」下。

〔一二一〕雀目　資持卷上三：「即屬盲中。」（二二三頁上）

〔一二二〕聾者，高聲得聞　資持卷上三：「『聾人』下，準彼，合有『啞』者。下科牒解，必應寫脫。」（二二三頁上）資持卷上三：「若聞高聲，得出家。」（二二三頁中）

〔一二三〕**躃者，捉屐曳尻行** 資持卷上三：「躃，音『辟』，不能行也。尻，『苦高』反，臀也。」（二二三頁上）簡正卷七下：「躃，〔并變（【案】『變』後疑脫『反』字。），跛也；〕。曳，（『餘滯』反，）廣雅去（原注：『去』疑『云』。）：引也。尻，（『苦刀』反，）蒼頡云：髖骨也。」（四三七頁下）

〔一二四〕**鞭瘢，若凸凹** 鈔批卷九：「『鞭瘢』等者，謂杖痕也。其瘢痕或高或下，故云凸凹。」（四七七頁上）

〔一二五〕**印瘢人，破肉已，用銅青等作字、獸形** 資持卷上三：「『印瘢』今謂雕青也。獸形，彼云：作種種鳥獸像。」（二二三頁上）簡正卷七下：「祇律云：破肉已，孔雀瞻（【案】『瞻』僧祇為『膽』。）、銅青等作字。獸形者，土律云：諸將婦在家與非人有通，生子如象頭、馬須等形也。」（四三七頁下）僧祇卷一八：「持銅器覆苦酒瓮上，著器者是名銅青。」（三六九頁中）【案】資持釋義是將「銅青等」「作字、獸形」，簡正釋文是將「銅青等」「作字」，而「獸形」則另引十誦釋。資持為正，本處實釋「印瘢人」。下注中，鈔批將「獸形」人釋作「侏儒」。僧祇卷二三，四一九頁中。十誦卷二一，一五五頁上。

〔一二六〕**侏儒** 簡正卷七下：「鄭玄注禮記云：古樂人也。」（四三七頁下）鈔批卷九：「十誦云：諸問持（【案】『問持』十誦為『鬥將』。）婦智往（【案】『智往』十誦為『婿征』。）行久，與非人通，生子如象頭、馬頭等。六群比丘喜作罪，好人不肯住邊。見是人等，心自思惟：『畜好弟子，皆捨我去，當畜是人，無捨去者。』遂度出家。」（四七七頁上）【案】僧祇卷二三，四一九頁下。

〔一二七〕**一切百遮** 資持卷上三：「彼律，諸遮皆以『不應』等語，別別結之。今此總括，故云一切等。」（二二三頁中）【案】「百」，底本作「皆」，據大正藏本、簡正釋文及弘一校注改。

〔一二八〕**準此，諸遮皆言「不應」，得罪** 鈔科卷上三：「『準』下，準明得否。」（二七頁下）資持卷上三：「初，示四種總結之詞。彼文遮難，四結並同，唯以應驅，不驅簡異。」（二二三頁中）簡正卷七下：「准此者，准此五、祇兩律所列諸遮也。皆言『不應』者，祇云：不應與百遮人出家。五分云：一切毀辱僧者，不得度。已上二律，俱不許受，故云皆也。得罪者，僧得不應吉也。」（四三七頁下）【案】僧祇卷二四，四二二頁上。

〔一二九〕**下文復云「是謂不名受具足」** 簡正卷七下：「『下文』者，律本列遮緣後，結文也。復云者，重釋上百遮人也。是謂不名受具者，上百遮人，身既有遮，不名受具也。」（四三七頁下）資持卷上三：「『下文』等者，如云：若

不稱和尚名，不稱受者名，不稱僧名，不名『受具足』。諸遮之下，皆有此語。餘三，即是前科總括文也。」（二二三頁中）【案】四分卷三五，八一四頁～八一六頁。

〔一三〇〕一一皆言「不應驅出」　簡正卷七下：「此人已作沙彌，復於一一遮下，皆著『不應駈出』之言。」（四三七頁下）【案】四分卷三五，八一四頁～八一六頁，律中言「不應滅擯」。

〔一三一〕是中清淨如法者，名受具足　資持卷上三：「『是』下，正簡。是中者，即指彼律。」（二二三頁中）簡正卷七下：「是百遮人出家作沙彌中也。清淨如法者，如聾人，高聲得聞，名清淨如法，此人名受具足。」（四三七頁下）

〔一三二〕不名者，總結師罪　簡正卷七下：「不名者，亦是前中人。不聞高聲者，不名受具也。總結師罪者，師不合度如是人出家，結與不應吉也。」（四三七頁下）鈔批卷九：「不名者，總結師罪等者，謂不名清淨，如法受戒也。明上來極老，乃至印癩等，但是此色，不應度；若已度，亦名受具，（四七七頁上）但僧得罪耳。」（四七七頁下）

〔一三三〕何妨有得、不得者　資持卷上三：「若是遮者，則云『不名受具足』；若與出家者，越毘尼。此語通含，故云何妨等。」（二二三頁中）簡正卷七下：「欲料簡先難起也。謂難起適來百遮結文也。既言清淨，復云『不名』，何妨不清淨者，不得」（四三七頁下）

〔一三四〕如啞等　資持卷上三：「『如』下，引示。有二。初，明通得、不得。」（二二三頁中）簡正卷七下：「指事說不得也。」（四三七頁下）

〔一三五〕若有輕遮，不障戒者，故言清淨、共住如法　簡正卷七下：「輕遮者，輕小之遮也。清淨者，不障戒也。共住如法者，說戒等二種中共住如法也。」（四三八頁上）資持卷上三：「初示兩結。彼律凡應法者，則名受具。如，波離問佛：『一和尚、一戒師、一眾，得並受不？』佛言：『如是二三人，亦得並受，是名受具足。』餘皆例爾。」（二二三頁中）扶桑記：「彼律已下一段問答，檢彼無文。」（一〇四頁下）

〔一三六〕啞者，不能語，用手作相　簡正卷七下：「用手作相替語處。」（四三八頁上）資持卷上三：「『又』（【案】『又』疑『文』。）下，示一向不得。初中，啞等者，等取盲、聾。彼云：盲者，眼一切不見。（此即不得。）若見掌中文，雀目得與出家。（此同如法。）聾者，不聞一切聲，（重者；）若聞高聲，得出家，（輕者。）鞭瘢、凸凹，（重者；）治與皮不異，得出家，（輕者。）

彼律，瘂中不示輕相，必取似能言者，例上盲、聾，重輕兩別。清淨共住者，即指得與出家之語。上明通得。」（二二三頁中）【案】「語」，底本作「與」，據大正藏本、文義及弘一校注改。僧祇卷二三，四一九頁上。

〔一三七〕遣書、舉手作相、不現前，如是等，不名受　資持卷上三：「『文云』（【案】『文』疑『又』。）下，示不得。次，一向不得中。『遣書』下，彼（【案】『彼』指僧祇。）有『遣印手』字，今此合之，謂寄書受也。舉手作相者，無言求乞也。彼無『舉手』字，今加以助之。不現前者，身不至僧。如是等者，彼云不問，（不問遮難。）前人不欲，（無心受也。）非法不和合，眾不成就、白不成就、羯磨不成就。若一一不成就，不名受具足。『前』下覆點重者。盲、聾等亦同。」（二二三頁中）鈔批卷九：「立謂：遣書令為我受戒不得也。舉手令為我受等，及受人不現前，皆非得戒限也。祇云：瘂者不能語，用手作語相，不應與出家。」（四七七頁下）簡正卷七下：「『文云』（【案】「文」疑「又」。）下，顯作相意。又，遣書為我受戒；我舉手作相，令與我受戒；及受人不現前等；並非得戒之限也。」（四三八頁上）【案】僧祇卷二三，四一六頁中。

〔一三八〕十誦、伽論云　資持卷上三：「十誦、伽論重輕得不，同上僧祇。」（二二三頁中）

〔一三九〕衣鉢不具　鈔科卷上三：「『衣』下，正據本宗，列餘七種。」（二七頁上）【案】「衣」下七種，如鈔所列，此為其一。衣鉢文分三：初，「四分」下；二、「今準」下；三「昔人」下。

〔一四〇〕若無衣鉢，不名受戒；若借衣鉢，應與價直　資持卷上三：「四分：因無衣鉢者受具已，諸比丘語令入村乞食，彼言『我無衣鉢』。因制。又有借他衣鉢受戒已，其主還取，裸形羞慚，故制不得。若欲與衣者，當令乞與，不與者，當與價直。（此約永賣方成。今有暫賃，還同假借。）」（二二三頁下）【案】四分卷三四，八一一頁下。

〔一四一〕令主捨之　資持卷上三：「引五分轉證。借者既令主捨，成己物故，即同四分，當令乞與也。」（二二三頁下）簡正卷七下：「彼許借人衣鉢，重將價直稅之。又本主須作捨心方得。若不與直，或主不作捨心，非法也。」（四三八頁上）【案】五分卷一七，一一九頁下。

〔一四二〕準薩婆多，得戒　鈔批卷九：「部別不同。四分：若無衣鉢，不名受戒。借衣，准此也。」（四七七頁下）

〔一四三〕若爾，何故必須衣鉢　資持卷上三：「『論』下，引文反難。意謂無既得戒，

復何須制？」（二二三頁下）【案】薩婆多卷二，五一二頁下。

〔一四四〕答　資持卷上三：「答中三義，顯本制意，別非專受戒故。」（二二三頁下）

〔一四五〕獵師著袈裟　簡正卷七下：「獵鹿之人，不著袈裟，鹿便是怖。若著袈裟，彼謂是沙門，便相親近，不生怕怖。證上生等義」（四三八頁上）【案】過去現在因果經卷二，大正藏第三冊，六三四頁上。

〔一四六〕為表異相故，內德亦異　鈔批卷卷九：「立明：袈裟名慈悲忍辱服。外既披之，內心應懷忍辱之德也。」（四七七頁下）資持卷上三：「內德者，不出慈悲、解脫、慚愧也。」（二二三頁下）

〔一四七〕引彼證此，文不可和　鈔批卷九：「謂不可引彼多論文證四分文也。不得用彼部借衣鉢，以秉四分羯磨受。二文不同，故不可和也。」（四七七頁下）簡正卷七下：「引彼多論證此四分，不可和允也。」（四三八頁上）

〔一四八〕不名受戒　簡正卷七下：「四分也，必須衣鉢。若問，定不得戒。宛陵云：佛制有三衣鉢方受得戒者：一、為重法難明，假緣驗其得失；二、又為邪正入法，驗道是非；三、假三衣鉢，為增上勝緣。辨其所證。（四三八頁上）又，鉢顯非自餓得脫，又異外道萬法自然。今假鉢及衣，顯戒從緣得。今時無者，違教，自是非法。『若爾，何故多宗不要衣鉢，亦許得戒？』鈔答云：『此則部別不同等也。』」（四三八頁下）

〔一四九〕此則部別不同　資持卷上三：「部別者，疏引難云：如無和尚，不可從彼。」（二二三頁下）

〔一五〇〕必誦十誦羯磨　簡正卷七下：「若在彼宗出家，秉彼羯磨，即任無衣鉢得戒。今既依我四分，輒依他宗判得戒，即不可也。」（四三八頁下）資持卷上三：「『必』下，謂緩急條別，不可通用。彼宗無，和尚著俗服等，並開成受，在教大緩。四分不爾，立法有儀，況受戒事大，義無輕略，故令準急也。」（二二三頁下）

〔一五一〕準急無損　簡正卷七下：「謂縱依佗宗羯磨受戒，依四分有衣鉢具足，是准急，不捐大理，冥從急制；反顯依四分受，准他部無衣鉢等，即是後（原注：『後』一作『緩』。）。故必不得戒也。」（四三八頁下）

〔一五二〕昔人義準四分「和尚法」中　資持卷上三：「準疏，古有二解。一云：依多論、十誦，縱無，亦開得戒，得罪。（上科已破，但不標古。）又，有人云：若無衣鉢，全是非法。若借得者，當時是有，義準破戒。和尚四句，即今所斥。」（二二三頁下）鈔批卷九：「欲明和上四句中，最後一句，由知和上犯戒，故

受不得。前三句，由不知故，得戒。古師准此借衣受戒，還作四句：初句，不知借，謂餘人與借也；次句，知借，不知不應借；次句，知不應借，不知不得戒；第四句，知借，知不應借，知不得戒。方是不得之限。此是人語，終違律文，今不依之。」（四七七頁下）簡正卷七下：「古云准和上例，約知、不知四句料簡。前三句不知，即得；第四句具知，即不得也。」（四三八頁下）

〔一五三〕**此乃人判，終違律文** 資持卷上三：「『此』下，正斥。疏云：得不無文，凡情難信，幸依聲教，則無戒也。」（二二三頁下）簡正卷七下：「今師云：此古人胸臆所判，終恐違犯四分之文，況和上是有情，沙彌亦有情？二彼相望，約知、不知即許。若論衣鉢，一向屬於（原注：『於』疑『非』。）情，不可有情望非情，以論知不知之理。其失甚也。」（四三八頁下）

〔一五四〕**必敬佛言，再受依法** 鈔批卷九：「先受不得，重受即得。先若得者，再受，增為上品也。」（四七七頁下）簡正卷七下：「此亦而誡勸也。當初若無、若借等，即驗知資緣不具，身上無戒。今既言委知，即覓如法衣鉢，准律更受。鈔語似倒，今可迴文，依法再受也。」（四三八頁下）

〔一五五〕**父母不聽** 簡正卷七下：「據律緣中，<u>舍利弗輒度羅云</u>。（四三八頁下）父王來白佛：『勑諸比丘，父母不聽，不得輒度。』佛集僧，故制。」（四三九頁上）鈔批卷九：「父母恩深，情相愛戀，若當輒度，惱亂處重，是以聖制。礪云：生身所藉，義須盡養，比丘輒度，違情故制。」（四七八頁上）

〔一五六〕**若餘方國度者，不須問** 資持卷上三：「善見餘方通許。下約僧祇，明簡親<u>疏。然彼西土</u>，多諸小國，同此古來隨方割據。今時一統，四百餘州，夷狄不通，事亦希有。準文約國，於時非要，縱有亦希。且約一國，須問聽不。但此間風俗，篤奉僧伍，多由親捨，勘有此遮。」（二二三頁下）【案】善見卷一七，七九二頁上。

〔一五七〕**自來兒、養兒，餘處得受** 資持卷上三：「自來者，世有孤窮，投人為父。養兒者，始生嬰孺，從他求美。」鈔批卷九：「『自來兒』等者，景云：長大已，自來作兒也。言養兒者，謂是他生得，從少即養也。十誦云：養兒來者，可問養母，必出家剃髮，不白父母，眾僧無犯。善見云：『若不度故，我當焚寺。』作如是難者，度亦不犯。」（四七八頁上）【案】僧祇卷二四，四二一頁中。

〔一五八〕**負債** 資持卷上三：「負債準得者，容有償他。約事非重，據云不應，僧應有罪。但由<u>西土</u>負債出家，王所不理，故須結犯。此方不然，有戒無過。」（二二三頁下）簡正卷七下：「准律緣中，諸比丘度負債人出家，為財主呵，

云比丘總是負債人也。以此白佛，因制不許。」（四三九頁上）鈔批卷九：
「出家少欲，儉節無為。有債不還，被他事捉，招譏醜累，損懷不輕，故不
聽度如者。然疏云：良以位居尊勝，非卑劣所及。故律文云：盜度致彼譏
呵，同是奴聚。礪云：然慈佛法，必須勝人崇集，光潤僧僧（【案】次『僧』
疑剩。）徒，利益釋種。既有所屬，理無自專，為他識認，辱累處甚，是故
聖制。此中但吉，不應之愆，或有損財之罪。善見：若放奴時云：『有道心
者放，無道心者還為奴。』如是語者，不得度。准此，主自放，開度成受；
逆奴不合。」（四七八頁上）

〔一五九〕義準理得　簡正卷七下：「據文不聽。今師約義，此方合得。謂西天國法，
負人債息，出家已後，不得索之。此方負財，縱出家後，亦須填償，不招譏
嫌，理得無損也。」（四三九頁上）

〔一六〇〕奴者　簡正卷七下：「律緣中，盜度他奴耶（原注：『耶』一作『郎』。）。主
譏云：『比丘總是奴聚。』以此白佛，故制也。」（四三九頁上）【案】四分
卷三四，八〇七頁中。「奴者」下分三：初，「僧祇」下；二、「今有」下；
三、「五百」下。

〔一六一〕僧祇云　鈔科卷上三：「初，五種奴。」（二七頁下）資持卷上三：「初文，
祇律五種，上三屬主，義強；下二則弱。故兩分之。此間投法，多是良人，
事亦稀也。」（二二三頁下）【案】僧祇卷二四，四二一頁下。

〔一六二〕家生、買得、抄得　簡正卷七下：「『買得』謂將財賄收買也。『抄』謂掠得
也。」（四三九頁上）扶桑記引濟緣：「家生謂在主家產者，並下買得、抄得，
皆損財力，屬主義強。」（一〇九頁上）

〔一六三〕彼此　簡正卷七下：「『彼』謂外國，『此』是此國。謂郎主守護心濃故。」
（四三九頁上）

〔一六四〕他與奴、自來奴，餘處聽度　鈔批卷九：「立云：約不計直故。自來奴者，
今時樂事等是也。」（四七八頁上）簡正卷七下：「他與奴者，有人將來獻
上，不要財物收買。自來有，情願出意來伏事郎主也。餘處得者，若此地不
許，佗處遙遠即許，以郎主護心稍薄也。自來投法度之者，不言郎主放等是
非。」（四三九頁上）

〔一六五〕準奴及兒，彼此通允　資持卷上三：「下二句，準經決律。經兼男女，因決
前科，故云『及兒』。由前祇律，三兒、五奴，並不論放，故局彼此。今準
經文，但是被放，（二二三頁下）不問親疏。彼方此國，一切皆得，故云『通

允』。允，猶許也。疏云：本若被放，何論彼此是也。」（二二四頁上）簡正
卷七下：「親兒、家主買得、抄得三奴，及彼此二因（【案】『因』疑『國』。
次同。），俱不許與受戒，一向成非。自來兒、養兒、他與奴、自來奴，彼
因得受為是，此國不許為非，故云是非准奴及兒也。」（四三九頁上）兩處文
勢，彼此相通，其理允當，故云『彼此通允』。已上依法寶科鈔句如此解。」
（四三九頁下）鈔批卷九：「謂自來兒、養兒、他與奴、自來奴，此四種不
同。主放與不放，但是自來投法者，（四七八頁上）他國得度；若主必放，
彼此國俱聽。今引出家功德經者，明知主放者，彼此俱得度也。上是不聽
故，彼此有得而不得。此既聽者，何簡彼此？其兒奴二，若主、若父母放
者，彼此之國通得，故言允也。問：『何故自來奴、他與奴，彼國得度，此
國不得者？』解云：『多人所識，後不生恭敬故。後知不遺亦重者，以佛奴
無人作主故，所以知（原注：插入『知』字。）與不知，俱犯重。』」（四七
八頁下）

〔一六六〕**知是佛奴，度者犯重**　鈔科卷上三：「『五』下，佛、僧奴。」（二七頁下）
資持卷上三：「佛奴者，或費佛物傭雇，或是他施侍佛，盜佛兩結，此據主
論，故云犯重。」（二二四頁上）簡正卷七下：「佛奴無主放伊，知而度之，
便同偷罪，故重也。」（四三九頁下）

〔一六七〕**其人是大道人不**　資持卷上三：「大道人，即目（【案】『目』疑『曰』。）比
丘。雖已受具，必還奴位，故云非也。此據永作，或在傭限。不爾則非所
論。」（二二四頁上）簡正卷七下：「夫大道人，知三界虛患，求無上等。今
此但厭駈使苦事，樂僧閑樂，故非大道。此於佛法無益也。」（四三九頁下）
【案】五百問，九七三頁中。

〔一六八〕**僧奴準此，復本奴位**　鈔批卷九：「此並是五百問論作斯問答也。」（四七九
頁上）簡正卷七下：「僧奴體屬十方，亦無正主放之。若度亦重，故云准此。
已後必知，便須發遣，仍舊入僧，故云股（原注：『股』一作『復』。【案】
『股』或疑『奴』。）位也。」（四三九頁下）

〔一六九〕**官人**　資持卷上三：「疏云：謂勳品已上、在位文武百官。」（二二四頁上）
鈔批卷九：「礪云：文勇（原注：『勇』疑『武』。）大將也。羯磨疏云：皆
謂勳品已上，流內九等文武員者。恐負天朝，可憂有責，餘散任，義不在
言。礪引五分云：阿闍世王有一大將，力當千人，時號為『千人力士』，厭
惡世苦，念欲出家。諸比丘便度，與受具戒。王聞嗔罵，即立嚴制：『若復

有度官人，當折和上勒骨，截阿闍梨舌，與餘僧重生革沙鞭八下，駈出國界。』佛因制不得度官人。又祇律中，諸比丘度王臣出家，禁官見已，令捉比丘，送與斷事官，云：『此沙門私度王臣。』斷事官言：『取和上打三勒（【案】『勒』四分為『肋』。）折，戒師挽舌，出七（【案】『七』四分為『十』。）眾各與八下鞭。受具者，極法治罪。』斷官作此治罰已，將見頻婆王。王問官云：『此國中誰是王？』答言：『大王。』（四七八頁下）是王復問言：『若我是王，何故不白我，而輒治人罪？』即勅有司取斷事者，奪其官位，家中財物，沒入官庫。諸比丘舉事白佛，佛制不得王度（【案】『王度』疑倒。）臣也。」（四七九頁上）扶桑記釋「勳品已上」：「凡官有九品，並據勳爵以差次。自下至於一品，故云已上。」（一〇九頁上）【案】阿闍世王事見五分卷一七，一一六頁中。頻婆王事見僧祇卷二四，四一九頁下。

〔一七〇〕僧祇　簡正卷七下：「四句之中，初、二兩句，彼、此二國總不許。第三句，此土不得，彼處得。第四句，彼、此俱許。」（四三九頁下）

〔一七一〕有名有祿、有名無祿，此彼國不得度　鈔批卷九：「立明：如今臺、省、州、縣現任者是。言有名無祿者，如勳官及散官是，二國俱而得度。」（四七九頁上）簡正卷七下：「一、有名有祿，今現任官是。二、有名無祿，如今洲、縣官罷任，未受新官，不請捧（原注：『捧』疑『俸』。）料是。」（四三九頁下）資持卷上三：「『名』謂才業，為時所稱。」（二二四頁上）

〔一七二〕有祿無名，餘處得度　鈔批卷九：「立云：如諸王子及品子，雖未作官，已得祿俸也。有云：如權撿校官是也。」（四七九頁上）簡正卷七下：「如今置是官，雖削官名，昔日於國有恩，與共半祿是。」（四三九頁下）

〔一七三〕無名祿者，一切俱聽　鈔批卷九：「意云：應是被解官人是也。」（四七九頁上）簡正卷七下：「今時犯罪被解官是。」（四三九頁下）

〔一七四〕準此，俗人來投出家，理須為受　資持卷上三：「『準』下，即準俱無，例決常俗。以律中係名籍人，亦遮攝故。」（二二四頁上）簡正卷七下：「准此第四句，比（原注：『比』一作『此』。）是官人，今無名祿，彼此尚開，豈況尋常白衣？故須為受。但違王制，得小罪也。」（四四〇頁上）

〔一七五〕丈夫　資持卷上三：「疏云：男子通名。丈者，極形之量。孔子九尺餘，亦有一丈者。」（二二四頁上）鈔批卷九：「丈是極形之量，夫是男子之通稱。如孔夫子九尺餘，亦有一丈者，為大分耳。」（四七九頁上）【案】「丈夫」文分為二：初，「必依」下；二、「故律」下。

〔一七六〕**必以建心慕遠、清節不群，卓然風霜不改其操，鏗然憂喜未達其心，便為丈夫之貌**　資持卷上三：「初句志大，次句節高，三謂行有始卒，四即心無輕動。必反此四，雖是男子，則非丈夫。卓然，謂高立也。風霜，喻衰辱、危難等事。鏗，堅也。達，至也。」（二二四頁上）鈔批卷九：「言建志（【案】『志』鈔作『心』。）慕遠者，遠悕無上佛果也。言卓然者，應師云：『知角』反，卓，由越也，亦云高也。」（四七九頁上）簡正卷七下：「建心慕遠者，佛果等等也。清節不群者，梵行即清淨，疎食即商（原注：『商』一作『尚』。）節。迥然出俗，故曰不群。卓然者，高立之貌，其行既高，為卓然也。風霜者，八法：四順、四違，喻如風霜。此人不被惑亂，是不改志操也。鏗，（『口莖』反），堅也，其心極堅，謂之鏗然也，亦是鋼猛也〔原注：『也』疑『之』。〕皃也。憂熹者，憂，苦也；喜，樂也。聞毀不嗔，聞讚不喜，並不干於情壞，故云未運（原注：『運』一作『逸』。【案】『運』疑『達』。）其心也。」（四四〇頁上）

〔一七七〕**謂能忍寒、熱、飢、渴、風、雨，蚊虻毒蟲，能忍惡言、苦事，能持戒，能一食等**　資持卷上三：「『謂』下，列示所能，即十種苦事。『寒』下六字為六，『蚊虻毒蟲』為七，『惡言、苦事』為八，『持戒』為九，『一食』為十。」（二二四頁上）

〔一七八〕**若過二十，減七十，無所堪能，不應與受具**　資持卷上三：「年雖應法，不堪亦簡。」（二二四頁上）鈔批卷九：「律云：已下未滿二十，太小招譏；減七十，太老，無所堪任，又招譏責，謂吉。比丘度此老人，當於父想也。」（四四〇頁上）【案】僧祇卷二三，四一八頁中。

〔一七九〕**五種病**　鈔科卷上三：「初，通示五種；二、『善』下，別明癩病。」（二七頁中～下）簡正卷七下：「一、癩，二、癰疽，三、白癩，四、乾消，五、顛狂也。准律緣中，俗人有患，求耆婆不治，便諸坊求出家。耆婆治差（【案】『差』義『愈』。）已，卻休道。耆婆白佛，故制也。」（四四〇頁上）

〔一八〇〕**狂中有三種**　鈔批卷九：「礨云：一、謂令不覺好惡；二、有時覺好惡，有時不覺；三、一向覺。『初人』不得為受，『下二』得也。」（四七九頁上）資持卷上三：「狂中，唯除上品。」（二二四頁上）簡正卷七下：「一向輕為（原注：『為』下一有『一』字。），不輕不重為二，即許。若全不覺好惡，一向重也。」（四四〇頁上）

〔一八一〕**癩癬，莫問赤、白、黑**　簡正卷七下：「不得癩癬者，癩有黑、白、赤三也。癬者，（四四〇頁下）疥癬瘡，皆入癩（原注：癩下一有『人』字。）。下至指

甲大，露處不得屏處。不論大小，增長不增長，俱得。以不招譏故。」

〔一八二〕**屏處增長、不增長，俱得** 資持卷上三：「疏引善見。屏處增長，不得；不增，得度。與今不同，或是祖師改之從寬，或恐傳寫之誤。」（二二四頁上）【案】次「長」，底本為「門」，依大正藏本及文義、弘一校注改。善見卷一六，七八九頁下。

〔一八三〕**然癩病有二** 資持卷上三：「『然』下，究病所起，意彰開得。下引果人，釋成初義。疏云：由惑盡此生，業終報故，總集受也。」（二二四頁上）

〔一八四〕**有疥癩須陀洹、瘡痍阿羅漢** 簡正卷七下：「引此文證，既有得果之益，必在屏處，與受得戒也。」（四四〇頁下）鈔批卷九：「此人惑盡此生業終報故，總集受也。撿育王經，見此二事。佛滅度後，憂婆笈多比丘與弟子入村乞食，至一旃陀羅家。旃陀羅有子，（四七九頁上）得須陀洹，身有惡病。一切身體，為虫所食，口氣臭穢。笈多語弟子言：『汝觀此小兒，是須陀洹，受如此苦。』弟子問言：『何何（【案】次『何』疑剩。）業所致？』答曰：『此人前生出家，眾僧坐禪，其為維那。時僧中有一羅漢，有此惡病，搔刮惡聲。維那語言：虫食汝耶？而作此聲。即牽臂出，而語之言：汝入旃陀羅室。時羅漢語維那言：汝當精進，莫住生死受苦。時維那即懺悔之。既懺悔竟，得須陀洹果。昔維那，今此小兒是也。以罵羅漢，及牽其出，令入旃陀羅室，今得此報也。』言瘡痍羅漢者，即阿育王弟，名毗多輪柯，信外道法，不信佛法，極大邪見。入山遊獵，見有仙人，五熱炙身，行諸苦行，即從禮敬。問云：『汝止此久近？』答：『經十二年。』又問：『所食何等？』答：『食草木根，結茅為衣。』又問：『有欲心不？』答：『有。』問：『何（原注：插入『何』字。）以起故心？』答：『見鹿行欲，故我生心。王弟生疑：如此苦行，尚起欲心，況諸比丘食酪乳，著種種衣，而言無欲？』還白兄言：『勿敬沙門。』王欲使弟正信，即作方便，權將國務以付其弟。剋滿七日，當斷汝命。七日之內，恣其欲樂。限期既至，王問：『七日之間，為樂以不？』答：『憂死，至何所樂哉！』王便報言：（四七九頁下）『比丘之法，恒觀無常，畏三塗苦，思惟十二因緣。生死無常，出息不保，入息云何起欲心？況汝七日，應有樂者？』其弟即悟，便信三寶。王亦語言：『我本方便令汝生信，無心殺汝。』抱弟啼哭，非不能言。弟既生信，便即出家，證羅漢果。育王統領國內一切夜叉，令收一切外道徒黨，及外道畫像，收來王所，悉令殺之。一日之中，殺國內十萬八千外道。後設見者，總集師徒，安

著一處，以火焚之。時王勅言：『若有人得一尼犍頭者，與金錢一枚。』王
弟羅漢，後時得病，頭皆發瘡，遊行人間。至養牛處，病來日久，頭鬚髮爪，
悉皆長利，衣服弊惡。時養牛女念言：『今此尼犍來入我舍，報夫令殺送與
育王，取王金錢來。』羅漢信業所對，無得脫處，即便受死。其人將頭至王
所。王疑：『是我弟頭。』眾人共議，皆云『是』也。王乃悶絕，良久方穌。
諸比丘問憂婆笈多，笈多答曰：『皆昔業故。』具述本業。」（四八〇頁上）
【案】阿育王經卷三，一四一頁～一四三頁；卷一〇，一六六頁～一六七頁。

〔一八五〕一切僧事共作　簡正卷七下：「說、恣等僧家法事也。食時莫在眾者，恐惱
　　　　僧不樂也。」（四四〇頁下）資持卷上三：「『若』下，明受已病生，因而引
　　　　之。或可已受，既共僧事，故知未受，必不障戒。」（二二四頁上）【案】薩
　　　　婆多卷六，五四〇頁中。

〔一八六〕更明所以　資持卷上三：「言所以者，謂受戒事重，諸部制嚴所明，餘事重
　　　　彰此意故也。」（二二四頁上）簡正卷七下：「遮難外事，稱之四（【案】『四』
　　　　疑『曰』。）餘也。更明所以者。更，重也。重辨受戒之時，一期所以法則
　　　　也。」（四四〇頁下）【案】「次明」下分三，如鈔所列。

〔一八七〕若先不相識人，不應雲、霧、暗時受　鈔科卷上三：「初，暗處可否。」（二
　　　　七頁上）資持卷上三：「五分反顯相識，猶通暗受，續引燈照，不容濫委。」
　　　　（二二四頁上）簡正卷七下：「約時辨也。既先不相識，恐有難等不見，故
　　　　須不分明也。」（四四〇頁下）【案】五分下分三，如鈔科所列。五分卷一七，
　　　　一一九頁下。

〔一八八〕若先曾受具者　鈔科卷上三：「『若』下，曾受加問。」（二七頁上）簡正卷
　　　　七下：「約曾受具人辨也。謂清淨去，今重受，由開七返等。」（四四〇頁下）

〔一八九〕四分無文　簡正卷七下：「無此十誦所問之文也。」（四四〇頁下）資持卷上
　　　　三：「次點本宗，無文有義。（二二四頁上）下勸準前，事儀有序，今多不行，
　　　　頗違祖意。」（二二四頁中）鈔批卷九：「今四分則無文，是省要也。謂若不
　　　　捨戒行，非是邊罪，後勞致此問也。」（四八〇頁上）【案】十誦卷二一，一
　　　　五六頁上。

〔一九〇〕必有，亦同邊罪　簡正卷七下：「必若先作比丘時，不捨法體，帶戒行非。
　　　　今又再來，便是邊罪受，亦不得十三難前。（四四〇頁下）問云：『玄云非謂
　　　　十誦律十三難前有此一問，彼律但問諸遮，不問難事，此問是彼（原注：『彼』
　　　　一作『故』。）遮（遮？）中有也？』今師意道：將此十誦一問，安排著於

－771－

四分十三難前問之。必若答有參差，便成初難攝也。』」（四四一頁上）

〔一九一〕若有難緣，如說戒中，當二人、三人，一時作羯磨，不得至四　鈔科卷上三：「資持卷上三：「四分：難緣，開多人受。」（二二四頁中）簡正卷七下：「約難所被之人多小辨也。如說戒中者，指彼略戒文中八難餘緣也。此與彼處不殊故，指後文說也，即王、賊、水、火等。（云云。）二三人一時等者：若無難即一番法，但被一人；若有難緣，一番白四，被二三人，並開許也。不得至四者，恐僧秉僧故也。如前篇述。」（四四一頁上）【案】四分卷三四，八〇五頁中。

〔一九二〕僧祇　資持卷上三：「僧祇、善見乃是常開。今時行事，不須執難，八難餘緣，後篇委列，故略指之。僧祇中，因波離有二沙彌，欲令並受，白佛，因開，文引佛答。」（二二四頁中）【案】僧祇卷二三，四一六頁上～中。

〔一九三〕一和尚、一戒師，一眾，得二人三人並受　資持卷上三：「一眾，謂二師外兼餘教證，共十人也。『並受』字下，彼云『不得眾受』。今此略之。」（二二四頁中）簡正卷七下：「緣中，為彼離（原注：『為彼』疑『優波』。）有名（【案】『名』疑剩。）二沙彌。若前後受，恐有恨心。不知得一和上、戒師，一眾，二人一時受不？以此白佛。佛言：得受。若二和上共一戒師，作羯磨時，牒本既殊故，不得一眾二三人也。」（四四一頁上）【案】僧祇卷二三，四一六頁上～中。

〔一九四〕若二和尚共一戒師，二三人不得一眾受　資持卷上三：「『若』下，遮非。彼云：二三人共一羯磨師，別和尚共一眾受，不名受具足。」（二二四頁中）

〔一九五〕臘等時，不相作禮　資持卷上三：「謂不互禮，應得對禮。」（二二四頁中）簡正卷七下：「『善見』等者，約人、約時辨也。不相作禮者，論文據得法處齊，無上、中、下、大、小，故制不相禮也。鏡水大德云：此文終恐未了。假使二、三人為一引，亦須排他，先受十戒者為先。若總未受十戒，還依俗年，大者為上。此依律文。既有上、下，無須相禮。若制不相禮若制不相禮（原注：『若等』五字疑剩。）者，如三季五載不相見，今或相著（原注：『著』一作『看』。），不可但合掌問訊便休。（四四一頁上）今論家制不相禮，且據得法同時。若盡理而言，終須依律為允也。」（四四一頁下）

〔一九六〕上已略明難相，今正出眾問法　鈔科卷上三：「『上』下，明正問。」（二八頁上）【案】「正出眾問法」分七，即下文所言諸事。由此至「或外律中於此受衣鉢者」處，每節言一事。

〔一九七〕**教授師至受者所** 鈔科卷上三:「敷座安慰。」(二七頁下)簡正卷七下:「謂教授師於壇場上,得法在身,具威儀,僧中禮三拜了,出場外。界內沙彌安置處,敷坐具已,次令沙彌展坐,具禮三拜,為舒正四角,令如法也。」(四四一頁下)

〔一九八〕**申手內** 資持卷上三:「亦約空露。」(二二四頁中)簡正卷七下:「且(原注:『且』下一有『約』字。)露地說。若屋下臨時相去,不近不遠,即得。先與脫安陀會,聚(原注:「聚」一「取」。)鬱多羅僧,為伊反披,著其五條,卻為佗摵取。安複(原注:『複』一作『襆』。)子中,此是一期。行事鈔云不能細述,章記不可繁云,講時又不明之。及到臨時,便成敗闕。大德云:有人作教授師,自卻上床上大坐,更令一別。比丘與佗憼衣服,敷坐具,或可僧取七條,為伊正披,兼著制膊,貴在省略。此並是不知教者,致取笑於人也。如是一一條摵衣服威儀竟,即今胡跪。即依鈔中安慰。」(四一一頁下)

〔一九九〕**須臾持汝著高勝處** 資持卷上三:「疏云:戒遮既淨,堪為道器,緣成業具,位登僧寶,豈卑下也。(有云『壇上』,非也。)」(二二四頁中)【案】五分卷一七,一一九頁下。

〔二〇〇〕**彼應取其衣鉢舒示,寄此以為陶誘** 簡正卷七下:「寄,託也。託此衣鉢,舒展指示,以為陶習接誘也。鈔主云:如慈母憼念嬰孩無別也。」(四四一頁下)鈔批卷九:「此是將問難寄衣鉢之上,作誘引方便也。」(四八〇頁下)資持卷上三:「疏云:衣鉢名字,泛顯之詞,以通言路耳。陶,化也。」(二二四頁中)

〔二〇一〕**前執五條** 資持卷上三:「『前』下,示衣。」(二二四頁中)簡正卷七下:「謂開彼腹(原注:『腹』一作『複』。)子,先執五條起,語云:『此五條衣,梵名安陀會;』又示身上所著七條衣,『梵名鬱多羅僧;』又執大衣已,語云:『此衣梵名僧伽梨。』餘文如鈔述。(云云。)然後將五條,取向下搆(原注:『搆』一作『摵』。)。次將大衣,安五條上。」(四四一頁下)

〔二〇二〕**若依諸部,此處即為「受衣鉢」** 資持卷上三:「『若』下,定加持前後。諸部通指二律,並在受前,此處即依五分。」(二二四頁中)鈔批卷九:「深云五分文也。今於問難前,且為受衣。」(四八〇頁下)簡正卷七下:「五分律云,教授為受等。」(四四二頁上)【案】五分卷一七,一一九頁下。

〔二〇三〕**或在眾中戒師受者** 資持卷上三:「『在眾』謂壇上,即出僧祇。」(二二四頁中)鈔批卷九:「立云:問難前加受也。羯磨疏云:僧祇在戒師前,互跪,教

受鉢，後受三衣，白已教乞。此異部不同也。看疏文意，似是教授師為授衣鉢也。於此受衣鉢者，即是出外教授之所也。」（四八〇頁下）簡正卷七下：「僧祇云，羯磨師為受等。」（四四二頁上）【案】五分卷二三，四一三頁上。

〔二〇四〕四分無文　簡正卷七下：「當律但云受持，不分前後。」（四四二頁上）

〔二〇五〕或受已方持者，亦隨兩存　資持卷上三：「『或』下，示古所傳，乃在受後。隨兩存者，此猶未決。若準業疏，定依五分。彼云：豈同古人，雷同受後？今時別立持衣闍梨，餘處前受，理雖無爽，然非祖意。」（二二四頁中）簡正卷七下：「今師決判也。受前受後，俱出正法。隨意採用，不可取捨也。」（四四二頁上）

〔二〇六〕并執鉢已　資持卷上三：「『并』下，示鉢。」（二二四頁中）簡正卷七下：「語云：此應器，梵名『盋多羅』等。示已，即將盋覆安二衣之上也。又問『此三衣鉢，是汝已有不』等。」（四四二頁上）

〔二〇七〕即便襆之　簡正卷七下：「將腹（原注：『腹』一作『襆』。）子結於盋底上。今時行事，多見將盋仰安，然後將上下二衣，四直（原注：『四直』疑『置』。）向鉢內，複子結卻在盋面上者，此全不知次第也。」（四四二頁上）

〔二〇八〕若不實者，當言「不實」，若實言「實」　資持卷上三：「『不實』謂帶難。『實』即清淨浪虛也。」（二二四頁中）

〔二〇九〕律云　資持卷上三：「引律示，舉聖況凡，勉令實語。然遮亦通得，此據重者為言。」（二二四頁中）

〔二一〇〕汝第一不犯邊罪不　鈔科卷上三：「『汝』下，問十三難。」（二八頁下）

〔二一一〕依名示之　資持卷上三：「必須如前細述其相，令彼解知。今時諸師依本誦（【案】『本』疑『十』。）云：黃門有五種，所謂生、犍、妒、變、半。若作此示，受者聞之，何由可曉！（二二四頁中）如前文云『終為非問』，即此類也。」（二二四頁下）

〔二一二〕十三既無，戒可得受　簡正卷七下：「謂此雖問難事既無，猶有諸遮未問，故云『戒可得受』。若到下文問遮了，即云『戒定得受』。行事之時，須依此文，不可移改。有人至此中，亦云『戒定得受』，或問遮了，卻云『戒可得受』。」（四四二頁上）

〔二一三〕更問十遮　資持卷上三：「前云十六遮，今合衣鉢、父母、五病，故為十也。」（二二四頁下）

〔二一四〕汝今字誰　簡正卷七下：「問：『名與字各別，（四四二頁上）今文中云字者，

但稱字、不稱名得？』答：『前解云：名、字一般，猶如眼目無別。<u>鏡水大德</u>云：不然。名以召鉢（【案】『鉢』疑『體』。），字以彰德。如俗云：男子二十，冠帶而字之；女子十五，笄而字之。今稱和上及自己名、不稱字，亦得；或稱字、不稱名，亦得。』『如今出法，且云字誰？』答：『時將名，以答無失。』又問：『此中稱字，不通名，羯磨中稱名，不道字，得不？』大德云：『總得羯磨中標名，更著字，即太繁也。不令。」（四四二頁下）<u>資持</u>卷上三：「兩問字誰，準<u>疏</u>並改云名，以此方道俗名、字別故。」（二二四頁下）

〔二一五〕**隨有言「聽」，若無言「無」** <u>資持</u>卷上三：「須先問有無，答言有者，方問聽否。」（二二四頁下）

〔二一六〕**痟** <u>資持</u>卷上三：「即瘦病。」（二二四頁下）

〔二一七〕**汝無遮難，定得受也** <u>資持</u>卷上三：「初，贊許。」（二二四頁下）<u>簡正</u>卷七下：「前又無難，後又無遮，遮難並無，決定得戒。更無疑惑，故云定也。」（四二二頁下）

〔二一八〕**應教起立** <u>鈔科</u>卷上三：「『應』下，具儀安立。」（二八頁下）<u>資持</u>卷上三：「坐具肩上，準感通傳乃是前制。今須在臂。」（二二四頁下）

〔二一九〕**正著七條** <u>簡正</u>卷七下：「教使起立，卻暫除七條，披副膊竟，然後正披七條，繫（原注：『繫』疑『繁』。【案】疑『繫』。）條紐等坐具肩上，由是舊規。今時安左臂上，以袈裟覆之，則依新法。廣如下卷。」（四四二頁下）

〔二二〇〕**衣鉢襆置手中** <u>簡正</u>卷七下：「雙申兩平（原注：『平』疑『手』。），捧此衣盋，盋面在下，底在上也。今時多見捧盋兩邊，盋面卻向上者，不會也。」（四四二頁下）

〔二二一〕**通請** <u>資持</u>卷上三：「謂問僧可不。」（二二四頁下）

〔二二二〕**種種隨緣** <u>資持</u>卷上三：「謂指諭安慰等。彼云，應慰勞言：『汝莫恐懼，須與持汝著高勝處。』若先不相識，不應雲霧、暗黑時受。（並如上引。）教師因教著衣時密視等，如此所引。又云，應問：『汝三衣何者是僧伽梨，何者是優多羅，何者是安陀會？』彼若不知，應語云『此是』等。又云：應與受三衣鉢。」（二二四頁下）【案】<u>五分</u>卷一七，一一九頁下。

〔二二三〕**或外律中於此受衣鉢者** <u>資持</u>卷上三：「『或』下，前雖兩存，意在<u>五分</u>，故重舉之。」（二二四頁下）

七、單白入眾〔一〕

<u>律</u>云：彼教授師還來至僧中，如常威儀〔二〕，相去舒手相及處立。此

依中國露地戒壇，故在申手內，必在覆處隨時也。當作白〔三〕：「大德僧聽：彼某甲從和尚某甲求受具足戒。若僧時到，僧忍聽。我已問竟，聽將來。白如是。」

白已，勿出僧中〔四〕。若堂內者，至門限內，舉手呼言：「某甲來。」若在露地，不得離僧申手外也。彼來已〔五〕，為捉衣鉢〔六〕。令至僧中，教禮僧足已，至戒師前，右膝著地合掌〔七〕。

【校釋】

〔一〕單白入眾　資持卷上三：「明白召。」（二二四頁下）簡正卷七下：「欲銷此段鈔文，須分兩意。先約常途行事，次和會鈔文。且約常途者，教授師來僧中，即須展坐具，與戒師相對禮。三拜訖，胡跪或跏趺正坐。亦得先和僧，其戒師便與答問，然後卻起，立秉單白，（四四二頁下）問成不等。所以坐和，僧立秉法者，謂壇上眾僧皆坐，今若立和，佗坐僧不得，故須坐和。又，教授為僧前（原注：『前』一作『所』。）使，不得輒坐，故立秉白。如立說戒，可以例之。今有人云：單白既許立秉，和僧立作亦得。此是速（原注：『速』一作『迷』。）教之流。後有行事之時，從外入來，又口請餘人問答，不對戒師，全無次第也。（已下，據今常途行。）若依鈔文，教授師至僧中，舒手相近處立，便作白，並不見說『著和僧』等，如何和會耶？玄記云：此是僧差得法在身，故不在和也。大德破云：若爾，今時總不見和，元來並得，何故律令坐和，僧立秉法？少道理也。古今諸家，至此改（原注：『改』一作『段』。）文，盡說不著。今依法寶云：但為此文，約其通答，是以教授入來，便立秉法，不更重和。若據尋常，別答之時，即須再和，方得秉白，故向下自有一節文。問：『起云新受戒人，相同界外來者，何不重和？』答云：『非是外來，當處新起，為證通別、二答之意也。此是鈔文細處，人難得知。』」（四四三頁上）

〔二〕彼教授師還來至僧中，如常威儀　資持卷上三：「前示威儀。言『如常』者，同前出眾、禮僧致敬等。此一單白，唯須立秉。疏云：諸羯磨法，威儀必同，此既坐立，極成乖別，由本僧差往外，為問事須酬對，坐和失相，如立說戒，俱是為僧。意可見也。（今行別答，先坐和已，後起作白，深乖儀相，如前所斥。）」（二二四頁下）鈔批卷九：「立云：若出界外，問難還來，更須和僧。若在戒場內問者，來不用和也。」（四八〇頁下）【案】四分卷三五，八一五頁上。

〔三〕當作白　資持卷上三：「『當』下，次秉法。」（二二四頁下）

〔四〕白已，勿出僧中　鈔科卷上三：「『白』下，召入。」（二八頁中）資持卷上三：「初呼入眾。覆、露兩制，並不離僧。」（二二四頁下）簡正卷七下：「宛陵云：謂通（原注：『通』一作『適』。）來出界問難，蓋是奉命為之。今既問了，再入僧中，未教乞戒，不合擅出，故制在限內露處，尋內也。」（四四三頁上）

〔五〕為捉衣鉢　簡正卷七下：「羯磨疏云：乍入僧中，（四四三頁上）威儀未涉，且代為擔，示其方便。（已上疏文。）其教授捉三人衣鉢，遂人兩手，近與戒師。戒師受已，安居面前，還依彼第一、二、三，次第排著，不得參差等。」（四四三頁下）

〔六〕彼來已　資持卷上三：「『彼』下，教致敬。」（二二四頁下）

〔七〕合掌　鈔批卷九：「作肅敬意，至心諦聽也。」（四八〇頁下）

八、正明乞戒

彼教授師將衣鉢付戒師已〔一〕，為正衣服，安慰其心。懇惻至誠，仰憑清眾，求哀乞戒。

語云：「此戒法，唯佛出世樹立此法，祕故、勝故，不令俗人聞之〔二〕。故六道之中，唯人得受；猶含遮難，不得具受〔三〕。汝今既無，甚是淨器，當深心乞戒，須臾之間入三寶數。若輕浮心，戒不可得。」如是隨時作之，律、論廣述〔四〕。「但乞戒由汝自心〔五〕。但未曉方軌，階漸無由，故佛教我為汝稱述，應逐我語。」

「大德僧聽〔六〕：我某甲從和尚某甲求受具足戒〔七〕。我某甲今從眾僧乞受具足戒〔八〕，某甲為和尚。願僧拔濟我〔九〕。慈愍故。」三說。教已，復坐〔一〇〕。

【校釋】

〔一〕彼教授師將衣鉢付戒師已　鈔科卷上三：「置衣安慰。」（二八頁中）資持卷上三：「為將衣者，疏云：乍入僧中，威儀未涉，且為代擔，示其方便也。」（二二四頁下）

〔二〕語云：此戒法唯佛出世，樹立此法，祕故、勝故，不令俗人聞之　鈔科卷上三：「『語』下，勸導用心。」（二八頁中）資持卷上三：「初，歎法勝，意在生忻。」（二二四頁下）

〔三〕故六道之中，唯人得受；猶含遮難，不得具受　資持卷上三：「『故』下，次，明難得，以令自慶。上二句對餘趣簡人，下二句就人簡淨。」（二二四頁下）

〔四〕如是隨時作之，律論廣述　資持卷上三：「『隨時作』者，示不盡也。『律論廣』者，如前教發戒中所引是也。」（二二四頁下）

〔五〕但乞戒由汝自心　資持卷上三：「『但』下，示教意。縱能自誦，亦須從教，由佛制故。」（二二四頁下）

〔六〕大德僧聽　鈔科卷上三：「『大』下，正陳乞詞。」（二八頁中）資持卷上三：「乞詞為四。初，告僧正意。」（二二四頁下）簡正卷七下：「乞詞中云『大德僧聽』，不得云『一心念』者，非也。」（四四三頁下）

〔七〕我某甲從和尚某甲求受具足戒　資持卷上三：「前牒初緣。云從和尚也。」（二二四頁下）

〔八〕我某甲今從眾僧乞受具足戒　資持卷上三：「後牒今意。云從僧受，重牒和尚者，表戒法從僧，行隨師也。（此二句依疏釋。）」（二二四頁下）

〔九〕願僧拔濟我　資持卷上三：「祈請慈濟。（二二四頁下）律本作『願僧慈愍故，拔濟我』。羯磨亦然。疑是寫倒。」（二二五頁上）扶桑記釋「律本作」：「律有兩出，鈔依三八。」（一一一頁上）【案】四分卷三五，八一五頁上。

〔一〇〕復坐　鈔批卷九：「即教授師向本處而坐也。」（四八〇頁下）資持卷上三：「教授受差，所任事畢。」（二二五頁上）

九、戒師白和法〔一〕

彼應白言〔二〕：「大德僧聽：此某甲從和尚某甲求受具足戒。此某甲今從眾僧乞受具足戒，某甲為和尚。若僧時到，僧忍聽。我問諸難事〔三〕。白如是。」

問：「戒師作白和僧，教授無者〔四〕？」答：「羯磨對僧問難，先不差之，故後須和〔五〕。教授已被僧差，奉命令問，何須更和？又在屏處，不對眾問〔六〕。」

問：「戒師不差，教授獨差者〔七〕？」答：「教授師出眾問難，不差無由輒問。羯磨眾中而問，故不須差〔八〕。更有料簡，如義鈔說〔九〕。」

【校釋】

〔一〕戒師白和法　資持卷上三：「白和對揀中。」（二二五頁上）【案】「白和法」文，分二，初「彼應」下；次，「問」下，又分二。

〔二〕彼應白言　鈔科卷上三：「初，正明和白。」（二八頁下）

〔三〕我問諸難事　鈔批卷九：「恐在屏處有濫，是故對眾，更問取實也。」（四八〇頁下）

〔四〕戒師作白和僧，教授無者　鈔科卷上三：「初問和白有無。」（二八頁下）資持
　　　卷上三：「初，問答中，二意。初，約前差。」（二二五頁上）

〔五〕羯磨對僧問難，先不差之，故後須和　簡正卷七下：「答彼是為僧，僧情難一，
　　　故須定人。誰問誰答，受中為別。請師已定，故不差也。」（四四三頁下）

〔六〕又在屏處，不對眾問　資持卷上三：「『又』下，次約非眾答。」（二二五頁上）

〔七〕戒師不差，教授獨差者　鈔科卷上三：「二問差法須否。」（二八頁下）資持卷
　　　上三：「私謂：各專一法，故互有無耳。」（二二五頁上）

〔八〕羯磨眾中而問，故不須差　鈔批卷九：「礪難云：『若言眾中而問，不須差者，
　　　自恣五德，亦是對眾作法問答，何以要差？』答：『但是聖人立法不同耳。』
　　　（四八〇頁下）『羯磨疏云：戒師在眾，不須差者，五百結集，亦是在眾問答，
　　　何以須差？』答：『結集為僧事，大眾情非一，故須定人。誰問誰答，所以須
　　　差。今此戒師，是為別人，請師已定，故不須差。』」（四八一頁上）簡正卷七
　　　下：「『若爾，結集在眾，何故差耶？』答：『彼是為僧，僧情難一，故須定人。
　　　誰問誰答，受中為別。請師已定，故不差也。』」（四四三頁下）

〔九〕如義鈔說　資持卷上三：「準彼，續難云：『若爾，結集法藏亦在眾作，何以白
　　　差？』答：『結集為僧，不為別人。若不差，不知誰問誰答，故須差問答人定，
　　　方得結集。其羯磨師為別人受戒，兼請師已定，義須在眾，是故不差。』」（二
　　　二五頁上）簡正卷七下：「羯磨疏云：戒師眾中而問不須差者。若爾，結集在
　　　眾，何故差耶？」（四四三頁下）

　　十、正明對問

　　律直問十三難事，無有前緣〔一〕。今時相傳，前問衣鉢，還如教授
示四種異名已，應語言：「善男子聽：今是真誠時、實語時〔二〕。今隨所
問汝，汝當隨實答。僧祇云〔三〕：汝若不實答，便欺誑諸天魔梵、沙門、
婆羅門、諸天世人，亦欺誑如來及以眾僧，自得大罪。今問汝十三難事，
同前教授師所問。但眾僧恐屏處有鑑，故對大眾一一問汝。汝還依彼答，
一一答我。」

　　「汝不犯邊罪不〔四〕？」

　　「汝不犯淨行比丘尼不？」

　　「汝非賊心受戒不？」

　　「汝非破內外道不？」

　　「汝非黃門不？」

「汝非殺父不?」

「汝非殺母不?」

「汝非殺阿羅漢不?」

「汝非破僧不?」

「汝非出佛身血不?」

「汝非非人不?」

「汝非畜生不?」

「汝非二形不?」

並答言「無」者。

「汝字何等?」

「和尚字誰?」

「年滿二十未?」

「三衣鉢具不?」

「父母聽汝不?」

「汝不負債不?」

「汝非奴不?」

「汝非官人不?」

「汝是丈夫不?」

「丈夫有如是病:癲、癰疽、白癩、乾痟、顛狂等,汝今無如是病不?」上來並隨有無具答。

【校釋】

〔一〕**律直問十三難事,無有前緣** 鈔批卷九:「謂律中但問諸難,無有將三衣示名、慰喻之緣。相傳行此事耳。」(四八一頁上)資持卷上三:「前明示衣。律中,屏問則有,對問則無。今用世傳,非出律本,故示令知。」(二二五頁上)簡正卷七下:「行事之時,直依此文,不用加改。如鈔。」(四四三頁下)【案】「對問」文分二,初「律直」下;次「汝不」下,又分二。

〔二〕**今是真誠時、實語時** 鈔批卷九:「礪云:誠,由實也,謂是法身生時,故言真誠時。以前俗生,非真誠時也。故受戒事重,不容虛謬,故言實當言實等也。」(四八一頁上)

〔三〕**僧祇云** 資持卷上三:「引僧祇文,令知虛誑尚不免罪,云何感戒?魔王居欲天,梵眾居色界,沙門通收凡聖,婆羅門即淨行居士。上云諸天魔梵等,即別

舉天人之勝者；下云諸天世人，通餘一切。如來是立戒本師，眾僧即發戒正
緣。疏云：以戒法所通，下被上達，非緣而受，體是乖儀。欺妄之深，乃通遍
也。」（二二五頁上）【案】僧祇卷二三，四一三頁中。

〔四〕汝不犯邊罪不　資持卷上三：「問遮難中。直依律列，少有加減，及至臨事，
宜準前法。所以爾者，欲顯前問，是今潤色。或可受者已知，止須直示，故不
加也。」（二二五頁上）簡正卷七下：「辨相總在前文，此但續文便得。」（四
四三頁下）

大段第二，正明受體〔一〕

若至此時，正須廣張、示導發戒正宗〔二〕。不得但言「起上品心」，
則受者知何是上品？徒自枉問。今薄示相貌，臨事未必誦文。

應語言：「善男子：汝遮難並無，眾僧同慶，當與汝戒。但深戒上
善，廣周法界〔三〕，當發上心，可得上法。如前緣中〔四〕。今受此戒，為
趣泥洹果，向三解脫門〔五〕，成就三聚戒〔六〕，令正法久住等，此名『上
品心』。次，為開廣汝懷者〔七〕。由塵沙戒法，注汝身中，終不以報得身
心而得容受。應發心作虛空器量身，方得受法界善法〔八〕。故論云〔九〕：
『若此戒法有形色者，當入汝身，作天崩地裂之聲。』由是非色法故，
令汝不覺。汝當發驚悚意，發上品殷重心。今為汝作羯磨聖法。此是如
來所制，發得塵沙法界善法，注汝身心〔一〇〕。汝須知之。」

應告僧言：「大眾慈悲，布施其戒，同心共秉〔一一〕，願勿異緣，令
他不得。」應四顧望之〔一二〕，不令非、別之相。有者喚令如法，告言眾
僧，聽作羯磨。

「大德僧聽〔一三〕：此某甲從和尚某甲求受具足戒〔一四〕。此某甲今
從眾僧乞受具足戒，某甲為和尚〔一五〕。某甲自說清淨，無諸難事，年滿
二十，三衣鉢具。若僧時到，僧忍聽〔一六〕。授某甲具足戒，某甲為和尚
〔一七〕。白如是。」作白已，問僧「成就不〔一八〕」，乃至羯磨中第一、第
二、第三，亦如是問〔一九〕。此僧祇文。準此，僧中知法者，答言：「成
就。」十誦：因為他受戒，或睡、入定、鬧語、鬭亂等〔二〇〕，佛言不成
受戒。羯磨時，當一心聽〔二一〕：莫餘覺、餘思惟〔二二〕；應敬重法〔二三〕；
當思惟心心相續憶念〔二四〕；應分別言「是第一羯磨」乃至「第三」，不
說，得罪〔二五〕。

又應語受者言〔二六〕：「已作白已，僧皆隨喜。今作羯磨，動彼戒

法〔二七〕，莫令心沈舉，當用心承仰〔二八〕。」又白僧言：「當聽羯磨。」
「大德僧聽〔二九〕：此某甲從和尚某甲求受具足戒。此某甲今從眾僧乞受
具足戒，某甲為和尚。某甲自說清淨，無諸難事，年滿二十，三衣鉢具。
僧今授某甲具足戒，某甲為和尚。誰諸長老忍『僧與某甲受具足戒，某
甲為和尚』者默然，誰不忍者說。」此是初羯磨，問僧成就不。

告受者言〔三〇〕：「已作初羯磨，僧皆默可。今十方法界善法，並皆
動轉。當起欣心，勿縱怠意。」次作二羯磨，如上問已。

告受者言〔三一〕：「已作二羯磨法，僧並和合。今十方法界善法，並
舉集空中。至第三羯磨竟時，當法界功德入汝身心。餘一羯磨在，汝當
發身總虛空界，心緣救攝三有眾生，并欲護持三世佛法。」直依此語，
不同上廣〔三二〕。仍白僧言：「願僧同時慈濟前生〔三三〕，同共合掌佐助，
舉此羯磨。」便即作之，乃至「是事如是持」已。

若多人、一人，即須隨竟，記其時節〔三四〕。

四分云：有新受戒者，不及後安居〔三五〕，便數為歲。佛言：不爾。
有者，應和尚、闍梨教授時節，云若冬，若春，若夏，若干日月，若食
前、食後，乃至量影〔三六〕。應預將一尺木〔三七〕，至受訖，日中豎之，
記其影頭，臥尺量之，計為尺寸〔三八〕，以為常法。善見云：受戒已，立
取腳，隨身量影〔三九〕，示春冬時〔四〇〕，眾數多少〔四一〕，後說四依、四
重〔四二〕等。

若受人多者，但有受竟，在僧下坐〔四三〕。乃至一切作已，方總集上
座前，同時為說隨相。不必戒師〔四四〕。問：「此新受戒人，相同界外來
者，何不重和〔四五〕？」答：「非是外來，當處新起〔四六〕。」

【校釋】

〔一〕受體　簡正卷七下：「玄云：前來明『能受』『所對』及十種法，並受前方便，
　　未是發戒之體。此段正明所秉之法，發其表之業體也。」（四四三頁下）【案】
　　「受體」文分為三：初，「若至」下；次，「次明」下；三、「次為」下。初又
　　分三：初，「若至」下；次，「應告」下；三、「若多」下。

〔二〕正須廣張、示導發戒正宗　鈔科卷上三：「初，受前開導。」（二八頁上～中）
　　資持卷上三：「言正須者：顯前發戒，且令預習，未是正用，今將納法，縱令
　　已解，更須委曲，選擇要語，激動蒙心。戒師當此，不可率易，策導開解，納
　　法之本，故云正宗。」（二二五頁上）鈔批卷九：「立明：上來『能受』『所對』，

及十種法，並是受前方便，未是發戒之體。此下正明所秉聖教，發其業體。」（四八一頁上）【案】本節分二：初，「若至」下；次，「應發」下，又分二：「若善」下，「次為」下。

〔三〕但深戒上善，廣周法界　資持卷上三：「『但』下，勸發。初二句，指法體。上句標歎，下句示量。具足律儀，對五、八、十，故云深也。聖道基本，對世十善，故云上也。」（二二五頁上）簡正卷七下：「為求泥洹，名為深戒。善中最極，名為上善也。」（四四三頁下）鈔批卷九：「慈云：戒根深固，曰深戒。佛菩薩等，同有此戒，（四八一頁上）故曰上善。立云：當來發佛果菩提，名上善也。」（四八一頁下）

〔四〕如前緣中　簡正卷七下：「前引毗跋律後，約義明處文也。」（四四四頁上）【案】見前「三、教發戒緣」釋文。

〔五〕三解脫門　鈔批卷九：「空解脫、無相、無願也。」（四八一頁下）

〔六〕三聚戒　鈔批卷九：「攝律儀、攝善、饒益有情等。發如是心，名為上品也。」（四八一頁下）

〔七〕為開廣汝懷者　簡正卷七下：「文有三節：初，約教立理；二、引論證成；三、『汝當』下，勸生殷重也。」（四四四頁上）

〔八〕應發心作虛空器量身，方得受法界善法　資持卷上三：「初，教運想。五蘊色心，宿因所感，故云報得；法既周廣，劣報不容，（二二五頁上）必須運動，方堪領納，故云應發心等。虛空無邊，身量亦等，心法相稱，攬法歸心，還依報得。但法非心色，非異非同，猶如結界。無作依地，不與地連，非不相及故也。」（二二五頁中）

〔九〕故論云　資持卷上三：「『故』下引示，未詳何論。」（二二五頁中）鈔批卷九：「此是多論也。羯磨疏引多論證者，是正量也。」（四八一頁下）

〔一〇〕今為汝作羯磨聖法，此是如來所制，發得塵沙法界善法，注汝身心　鈔批卷九：「疏云：此明聖法假緣，緣成法備，充正報也。」（四八一頁下）

〔一一〕布施其戒，同心共秉　資持卷上三：「布施戒者，以法濟也。同心秉者，勸正意也。」（二二五頁中）【案】「應告」下分四：初，「應告」下；次，「又應」下；三、『告受』下，四、『告受』下。

〔一二〕應四顧望之　資持卷上三：「下令顧望，制檢校也。」（二二五頁中）簡正卷七下：「文中亦約通答，不更和僧也。知之。若別答，即須和僧等。（云云。）鏡水大德云：其三人衣盔，至此之時，但排在戒師面前，不得移改，但令沙彌眼

專觀衣盋，耳專聽羯磨聲，合掌當心，不得迴顧左右。此是律正文也。」（四
四四頁上）

〔一三〕大德僧聽　鈔批卷九：「謂告眾勑聽，令動發耳識，應僧同法也。」（四八二頁
上）【案】羯磨文，分五個層次。

〔一四〕此某甲從和尚某甲求受具足戒　鈔批卷九：「牒前問云『汝字何』等也。『從某
甲求受具足戒』者，此牒前『問和上字誰』文也。『此』下，牒某緣并情事，
謂『從某甲求具足戒』者，牒緣也，謂和上是得戒之緣故。律云：若無和上，
及和上犯戒，及不現前，不名受具也。」（四八一頁下）

〔一五〕此某甲今從眾僧乞受具足戒，某甲為和尚　鈔批卷九：「牒前三說乞戒文。此
牒某（原注：『某』疑『其』）情也。（四八一頁下）如前乞辭中，有此言訖。
今牒此乞詞，入羯磨乞辭，則是其情也。」（四八二頁上）簡正卷七下：「第
二中間，但云授某甲具足戒。此依律文羯磨正本，並如是揩定。有人添『僧
今』兩字者，決定不成也。大德云：此是白僧，未知許不，何得有『僧今』之
言？至羯磨中，方有『僧今』字，彼處不得不著。若欠，不成也。」（四四四
頁上）

〔一六〕若僧時到，僧忍聽　鈔批卷九：「此謂僧和集，勿事乖違，願僧同忍也。」（四
八二頁上）

〔一七〕授某甲具足戒，某甲為和尚　鈔批卷九：「重牒第二句根本白意，決判成就，
忍可為事也。但重牒其根本，不牒其情也。」（四八二頁上）

〔一八〕成就不　鈔批卷九：「『問僧成就不』等者，若作羯磨竟，不問成就者，犯吉羅
也。」（四八二頁下）簡正卷七下：「問僧成就不，彼答云『成』，乃至第一羯
磨，（四四四頁上）及第三，總須一一問、一一答。彼律云：不四問四答，一
一得越毗尼也。」（四四四頁下）【案】僧祇卷二三，四一三頁下。

〔一九〕乃至羯磨中第一、第二、第三，亦如是問　鈔批卷九：「一則事不成辦，多則
法有濫非軌式。今定限。至於此『僧已忍』下，是「結勸文」，非羯磨體也。」
（四八二頁上）

〔二〇〕因為他受戒，或睡、入定、鬧語、闐亂等　資持卷上三：「『十誦』下，引本制
緣。初示緣起，即六群也。」（二二五頁中）【案】十誦卷二一，一五四頁中。

〔二一〕當一心聽　資持卷上三：「『當』下，示制有四。」（二二五頁中）

〔二二〕莫餘覺、餘思惟　資持卷上三：「初，制妄緣。『餘』即是異。『覺』謂初起。
『思惟』即籌慮。」（二二五頁中）

〔二三〕**應敬重法** 資持卷上三：「『應』下，二、制慢法。」（二二五頁中）

〔二四〕**當思惟心心相續憶念** 資持卷上三：「『當』下，三、制間斷。」（二二五頁中）

〔二五〕**不說，得罪** 資持卷上三：「『應分』下，四、制昧暗。『不說，得罪』，此局不答為言。準羯磨云：有違結罪，則通前四，隨違並吉，豈唯受戒？餘法皆然。但由事重，寄受以明，故知秉結，必遵四制。」（二二五頁中）簡正卷七下：「不分別說，云此是第一番等，亦吉也」（四四四頁下）

〔二六〕**又應語受者言** 鈔科卷上三：「『又』下，第一羯磨。」（二八頁中～下）

〔二七〕**動彼戒法** 資持卷上三：「以前白告情，令眾知委，此正量處，舉發前法。初則鼓令動轉，次則舉集在空，後則注入身心。領納究竟三法，次第各有所主。由心業力不思議故，隨所施為，無非成遂。三番羯磨，並先策進受者，白告眾僧，然後乘唱。」（二二五頁中）

〔二八〕**莫令心沈舉，當用心承仰** 鈔批卷九：「『沉』謂睡、定等。『舉』謂攀緣覺觀、憶想世事也。」（四八二頁上）資持卷上三：「『沈』謂昏冥，『舉』即輕掉。第三羯磨，重提心量，益令勇進，救生護法。括束上品，盡此二句，時逼心切，不宜枝蔓。囑令直依，意在於此。加法竟時，剎那思滿，戒業成就。此處合辨無作體相。然是眾行，正出受儀，識體攝修，宗歸中卷。」（二二五頁中）

〔二九〕**大德僧聽** 鈔批卷九：「告眾重聽，事既非小，諦緣聲相也。二、『此某甲』下，至『誰諸長老忍』，同前白中第二句之意，辨牒（原注：『牒』疑『並』。）緣及以根本，謂今僧與某甲具足戒，量其可不，故『誰諸長老忍』也。三、『僧今與某甲受具足戒，某甲為和上，誰不忍者說』，此前重牒白中第四句，單牒根本之緣，不牒情事，決判成就也。」（四八二頁上）簡正卷七下：「大德云：第一中間有『僧今』字。第二中間，但云『僧與某甲』，即無『今』字。若至結文中，但云『與某甲』，又無『僧』字。此之三處，揩式軌定，不得增減。人多迷此，致臨時落非之過。若曉得此三節文，即同明鏡。餘如羯磨篇中辨也。又，三處牒吉（原注：『吉』一作『告』。）之詞，亦須揩式。若單白竟，告受人即云『眾僧隨喜』。作第一羯磨竟，即告云『嘿然』，或云『嘿可』；第二羯磨竟，即告云『和合』。此雖不傷大理，然行事家，次第道理，不令顛倒、乖於鈔文也。」（四四四頁下）

〔三〇〕**告受者言** 鈔科卷上三：「『告』下，第二羯磨。」（二八頁中）

〔三一〕**告受者言** 鈔科卷上三：「『告』下，第三羯磨。」（二八頁中）

〔三二〕**直依此語，不同上廣** 鈔批卷九：「若更廣著，致受者生慢，師僧復疲怠也。」

（四八二頁下）簡正卷七下：「直依此語者，不得增加也。不同上廣者，前來文中，且一期出法，臨機即任改張。今此不許增加，但依文誦。」（四四四頁下）

〔三三〕慈濟前生　鈔批卷九：「『受者』為前生也。」（四八二頁下）

〔三四〕若多人、一人，即須隨竟，記其時節　鈔科卷上三：「『若』下，教示雜行。」（二八頁上～中）鈔批卷九：「已下，明受人多少。記時節及安居方法、早晚等義也。」（四八二頁下）簡正卷七下：「多人，謂百人、五十人等也。隨竟記時節者，一引竟，便記之。」（四四四頁下）資持卷上三：「此間不行影法，（二二五頁中）多用俗中年、月、日時。每一時中，分上、中、下，以定前後。」（二二五頁下）【案】「若多」下分二：初，「若多」下；次，「若受」下。初又分二：初，「若多」下；次，「四分」下。

〔三五〕不及後安居　資持卷上三：「謂五月十七已後受者。」（二二五頁下）簡正卷七下：「若五月十六日前受，即得。此夏十六日已後，即不得。今此不及十六日，便妄數之，以此白佛。佛言『應和上』等。」（四四五頁上）【案】四分卷五○，九四○頁中。

〔三六〕量影　簡正卷七下：「寶云：將一尺木典文，方可一寸，來（【案】『來』疑『末』。）頭上加一寸二分方板子蓋著，每面出一分。於日中豎之，午前影長為大、短者為小，午後反之。辨大小也。」（四四五頁上）

〔三七〕木　【案】底本為「本」，據大正藏本改。

〔三八〕計為尺寸　資持卷上三：「若食前，受影長為上，影短為下。食後反之。」（二二五頁下）

〔三九〕受戒已，立取腳，隨身量影　鈔批卷九：「立云：如今時齊時量影也。立身於日中，量身影有幾腳也。」（四八二頁下）資持卷上三：「善見中，謂令一人立於日中，齊頭影處以腳相接，或約全腳、半腳及指，隨計多少，以分上下。『食前食後』，同上分之。」（二二五頁下）簡正卷七下：「以腳步自身影長短，辨時節也。今此方自有十二時，子、丑等。於一時中有三分，如午時上分、中分、下分。若更子細，於上分中更分三：謂上時上分、中分、下分也。中分亦三、下分亦三也。」（四四五頁上）【案】善見卷一七，七九二頁下。

〔四○〕示春冬時　鈔批卷九：「佛法中，唯有三時。不同此俗中，有四時，謂春、夏、秋、冬等也。」（四八二頁下）

〔四一〕眾數多少　鈔批卷九：「立云：隨數多少，待受後一時說相也。」（四八二頁

下）資持卷上三：「即指受人，而語通上、下。若連上釋，即謂示時，定眾不亂；若貫下釋，即謂受已，同聽說相。」（二二五頁下）簡正卷七下：「壇上能秉僧，十人、五人等，今時戒牒上列也。就十人中，和上是何人？二師、十戒和上、十戒師、七證之類，一一記持，恐防已後問答，驗於邪正，知非賊住也。」（四四五頁上）

〔四二〕四依、四重　簡正卷七下：「律緣中，因波羅奈城有一外道，出家受戒。受戒之後，不肯乞食，便乃休道。以此白佛，佛言：『自今已後，先說四依也。』四重者，律緣中，時有比丘受戒已，僧盡後，與故二行非法，諸比丘問云：『汝往何處來？』彼具述上事。諸比丘呵云：『汝出去滅去。』彼云：『汝何不早語我，說不得作是事。』（四四五頁上）以此白佛。佛言：『自今已去，先說四重也。』」（四四五頁下）【案】「故二」即比丘出家前之妻。

〔四三〕若受人多者，但有受竟，在僧下坐　鈔科卷上三：「『若』下，安置處所。」（二八頁上～中，二九頁中）資持卷上三：「在僧下者，壇場界廣，準此可知。今時壇窄，故出界外。」（二二五頁下）

〔四四〕不必戒師　鈔批卷九：「夫說相之法，餘人並得，不要和上及羯磨師也。」（四八二頁下）資持卷上三：「此示古非。疏云：有人行事，十人登壇，隨人說相，一一誡語。今解，羯磨加法，隨緣至三，示相誨約，任時前後，不專局也。」（二二五頁下）

〔四五〕此新受戒人，相同界外來者，何不重和　鈔批卷九：「此問意云：教授師出外問難，迴來重更和僧。今此受者，亦相是外來，何不重和？」（四八二頁下）資持卷上三：「前約通答，後人受時，直爾作法，故須此問。別答不須，準此通答，止被現僧，必有外來，更須別問。」（二二五頁下）簡正卷七下：「鏡水大德云：約通答時，有此一問。諸家記中，總不曉此血脈元（原注：『元』一作『無』。）由。」（四四五頁下）

〔四六〕當處新起　鈔批卷九：「在此壇上成大比丘，故曰新起。」（四八二頁下）

次明說相

據理隨師具學，何獨此四？為緣起有過，且制四根本〔一〕，若毀非用。餘篇枝條，懺復僧數。意在此也。

應告之云〔二〕：「善男子：汝受戒已，必謹奉持；若但有受、無持心者，受戒不得，空願無益。寧起行用，不須願求。經論如此〔三〕。但佛世難值，正法難聞，人身難得，奉戒者難〔四〕。故上品高達〔五〕，能受能

持，修道會聖；下品小人，能受能破，心無慚愧，現世惡名，不消利養，死入惡道；中品之徒，善不自發，望上而學，可準下流耶？若遂鄙懷，毀破佛戒。不如不受。必須依佛正教〔六〕，順受隨學，五夏已來，專於律部。若達持犯，辦〔七〕比丘事，修定習慧，會正可期〔八〕。自此已外，雜學言說〔九〕，汙染淨戒，定慧無由生者，佛則不許。故律云：若師闕教授，當餘處學，為長益沙門果〔一〇〕故。」然後依文為說相〔一一〕也。

【校釋】

〔一〕**為緣起有過，且制四根本**　資持卷上三：「律因比丘受具已，與本二行不淨行，諸比丘呵擯，彼云：『何不先語我耶？』白佛，因制為說四夷。十誦、僧祇更說僧殘，是戒分故。」（二二五頁下）鈔批卷九：「立謂：先未制前，有受戒者，從壇場出，還在師後行，道逢故二。故二問云：『汝何處來』？答言：『我出家受具來。』因即數共行非。後師問言：『汝何處來？』具答上事。和上呵云：『汝出去。汝今非復比丘。』弟子恚言：『何不早語我耶？』因是佛制，先為說四重。准十誦，則更說十三殘也。」（四八三頁上）【案】五分卷一，三頁中。

〔二〕**應告之云**　鈔科卷上三：「『應』下，勤持示相。」（二九頁下）資持卷上三：「前勸護本體。初，舉受隨相須勸。」（二二五頁下）【案】「應告」下分二：初，「應告」下；次，「然後」下。

〔三〕**經論如此**　資持卷上三：「如標宗所引勸持等文。」（二二五頁下）

〔四〕**佛世難值，正法難聞，人身難得，奉戒者難**　資持卷上三：「次，舉四難勸。」（二二五頁下）

〔五〕**故上品高達**　資持卷上三：「舉上根勸。」（二二五頁下）

〔六〕**必須依佛正教**　資持卷上三：「『必須』下，勸修三學。」（二二五頁下）

〔七〕**辦**　【案】底本為「辨」，據大正藏本及義改。

〔八〕**會正可期**　簡正卷七下：「玄云：會真無漏聖理也，戒淨有智慧等。」（四四五頁下）資持卷上三：「會正，即三乘聖道。」（二二五頁下）

〔九〕**雜學言說**　資持卷上三：「謂世俗典籍、醫卜、伎藝，皆非本業。故知出家，專崇道行。道行雖多，不出三學。如沙彌篇廣示學本，宜須隱括，取悟於心。」（二二五頁下）

〔一〇〕**當餘處學，為長益沙門果**　鈔批卷九：「為和上年事及命終故，闕教誡也。沙

門者，息心達本原，故號為沙門也。」（四八三頁上）資持卷上三：「引律文，證須當學。至聖乃已，故云長益沙門果也。」（二二五頁下）

〔一一〕說相　簡正卷七下：「依律文中說其持破相狀也。僧說『二四』，謂四重、四依；尼說『二八』。「兩四」，八種，「八敬」，四喻四依。今鈔存略。羯磨本中廣明也。」（四四五頁下）資持卷上三：「但云說相，必兼四依。言依文者，即指律本。但文相具委，人多誦之，故略不出。然今備載隨機羯磨。」（二二五頁下）

　　次為受衣鉢坐具〔一〕。

　　若沙彌時〔二〕，說淨長衣鉢者，更請施主，總將說淨。

　　若沙彌時不說〔三〕，則已犯長，應令將捨，作吉羅懺〔四〕，然後說淨，並和尚委示之。

【校釋】

〔一〕受衣鉢坐具　鈔科卷上三：「『次』下，受淨。」（二九頁上）簡正卷七下：「鏡水大德云：今時在壇場上，對眾受最善。不然，下壇後，向屏處與受，得。然須得二箇大德，一人數伊言詞，一人為伊對首。今時只有自己一人，為佗對首別，不可也。若言教他自家言詞，白錯脫去，又如何？故知更求一人證處，方為如法也。又，加法時，必須一一擎執，標其條堤多少。不得將五條大衣同一複子。又，身上七條，須脫來手執，別覓衣著身上替之。今時多有著在身上，恣（原注：『恣』一作『空』。）牒詞句者，實不可也。坐具亦爾。不得鋪在地上。空牒名字，受法不成。又，加持衣鉢，須在地上，敷席胡跪，不得向床上；便成非法。律中但云胡跪右膝著地，（四四五頁下）不見說云『著床』。今時多有不知教相人，床上加法等。（云云。）」（四四五頁下）資持卷上三：「此猶同古。戒壇經云：諸部並在問難前，今時在受戒後。無文所出，不足行用。又，疏云：安有受後，方事持衣？相越常模，故乖正教。」（二二六頁上）【案】「受衣鉢坐具」文分為二，初已成，二未成。

〔二〕若沙彌時　資持卷上三：「『若』下，明教淨施。」（二二六頁上）簡正卷七下：「若沙彌時，先說淨了。今更請壇內一比丘作施主，總將更說淨。」（四四六頁上）

〔三〕若沙彌時不說　簡正卷七下：「已犯長也。縱受大戒竟，還捨衣，但作吉懺。其身雖轉，罪體不轉，仍本吉懺，後更雖大僧說也。又，說淨時，或在場（原注：『場』一作『壇』。）上，雖多人刻行，須逐人一一說之。有處行事，十人、

五人一時說者，且問伊說淨，是但對首法。因何通多人，故知不達也。」（四四六頁上）

〔四〕應令將捨，作吉羅懺　鈔批卷九：「問：『沙彌犯長得吉，今比丘何不犯提？』解云：『其身雖轉，罪體不轉，故依本吉懺。』」（四八三頁上）【案】以上為正篇。下為法附。

次授六念〔一〕。出僧祇文〔二〕。

第一念，知日月〔三〕。

應言：今朝白月一日至十五日〔四〕。以純大故，不云大小〔五〕；若黑月，有大小故，須兩分之〔六〕。今朝黑月大，一日至十五日〔七〕；或云：今黑月小，一日至十四日〔八〕。此謂識去布薩遠近〔九〕，出家日月法式如此〔一〇〕。若據律文〔一一〕，為俗人問，令使識知；若入聚落，先知日月數法。準此方土，不論黑白〔一二〕。若答俗人，唯得通相〔一三〕，云：「正月小，今是某日。」此則道俗通知為允〔一四〕。

二念，知食處

於中有三〔一五〕。

若全不受請〔一六〕者，云「我今自食已食〔一七〕」，有言「食僧常食〔一八〕」，有言「我常乞食」〔一九〕。

若受請者〔二〇〕，云「我今自食，無請處」〔二一〕，又云「我今食僧食，無請處」〔二二〕，又云「我今乞食，無請處」〔二三〕。

若有請者，有背、不背〔二四〕。應云：「今有請處，念自去〔二五〕。」若背者〔二六〕：謂迦提月、病及施衣等緣〔二七〕，「今有某緣，得背請。」若無緣〔二八〕，一日有眾多請者，應對人云：「今日有多請，自受一請。餘者施與長老，在某處。」應覓五眾捨之〔二九〕。若無人時，心念捨〔三〇〕：「我某甲，今朝檀越施我正食，迴施比丘某甲〔三一〕。檀越於我不計，我得自恣食。」三說。此念法，謂獨住、蘭若、遠行、長病、飢時依親里住五種〔三二〕。十誦開之。

第三，知受戒時夏臘〔三三〕。

云：「我於某年、月、日、某時〔三四〕，一尺木若干影時〔三五〕，受具戒。我今無夏。」後若有者，隨夏言之。

第四，知衣鉢有無受淨等〔三六〕。

應云：「我三衣鉢具，有長已說淨〔三七〕。」後隨有無衣、鉢、藥等，隨有者，念說淨〔三八〕。

第五，念同別食〔三九〕。

云：「我今依眾食〔四〇〕。」必有別眾九緣，隨開〔四一〕。云：「我今有某緣，應別眾食。」廣如隨相。

六，念康羸〔四二〕。

云：「我無病，堪行道。」有病，念「療」治之〔四三〕。

僧祇云：受戒已，要畜漉水袋、應法澡罐等〔四四〕。如隨相中〔四五〕。

五分：新受戒者，必令誦戒。恐心退〔四六〕者，未可亦得。

善見云〔四七〕：佛度比丘已，有三衣、鉢盂、坐具、漉水袋、針線、斧子，八事隨身。

四分云：為比丘與外道相濫〔四八〕，佛令問何時、何月、何和尚闍梨等。即知佛法與外道俗人有異，勘問知非賊住。

「時」有三時〔四九〕：從十二月十六日至四月十五日為春，從四月十六日至八月十五日為夏，從八月十六日至十二月十五日為冬。月有黑、白、大、小不同。受戒已，抄出與之〔五〇〕。

【校釋】

〔一〕六念　資持卷上三：「既受具戒，即須六念。憶戒緣身，師當先授，因附此篇。」（二二六頁上）鈔批卷九：「礪云：於此六法，繫心不忘，稱之為念；念體無六，隨緣有六，於六生念，故言六念。賓云：隨緣有六，六為所緣，念為能緣也。若准礪疏，諸門分別，今不復出。直言防罪者，通而言之，六皆防吉。以不作念，各犯吉故。若論『別防』者：初念，防二吉：一為俗問，日月不知；二、知去布薩、說戒日時節等。二念，防一提一吉，（四八三頁上）謂背前家提，背後家吉。三念，防夷，如見論自長已，夏受施，犯盜。四念，防長衣蘭，不淨等提，三衣不具吉。五念，防別眾提，及破僧蘭，違僧三諫殘，違屏諫提。六念，防捨尼，為知病不病蘭，若安坐受食及尼食等也。其第二念，礪云：此念須三遍誦，防罪多故，謂根本不念，一吉；背前家向後家，提；背後向前，吉。今不同之。上來都料簡罪竟。既有六念不同，今即是初。」（四八三頁下）簡正卷七下：「初來意者，依戒行護，此六常須，防罪既多，制令繫念，如或有闕，罪累冥招。不別立篇，附於受後也。次，釋名者。相說（【案】『說』疑『部』。）云：謂於六法繫心不忘，稱為六念。念體無六，隨境有殊，於六生念，故云六念。……三、和會者，外人難曰：『前標篇首下，注文乃云『捨戒六念法』。今此釋文之時，先明六念，後說捨戒，何以前後有違？』答：

『諸釋不同。一、宛陵云：前來篇首下注文，為云簡濫故。若云『六念捨戒』，
時人謂六念，便堪捨戒，其體是一，所以云『捨戒六念』。（四四六頁上）今依
位次，故先六念。二、依玄記云：標題下注文，蓋是制不（原注：『制不』一
作『製』。）作家屬對上標『受戒』名，下注捨戒之法，取『受』『捨』相對也。
釋中先六念者，據行護次第，纔受後，便須六念。三、依法寶解：受、捨二
處，互為先後者，表捨戒通始終。初受竟，忽有緣，便開捨，故依注文。初若
無緣未捨，終於一生，厭時方捨。若論六念，初受竟，即須持，不可闕共，故
在初列。今詳三解，第二名為正也。』次釋六念，便分六段。」（四四六頁下）」
（四四六頁上）【案】「六念」文分為二：初六念，二捨戒。初又分二：初，「第
一」下，明六念；次，「僧祇云」下，示雜相。

〔二〕**出僧祇文**　簡正卷七下：「顯當部雖有，文非巧勝，故引祇文也。」（四四六頁
上）資持卷上三：「若準四分，衣食起觀，俯仰威儀，常爾一心。念除諸蓋，
此據通相，觀行尤難。今此僧祇，別指六緣，制令繫意，近而可別，簡而易
成。故引彼文，通成今用。」（二二六頁上）

〔三〕**知日月**　簡正卷七下：「然此一念，有其總別。若『總作』者，如正月小，即
云此月小，今朝白月一日等。若大，亦云此月大，但隨十二月中大小以判，不
向黑白中分也。今鈔中且論『別作』，如文自辨。次明防罪者，此念防三罪：
不（原注：『不』上有『一』字。）作，吉；二、俗問不知，吉；三、不知
布薩遠近，吉。玄記云：六念若總不作，通得一吉；隨作不了，卻有多罪。」
（四四七頁上）【案】第一念，文分為二：初，「應言」下；二「若據」下。

〔四〕**今朝白月一日至十五日**　簡正卷七下：「大德云：據律中，先是黑月，後是白
月，蓋釋（原注：『釋』一作「是譯」二字。）家不解迴文。今鈔白月在先，
黑月向後，方為順也。此且和會律抄先後之意也。如今若作念，但云一念，但
今朝白月一日即得。文中『應言』二字，『至十五日』等語，但是出法，不要
牒之，不在疑慮。（上是正說。）淮南云：今白月一日，至十五日，乃至白月
十四日，亦須一一牒云『至十五日』。第十五日，即言今朝白月，正是布薩日
也。法寶云：祇中有『乃至』之詞，鈔除『乃』字，單云『至十五日』。出法
如此，何得依文？即知今日布薩，何要更云是布薩耶？無理也。嘉典云：今白
月一日去說戒，有十四日，總須一一牒向下日數，比（【案】『比』疑『此』。）
為知布薩遠近。若不牒下餘日，即違律文。大德破云：既牒一日了，即知餘有
十四日，何更牒之？古謬行持，斯之是也。」（四四七頁上）

〔五〕**以純大故，不云大小** 簡正卷七下：「謂釋上來但云『今朝白月一日』，不云『白月大』等數。白月數十五日，純大無小可對，是故不分也。」（四四七頁上）

〔六〕**若黑月，有大小故，須兩分之** 簡正卷七下：「謂一月若有三十日，後黑月即大。若月小盡，黑月但有十四日，即小。故兩句分之。」（四四七頁上）

〔七〕**今朝黑月大，一日至十五日** 簡正卷七下：「今朝黑月大者，據月有三十日也。一日至十五日者，一日舉初日也。（四四七頁上）至十五日者，出法也。寶云：據祇文，有『乃至』字，鈔除『乃』字，但云『至十五日』。作念之時，但云一日、二日、十四日，不用更著『至十五日』之言也。搜玄亦云：鈔越卻中間，故云至十五日。非謂舉一日了，更牒十五日。」（四四七頁下）

〔八〕**今黑月小，一日至十四日** 簡正卷七下：「據月小盡說也。一日者，亦舉初日也。至十四日，亦是出法，理合應（原注：『應』下一有『云』字。）二日、三日等。鈔越中間，故云『至』也。故祇律云『乃至十五日』。」（四四七頁下）

〔九〕**此謂識去布薩遠近** 資持卷上三：「『此』下，顯意有二：上約憶戒，下據異俗。謂月分黑白，非俗法故。」（二二六頁上）

〔一〇〕**出家日月法式如此** 簡正卷七下：「謂一月中兩度說戒，故須委知黑白大小，是出家法式也。」（四四七頁下）

〔一一〕**若據律文** 鈔科卷上三：「『若』下，示律別緣。」（二九頁中）資持卷上三：「初，引示，細詳教意。若唯對俗，事非正要，縱不能答，亦無大損，故知託彼為緣，終歸繫念。」（二二六頁上）簡正卷七下：「准律說戒法中，諸長者問比丘言：『今日是何日？』比丘不知。俗人譏言：『日月尚不能知，有何聖法。』此（原注：『此』上疑脫『以』字。）白佛。佛言：『自今已去，當作數法，數如法如日等。』後時長者又問黑白月，比丘不知。佛言：『聽作三十數法，十五屬黑、十五屬白等。』」（四四七頁下）【案】四分卷三五，八一七頁下～八一八頁上。

〔一二〕**準此方土，不論黑白** 資持卷上三：「『準』下，教隨方對俗。」（二二六頁上）

〔一三〕**通相** 資持卷上三：「『通相』謂不言黑白。」（二二六頁上）

〔一四〕**此則道俗通知為允** 鈔批卷九：「立明：答俗人時，但云正月某日，不云黑、白，亦得也。濟云：白月是白銀之精，黑月是瑠璃之精。月形如圓殊，半分黑白。從初一日至十五日，白增黑減，故曰白月；十六日已去，至三十日，黑增白減，故曰黑月也。」（四八三頁下）簡正卷七下：「玄云：謂決上道俗二父

— 793 —

（原注：『父』疑『文』。）。若對俗，即云正月日某日，若對道，即云黑月小某日，即是通知。今若作念：應云正月小黑月十（原注：『十』疑『一』。）日晨朝，即道俗通知，為允當也。」（四四七頁下）

〔一五〕**於中有三**　簡正卷七下：「於第二念中自有三種：一、約全不受請人；二、約受請人無請處；三、約受請人有請處生念。」（四四八頁上）簡正卷七下：「明防罪者，此防三罪：一、不作，吉；二、背前向後，提；三、背後向前，吉。」（四四七頁下）

〔一六〕**若全不受請**　鈔批卷九：「謂有三色人，全不受請，謂是不受別請人也。若受請者，即第二受別請人也。若有請者，即第有多請人，聽許捨請也。」（四八三頁下）

〔一七〕**我今自食已食**　簡正卷七下：「此據一生已來，長自作食。雖從施主，乞得穀米，纔受訖，便是自己之物。並不受施主食，及僧食等。」（四四八頁上）資持卷上三：「準注羯磨，『我今』字誤，合作『我常』。」（二二六頁上）

〔一八〕**食僧常食**　資持卷上三：「三並言常，方異受請。世多念云『食僧常食』。此局不受請者，安得濫用！又言『有請不背』，意謂無請則食僧食，有請則赴他請。兩期言之。若此濫通，何名剋念？妄情憶度，全乖律檢，故須清晨念定，不容後改。亦有念已，復從他請，貪情恣任，無由約也。」（二二六頁上）簡正卷七下：「謂此一生來，長湌常住之食，不受外請及乞食等。又，此食須約時長，不論冬夏開堂，方可得名僧常。若暫時、月十日等，並不在此例也。」（四四八頁上）

〔一九〕**我常乞食**　簡正卷七下：「謂此約一生已來，不受外請，亦不食僧常食，及僧已等食。不論寒暑，長自乞食，方得名為常乞食。若暫時持鉢，即不在此例也。（已上三類，人作念恒定。）」（四四八頁上）

〔二〇〕**若受請者**　鈔科卷上三：「『若』下，受請法（二）。初，無請法；二、『若』下，有請法。」（二九頁下）資持卷上三：「初科，準羯磨云：謂不常定者，（有作『若無請者』。）」（二三六頁上）簡正卷七下：「此約受請、有請處，作念三句也。」（四四八頁上）【案】有校本據敦煌本作「若不受請者」，但據上「於中有三」之簡正釋文「二、約受請人無請處」及本處鈔科所言，「不」字似乎不必。

〔二一〕**我今自食，無請處**　簡正卷七下：「謂今無請，院中自食，即依此作也。」（四四八頁上）

〔二二〕**我今食僧食，無請處** 簡正卷七下：「謂今無請，堂頭暫有齋設，即云僧食。若長開堂，便同僧常食也。故知『僧食』與『僧常食』各別，不得雷同。」（四四八頁上）

〔二三〕**我今乞食，無請處** 簡正卷七下：「謂今無請，但暫持鉢，即云乞食也。（略消鈔文竟。）外人難曰：『且如今朝無人喚召，本意乞食，或自己食等。晨朝作念已定，至日中時，或有施主來請命，（四四八頁上）若不受他請，又是背請。若受彼命，朝來又云乞食等，未審此念如何會通？』答：『一說云：但不要去，即得此念成就。若去，不成，今難不去。既是受請人，有請不去，便成背請。云何不去？二說云：去即不妨，但改第二念即得，餘五不用改也。』今難云：六念境雖有六，所被各殊，然體同一法，必改第二，法不成也。往往有人如是見解。」（四四八頁下）

〔二四〕**若有請者，有背、不背** 簡正卷七下：「解云：一時總更作過，不犯重，秉非也。此釋無理，更甚於前。今依處裏云：但將有請不背，通貫下句。如云我今自食己食，有請不背。或云：我今乞食，有請不背等。謂背請一法，唯局施主七眾之人。若僧食己食乞食，本來無背，不背之理，如今朝無請處，即云己食、乞食等。未違鈔文。若至齋時，有人命命（原注：一無『命』字。）但去即是，謂我今朝已言有請不背了，作念又成，兼免改第二念，如下戒牒中，自有一戒，云『背請戒』。此是明文。不同諸家，紜紜亂解。思之。云若有請有背者，自去即不背，不去即是背。」（四四八頁下）資持卷上三：「不背可解。開背有二：初有緣，背法註列三緣，即展轉食戒開通文也。羯磨念云：我有請處，今依背緣。」（二二六頁上）【案】此為開背有緣背法，無緣背法見下。「若有」下分二：初，「若有」下；二、「應云」下。

〔二五〕**今有請處，念自去** 鈔科卷上三：「初，不背法；二、『若』下，開背法。」（二九頁下）簡正卷七下：「謂自起彼也。」（四四八頁下）

〔二六〕**若背者** 簡正卷七下：「有緣開直背，無緣開捨背。」（四四八頁下）

〔二七〕**謂迦提月、病及施衣等緣** 簡正卷七下：「有二意：初，明緣；二、『今有』下，作法。謂上迦提等緣，是開背也。」（四四八頁下）

〔二八〕**若無緣** 資持卷上三：「『若無』下，無緣背法。文中但出捨法。準羯磨，念云：我有請處，今捨與人，然後捨之。（先捨後念，理通。）」（二二六頁上）

〔二九〕**應覓五眾捨之** 資持卷上三：「此出僧祇。彼云：我今得食，施與某甲比丘，乃至沙彌尼。（二二六頁中）準此，本眾對作，餘則言告，並通捨之。以彼四

眾，皆福田故。（舊云『當眾相對』，未善文意。）」（二二六頁上）簡正卷七下：
「對人捨也。大德云：此但語他處所，不要胡跪、對首也。」（四四九頁上）

〔三〇〕**若無人時，心念捨** 簡正卷七下：「心念捨也。有五種，並依十誦律也。然其
心念，遙捨與前比丘。前人雖則不知，我且免有背後之吉也。又，古人作此第
二念時，三說，為設自行故。今不同之也。」（四四八頁上）

〔三一〕**迴施比丘某甲** 資持卷上三：「漫指一人，但自離過，不必人往」（二二六頁
中）

〔三二〕**謂獨住、蘭若、遠行、長病、飢時依親里住五種** 資持卷上三：「彼因波斯匿
王請佛及阿難食，阿難先已受請，不憶，後受王請。明日入王宮，食入口已，
方憶前請，不與他。佛知阿難心悔，告云：『心念與他已，便食。』波離問佛：
『餘人得爾不？』佛言：『不得。除五人：一者坐禪，（即今蘭若，坐禪語通，
故用替之。）二獨住，（非蘭若處，今在初列，趣舉不次。）』餘三如注。飢時
依親里住，此即第五一種。（有將為二，誤也。此三，亦據無人。）」（二二六
頁中）【案】十誦卷三五，四五七頁上；卷六一，四五七頁上。

〔三三〕**受戒時夏臘** 鈔科卷上三：「念知夏臘。」（二九頁中）簡正卷七下：「此念防
四罪：一、不作，吉；二、盜，夷；三、不滿五，蘭；四、坐不次，吉。（玄
記但防二：不作及盜重。）夏臘者，雙牒，今但牒夏亦得。臘者，接也。爾雅
云：新舊相接，古今相承。解云：謂如國家歲末，放百官遊獵，以為一歲之終。
天地太子（原注：一無『子』字。）平，五穀豐熟，取歲終之月，以為臘月。
獵禽獸，祭七廟，此食名為獵食。以此義故，謂諸比丘，一夏有功，五利賞勞。
取七月十五日，以為夏臘，義同之也。」（四四九頁上）

〔三四〕**我於某年、月、日、某時** 資持卷上三：「第三念，依文但稱年、月、日、時，
不必妄加甲子乙丑等。」（二二六頁中）

〔三五〕**一尺木若干影時** 簡正卷七下：「約西天說也，此方自分十二時。」（四四九頁
上）

〔三六〕**知衣鉢有無受淨** 鈔科卷上三：「念知衣鉢。」（二九頁中）簡正卷七下：「此
念防七罪：一、不作，吉；二（原注：插入『二』字。）犯長，提；三、減
量，吉；四、長鉢，提；五、鉢不具，吉；六、有衣不持，吉；七、衣不具，
吉。（古記但三：一不作，吉；二不說淨，提；三衣鉢不具，吉。）」（四四九
頁上）

〔三七〕**我三衣鉢具，有長已說淨** 簡正卷七下：「法寶云：三衣與鉢，盡皆具足，故

云三衣鉢具。（四四九頁上）若缺，即隨有無言之等。……川著座主云：『具』字，屬於坐具也。既同是制，豈有衣鉢即受持、坐具不要持耶？大德云：此解亦自是一途，不可抑奪也。『長衣已說淨，可依此文；或從前不說、或後時有犯者懺罪等，作念又如何？』答：『但據實而言。長衣已犯長，後若懺了，即得。仍舊有解云『但云未說淨，或云不說淨』者，非也。若云未說，為待何時？若云不說，教文制命（原注：『命』一作『令』。）淨說（原注：無『說』字。）施，何得不說？並無理也。』」（四四九頁下）

〔三八〕**後隨有無衣、鉢、藥等，隨有者，念說淨**　資持卷上三：「隨有無者，謂衣鉢制物，攝理須具，遇緣暫闕。繫念早營，及餘三長。限內未暇，恐妄須憶。今人常無制物，生不說淨，逐日對聖，言稱闕衣及未說淨。」（二二六頁中）

〔三九〕**念同別食**　簡正卷七下：「此防六罪：一、不作，吉；二、無緣別眾，提；三、違屏諫，提；四、違僧諫，殘；五、有緣不白入，吉；六、破僧，蘭。（玄記但防五罪，見有緣不白入。）同別者，依眾是同，不依眾是別。」（四四九頁下）【案】「第」，底本為「等」，據大正藏本及文義、弘一校注改。

〔四〇〕**我今依眾食**　資持卷上三：「上明無緣不別法。準羯磨云：我今不別眾食，然別眾唯約受請為言。若常住食，則無別過。可準此文，但云依眾。」（二二六頁中）

〔四一〕**必有別眾九緣，隨開**　資持卷上三：「『必』下，有緣開別。九緣別眾，戒中委出，故指如後。」（二二六頁中）

〔四二〕**念康羸**　簡正卷七下：「此防三罪：一、不作，吉；二、無病違眾，吉；三、容犯，蘭。（玄記但結二罪：一、不作，二、防提舍尼也。）無病依眾行道，據康健時作念。」（四四九頁下）資持卷上三：「康謂安健，羸即有病。文出二法，隨時兩用。已上六事，總束為三：一、三是戒；二、四及五，內外兩資；第六即身。身是道器，衣食道緣，戒即道基。三皆助道，故制常念。晨朝不作，止犯六吉，此是羯磨，須合四緣。法須口說，言章無濫；事即六緣，無非詣實。人唯獨作，處通兩界，緣乖法敗，隨有結犯。（古記云：防二十七罪，又印行六念。云：晨朝不作，得三十二罪。此無所出，妄穿鑿耳。）」（二二六頁中）扶桑記引資行釋「印行」：「唐朝戒制六念摺之今指之，多印板開六念，故云印行。」（一一四頁上）

〔四三〕**有病，念「療」治之**　簡正卷七下：「『有病』等者，約病時作念，即言：『我今有病，不得依眾。』鈔中出法，兩向而言，不得一時雙牒。知之。已上六念

結犯，依法寶，總有二十六罪：十六吉、不（原注：『不』一作『五』。）提、二蘭、一殘、一日夷、提舍尼也。玄結數，准前可知。外難云：『如朝未（原注：『未』疑『來』。）忘作六念之法，至晚方憶，為更誦，必為不用作？』（四四九頁下）嘉典云：『須臾更作六念，但改第二。云『我已食僧食』，或云『已食』，一切臨時。』大德云：若故意朝來不作，即已結犯了。或是迷心，聖開無過，何須更作？准斯道理，上解者非。』（四五〇頁上）

〔四四〕應法澡罐等　資持卷上三：「應法澡罐，謂一斗已下小者。」（二二六頁中）【案】「僧祇云」示雜相，分五：初，「僧祇」下，畜眾具；二、「五分」下，教誦戒；三、「善見」下，備制物；四、「四分」下，憶受緣；五、「時有」下，示時節。僧祇卷一八，三七三頁上。

〔四五〕如隨相中　資持卷上三：「漉袋如飲虫水，澡罐即畜寶。彼云：鐵瓦、瓶、銅盆、銅鉢等器，別人得受。（彼律，雨衣入六物，漉囊為眾具。）」（二二六頁中）

〔四六〕恐心退　簡正卷七下：「玄云：恐退歸俗，寬引令進也。」（四五〇頁上）資持卷上三：「鈍根未堪，故開後誦，不過五夏。四分：先誦經論，及病亦開。」（二二六頁下）

〔四七〕善見云　資持卷上三：「佛度比丘即善來。受者，隨身制物，自然所感。引聖況凡，理須恒具。針、斧二物，補衣須用。據論為制，在律歸聽。」（二二六頁下）鈔批卷九：「『撿善見論中，善來比丘者，有白衣來詣佛所，欲求出家。如來即觀其根緣具足，應可度者，便喚『善來』，故鬚髮自墮，而成比丘。謂佛出黃金色手，以梵音喚：『善來比丘，於我法中，快修梵行，速盡苦源。』佛語未竟，便成比丘，得具足戒。三衣及瓦鉢，貫著左肩上；鉢色如青鬱波羅華；袈裟鮮明，如赤蓮花；針綖、斧子、漉水囊，皆悉備具。此八種物，是出家人之所常用。自然而用，威儀具足，此即佛為和上，亦是戒師也。如來從初得道乃至涅槃，『善來比丘』其數有一千三百四十一人，唯佛自度。餘三歸上法羯磨，其數無邊。」（四八四頁上）【案】善見卷七，七一八頁上。

〔四八〕為比丘與外道相濫　資持卷上三：「即賊住緣起，此明時緣。為別邪正，故須常憶，用擬他問。」（二二六頁下）鈔批卷九：「立明：外道偷入佛法中，濫其僧眾，應問『何時受戒』。若稱『秋時』者，即知是外道。以佛法中，唯之三時，故異外俗人也。」（四八四頁上）故心疏云：所以列春、夏、冬三時。又，黑白月者，以道俗位殊，時數亦改故也。俗則年有四時，道則歲唯三位，略分

於秋分故也。然三時之始，冬則在初，表無常也。令有心者，觀時入道，不容非逸也。」（四八四頁下）【案】四分卷三四，八一一頁下。

〔四九〕「時」有三時　資持卷上三：「戒疏云：道俗位殊，時數亦改故也。俗則年有四時，道則歲唯三位，略於秋分也。故三時之始，冬分在初，表無常也。令有慧者，觀時入道，不容非逸也。（彼以八月十六冬分為始。此中隨俗列春在初，準疏為正。）又先黑後白者，三時之始，必十六日為初也。」（二二六頁下）

〔五〇〕受戒已，抄出與之　鈔批卷九：「如受戒竟，各付六念等是也。」（四八四頁下）

　　二、明捨戒〔一〕者

　　四分云：若不樂梵行者，聽捨戒還家〔二〕；若復欲於佛法修清淨行者，還聽出家受大戒。增一阿含：開七反捨戒，過此非法〔三〕。

　　十誦、伽論：尼無捨戒，更得受具〔四〕。

　　問：「若無重出家，何故開捨〔五〕？」答：「一為不成波羅夷故，二為來去無障〔六〕。比丘建立義強，故開七反〔七〕。尼有一義，令在俗無過，不生譏醜過失〔八〕。廣如彼部。」準義〔九〕，應得作下二眾。

【校釋】

〔一〕捨戒　資持卷上三：「總有四捨：一、作法捨；二、命終捨；三、二形生；四、斷善根。此明作法一種。又，捨通漸頓，若直作白衣，則三戒齊失，名為頓捨。（五、十、具也。）若捨具，作沙彌，或捨具、十，作優婆塞，則名漸捨。」（二二六頁下）簡正卷七下：「既受法在己，理宜專護，但恐久參事慢，帶戒起非，反入法中，便成障道。是以大聖，曲順和物情，使來往無愆，得階聖位，改（原注：『改』疑『故』。）次辨也。二、釋名者。以口宣情，棄其所受，名為捨戒。安門料簡，令依戒疏，四門分之：一、派約諸教，捨數不同；二、捨戒漸頓；三、捨善已來；四、具緣成捨。初門，依有宗，『四捨』者，頌曰：捨別脫（【案】『脫』俱舍作『解』。）調伏，由故捨命終，及二形俱生，斷善根夜晝（【案】『晝』俱舍作『盡』。）。一『由故捨』者，即『作法捨』也。如下辨。具五緣等。（云云。）二『命終捨』戒，依命根眾同分故，（四五〇頁上）所依捨時，能依戒失。三『二形生』者，謂此報形，具於男女二根，戒法不依彼也。初帶受猶不得，況乎受後形差？若變為黃門，不失。若初受時不計，受後變者，過相輕微，故不失也。若變作畜生者，古云失戒，舉例如父變為畜，

煞不成逆。一念中陰，便受畜身，同於死法。今云：無一念中陰者，若言同於死法，須有殘蘊。今但變浮根四塵，以其趣劣，無犯戒義，但不現行，如轉根義，故戒不失。四『斷善根捨』者，具九品圓滿，邪見具捨。九品善根，若斷一至八，或失不失，若不治得戒，善根即不失。五『夜晝捨』者，唯局八戒也。善生中，得惡戒時捨；法蜜部中，正法滅時捨；經部宗，犯重捨。（已上第一門竟。）第二，漸頓者。『作法』通頓漸，餘三皆頓捨。三、捨善已未者。戒疏，問云：『為捨已生隨行因之善，為捨本願無作之體？』答：『已生為因，不可言捨。得聖無漏，方頏善習。今所捨者，唯是寺體，凡一切法，皆有三種：一『法前得』，亦名牛王引前得；二『法俱得』，亦名如影隨形得；三『法後得』，亦名犢子隨母得。今別脫戒，但有『法俱』『法後』二得。今捨法後得，令不相續故。（四五〇頁下）四、具緣成捨者。由具五緣：一、是大比丘；二、所對境是人，不簡道俗；三、有心，謂忻厭捨，決定久思住，自性歡喜，寂靜等心；四、心境相當；五、一說成，詞句如下說。（云云。）多論，問曰：『受捨相對，理宜相准，何得受三捨一耶？』答：『相違對故受。如入海採寶，亦似登山，多緣多力，捨如失財；亦如高墜下，故唯一說。今於諸捨中：善生經，得惡戒時捨，入作法攝；法蜜部說，正法滅時，雖無羯磨等法，已得不失故；經量部說，犯重捨者；有部云犯二，如負財，持為一，犯為二。如一人身中，欠他物名負財，自有錢名富兒。今亦如是。破四重名犯，望下未犯，由名持戒。若於所犯，發露悔除，名具尸羅，不名犯戒。『如還債了，唯號富兒，如犯僧殘，亦是犯戒，何不失耶？』量（【案】『量』後疑脫『部』字。）云：四重是有法自許，犯時定不捨戒故宗（諸記中不著『自許』二字，即立義不成。）因云：上三篇俱名戒，同喻如僧殘。（云云。）經部云：佛言犯重者，非釋子，破苾芻體、害沙門性、破壞墜落，立他勝（子字）名，故知捨戒。有部云：經中，佛言非苾芻等者，謂非勝義。經部引律，說四種苾芻：一『名相苾芻』，（十三難人；）二『自稱苾芻』，（犯四重人；）三『乞求苾芻』，（似乞求自活；）四『破惑苾芻』，（聖人。）既云犯重戒者，（四五一頁上）非苾芻，但是自稱，故知捨戒。有部引涅槃經，為證不捨。如世尊言：純陀當知，沙門有四，更無第五。言四者：一『聖道沙門』，（佛及獨覺；）二『示道沙門』，（舍利弗是，說法道也；）三『命道沙門』，（阿難是，謂以戒定慧為命；）四『污道沙門』，（即摩訶羅老比丘，喜盜人物也）。既犯重，但名污道，仍號沙門，故知有戒。經部云：此言凶教徵詰。大師謂：佛說了義教，汝以異義，強

生分別故。又與多煩惱者作破戒因緣，謂有犯重者聞汝說不失戒，便廣作諸惡故。有部師云：我今徵詰汝，汝是大師耶？汝說犯重捨戒，是汝與多煩惱者為犯戒因緣？謂有犯重者，聞汝說失戒，乃雷同，更作惡故。經部云：汝聞佛說四喻斷頭等。（云云。）有部云：此四喻，正是不捨義也。如斷頭時，樹心不斷故。（云云。）經部云：汝豈不聞佛說犯重人，喻如被燒材，涸池敗種等？正理師云：此亦不捨義也。既云被燒材，猶有木之形段在。涸池敗種，亦復如是。（云云。）俱舍論主，意明經部許犯重捨戒。何以得知？故論頌曰：『若如是等人，猶有苾芻性，應自歸敬禮，如是類苾芻。』今四分律分通大乘，凡明一事，總順經部，此捨戒義，卻依有宗，與我四分相應。（四五一頁下）故戒文云『如前後犯亦爾』。既許重犯，明知戒在。若無受體，據何結犯。』」（四五二頁上）鈔批卷九：「從初訖此，總明受緣。恐有難緣，大聖開捨。『受』『捨』翻對，故次明之。准首疏云，昔人云，婬戒久習，事難卒捨，又不障初果，故開捨戒，得為此事。殺、盜不爾，學悔亦然。今解不然。義該一切，所以知學悔通者，下增四文。若比丘、比丘尼，若未犯波羅夷，終不犯。若見都無覆藏心，如法懺悔也。礪云：准雜心論，有四種捨，謂『作法』及『命終』、『斷善』、『二形生』。作法捨者，違本期故；命終捨者，所依不住故；斷善根者，失本依故；二形者，依止別異故也。有人云：邪見者，乃至拔一髮，亦著黃衣，亦准此。礪問：『凡言捨戒，為捨已生戒善，為因義邊，為捨無作戒體？』答：『已生戒善，為因感果，必然不捨。但捨無作戒體。本受要期，一形無作，任運相續，今心厭捨，（四八四頁下）使無作不相續起，名為捨戒。以理為言：一者戒法，二者戒業。若論捨戒，捨戒不捨業，為因義成故。若論得果，捨業不失法，果與因謝故。問：『不捨已生善，懺悔解義，不應除彼已起之惡？』答：『善順理生，惡違理起。順理力強，已生不捨；違理力劣，故可懺除。』准律文中，捨法有十九。律文婬戒，具有明文。今為頌云：捨三寶二師，同梵戒律學，受家人塞彌，外子非沙門。（上兩句厭上捨，下兩句祈下捨。）心疏云：增一中，僧伽摩比丘七反降魔，後更受戒，得羅漢果。自今捨戒，聽齊七反。若過，非法。賓云：謂降煩惱魔也。由被煩惱逼，故捨戒也。高云：為煩惱逼，七反捨戒，乃是被魔降，何成降魔？今亦可約七迴受戒，名為降魔也。」（四八五頁上）【案】簡正釋文中引有部「四捨頌」，見顯宗論卷二一，八七三頁下；或俱舍卷一五，七九頁上；或俱舍論頌疏論本卷一五，九〇二頁上。捨戒文分為二：初，僧捨；次，尼捨。

〔二〕**若不樂梵行者，聽捨戒還家**　資持卷上三：「初，引開法。律因跋闍子比丘不樂淨行，還家與故二行不淨，佛因開捨。文引佛語，不出捨法。律云：我捨佛，捨法，捨比丘僧，捨和尚，捨阿闍梨，捨諸梵行，捨戒，捨律，捨學事，受居家法，我作淨人、外道等，（即頓捨也；）我作優婆塞，我作沙彌，（此漸捨也。）須對比丘捨之，一說即成。多論所謂受如採寶，亦如登山，必假多緣多力；捨如失財，如從高墜，不假多緣，故唯一說。」（二二六頁下）簡正卷七下：「唯律第一不淨行戒中。云何捨戒？若比丘不樂修梵行，欲得還家，厭比丘法，常壞慙愧，貪樂在家優婆塞法，或念沙彌法，或樂外道法，或樂外道弟子法等，便作是言：『捨佛、法、僧、和上、闍梨，捨諸梵行、捨戒律、捨學事』，乃至以上諸語。了了分明，是名捨戒」（四五二頁上）【案】四分卷一，五七〇頁下。

〔三〕**開七反捨戒，過此非法**　資持卷上三：「『增一』下，明分齊。彼經因僧伽摩比丘七反降魔，後更受具，得阿羅漢。因開七反，已外不聽。」（二二六頁下）【案】增含卷二七，七〇二頁下。

〔四〕**尼無捨戒，更得受具**　鈔批卷九：「十誦云尼無捨戒，轉為男子者，亦得出家。」（四八五頁上）簡正卷七下：「此十律及伽論中，但許尼捨戒，不許更得受。彼論云：若捨戒後，轉根為男子，得重受也。」（四五二頁上）【案】十誦下分二：初引示，二釋疑。十誦卷四〇，二九一頁上。薩婆多卷一，五九六頁上。

〔五〕**若無重出家，何故開捨**　簡正卷七下：「問意云：大僧許重出，所以即開捨。尼既無重出，何故用解捨？」（四五二頁上）資持卷上三：「女流報弱，多無志操。佛初許度，尚是曲開，何況再受，理非容納。」（二二六頁下）

〔六〕**一為不成波羅夷故，二為來去無障**　鈔批卷九：「立謂：初來投佛出家，是來如法。後聽捨戒還家，不帶罪累，是去如法。無障也。」（四八五頁上）簡正卷七下：「二眾雙申。僧開捨戒者，具二義故。建立佛法，義強故開。尼但有初一義，不具第二，來去無郵義也。來去者，今開捨戒，不犯重，是去時無郵；後時更欲出家，不成邊罪之難，是來時無郵也。」（四五二頁上）

〔七〕**比丘建立義強，故開七反**　資持卷上三：「『比丘』下，示開制。僧兼二種，尼但初義。各顯所以，在文可見。」（二二六頁下）

〔八〕**尼有一義，令在俗無過，不生譏醜過失**　簡正卷七下：「尼有一義，令在俗無過，故開捨戒。若不捨者，身雖是俗，戒體是尼，隨所作時，不免犯戒，又招

譏過。今開捨戒，與俗女不別，所造無愆，不生譏責等。」（四五二頁上）鈔
批卷九：「立云：若不捨戒，在俗行非，招俗人譏責也。今既許捨，是在俗無
過義也。有人云：容得為下二眾，故言也。」（四八五頁上）

〔九〕準義　資持卷上三：「義決，唯障具戒。」（二二七頁上）簡正卷七下：「謂准
不犯重，義還如法，清淨女人，理合得受。（四五二頁上）佛已有制，不許重
來。今者體既清淨，心樂佛法，合與十戒六法。調身口意，依此修行，上未違
聖教。此是今師義准也。」（四五二頁下）

師資相攝〔一〕篇第九

佛法增益廣大〔二〕，實由師徒相攝〔三〕。互相敦遇〔四〕，財法兩濟〔五〕。
日積業深、行久德固者，皆賴斯矣〔六〕。

比玄教陵遲〔七〕，慧風掩扇〔八〕，俗懷悔慢〔九〕，道出非法〔一〇〕；並
由師無率誘之心，資闕奉行之志〔一一〕。二彼相捨〔一二〕，妄流鄙境〔一三〕，
欲令光道，焉可得乎〔一四〕！

故拯倒懸之急〔一五〕，授以安危之方〔一六〕。幸敬而行之，則永無法
滅〔一七〕。

【題解】

簡正卷七下：「創入勝位，未曉規猷，持犯二途，詎閑去取。若不假彼師訓，受
墜罪何？前所未論，故次辨也。」（四五二頁下）鈔批卷一〇：「上來雖受聖法，領納
在心，但新學之者，未解護持，觸事生迷，要憑師匠，諮受法訓，由成己益。若不法
食兩攝，慧命何存？無人誨喻，灾即作惡，臨危事險，莫過於此。是故，大聖制令
五歲依師修學，則法身慧命，必有所憑，故於受後立此篇也。礪云：新受戒人，創未
閑曉，隨師諮稟，以成己益。輒離師去，不蒙訓獎，抱迷自滯，違教愆深。」（四八五
頁下）

【校釋】

〔一〕師資相攝　資持卷上三：「『師』通多種，今局二位：一、得戒和尚，二、依止
闍梨。餘並一席作法，不論相攝。資，取也，即目弟子取學於師。若據沙彌，
亦依二師，行法大同，相攝無異。然此所明，專約具戒，縱容相涉，非是正
意。言相攝者，括下一篇，不出三種：一、約心者謂父子想，二、法，三、財，
互相濟故。問：『此無羯磨，那屬上卷？』答：『計此合入受戒篇中，所以律文
合為一聚。約前所攝，故同眾行，但事繁行廣，故兩分之。』」（二二七頁上）

簡正卷七下：「玄云：如理教授稱師，稟訓奉行曰資。故老子云：善人是不善人師，不善是善人之資。善者，解也。法寶又解云：師者，父也；資者，子也。准下云：弟子者，和上如父；和上者，弟子如子等。（云云。）法食相濟，曰相攝也。」（四五二頁下）鈔批卷一〇：「玉篇云：教人曰師。鄭玄云：教人以道曰師也。應師云：師資謂徒也。資者，用也，又云取也。老子云：善人不善人之師，不善人善人之資。資如資財也。立云：師者，父也，主也，亦云匠也，謂匠物也。資者，廣疋云：資，由用也。謂弟子取法於師也。又，資者，與也。（四八五頁下）此『資』字兩向，用通於師。弟也，謂師能教。據法相使，行解增固，即是與義。弟子能依教修行，即是取義。師以法食相攝，弟子以恭敬侍養，交互資益，故言相攝。今若直解：以法訓誨於人名師，取受法訓曰資。言相攝者，約下文共行法，互相訓誨，故曰相攝也。（此解亦好。）」（四八六頁上）【案】本篇文分為二：初，「佛法」下；二、「就中」下。

〔二〕**佛法增益廣大** 資持卷上三：「上二句明立教之意。住持三寶，全賴人弘，師徒相攝，僧寶不斷，則佛法增廣也。增益，謂從微至著。廣大，即遍布流通。」（二二七頁上）鈔批卷一〇：「此是律文語，鈔引為此序首。礪云：佛法增益廣大者，謂以教誡故，不壞法身，相瞻待故，不損道器，故言久住增益廣大。」（四八六頁上）簡正卷七下：「增益者，謂教誡故，不壞五分法身，相瞻持故，不損道器故，是增益義也。廣大者，謂我如來出世，居然一身，『善來』先度陳如等一千三百四十一人，『三語』次度一百一十羅漢，『上法』度一千一百一十，乃至羯磨，至今不可稱算，（四五二頁下）故云廣大也。」（四五三頁上）

〔三〕**實由師徒相攝** 鈔批卷一〇：「應師云：徒者，類也。莊子云：孔子之徒。司馬彪曰：徒謂弟子也。言『寔（【案】『寔』鈔作『實』。）由』者，謂以由師徒相攝，故使佛法久住增長，名為廣大。若無師徒展轉行之利益，佛法則滅，名不廣大也。言相攝者，羯磨疏云：師有攝護之勤，資有奉遵之志，故曰相攝也。」（四八六頁上）

〔四〕**互相敦遇** 資持卷上三：「『互』下，示相攝之益。上二句，通舉三攝。『敦遇』即心相攝，謂厚顧也。」（二二七頁上）鈔批卷一〇：「爾疋云：『敦』謂相勸勉也，亦是信也。慈云：『敦』亦是努力義，謂互相勸勵，以力其心也。遇者，如兩人相遇，共相勸勉。欲明師弟相依，如遇有共行法，各相率勵，進修道業也。」（四八六頁上）簡正卷七下：「敦，重也。遇，謂對遇。若師資各以敦重

之心，互相對遇，自然增益也。情若不厚，則法訓不深，諮導不勤，則善法無立也。」（四五三頁上）

〔五〕**財法兩濟** 鈔批卷一〇：「立明：『財』謂攝以衣食，『法』謂示以教訓。然非但師以二事教弟子，弟子亦以二事勸喻師也。（四八六頁上）若無衣食，則乃報恩供養。下文有『共行法』是也。如均提沙彌為報師恩，不受大戒故。賢愚第十六云：尊者舍利弗，晝夜三時，天眼觀世，應度度之。爾時，有諸商人共將一狗至於中路，眾賈頓息，狗便盜取眾賈人肉。於時眾人，便互打狗，棄置空野，於（原注：『於』疑『放』。）之而去。身子天眼遙見，以食施與，互（原注：『互』疑『亦』。）為解說微妙之法。命終，生舍衛國婆羅門家，字曰均提。至年七歲，付舍利弗令使出家，修道得羅漢果。自以智力，觀過去世，作一餓狗，蒙我和上舍利弗恩，今當盡身供給所須，示作沙彌，不受戒也。」（四八六頁下）簡正卷七下：「以財資身，以法資神。資身則報形得存，資神則法身成立。」（四五三頁上）

〔六〕**日積業深，行久德固者，皆賴斯矣** 資持卷上三：「『日』下，示解、行二益。『業』謂所學。文通師資，義在弟子。」（二二七頁上）鈔批卷一〇：「行久德固等者，謂行德堅牢，故曰久固也。言皆賴斯者：賴，由蒙也，指師弟相攝為斯也。謂行德堅牢，蒙師之力也。」（四八六頁下）

〔七〕**比玄教陵遲** 資持卷上三：「上四句敘非法。初句明教壞，次句明人愚，三即俗輕，四謂道妄。」（二二七頁上）鈔批卷一〇：「立明：玄，由妙也，謂玄妙教法。陵遲者，由無師弟相攝故也。陵遲者，非疾盛之義。有云：陵者，上也；遲者，不進也。如人欲陵空高，難得昇前，謂之陵遲。欲明末代佛法，難得流布，喻之陵遲。」（四八六頁下）簡正卷七下：「比，近也。玄，妙也。教，詮也。謂此玄妙能詮能文，少人習學，故曰。陵遲（原注：『遲』下一有『陵遲』二字。）者，即徐徐不進之皃也。」（四五三頁上）

〔八〕**慧風揜扇** 鈔批卷一〇：「自意云：夫言風者，是扇動之義。若無風時，有是不扇也。今佛教於此人不行，互（原注：『互』疑『即』。下同。）是無有慧風，故言掩扇也。」（四八六頁下）簡正卷七下：「慧能覺照，拔劍如風。故律云：定以動之，慧以拔之。乃喻於風。今既慧觀（原注：一無『觀』字。）不行，豈非掩扇？」（四五三頁上）

〔九〕**俗懷侮慢** 鈔批卷一〇：「立謂：侮，由輕也。此明習俗來久，洹懷凡俗之情，輕慢教網、陵蔑師僧也。」（四八七頁上）

〔一〇〕**道出非法**　鈔批卷一〇：「<u>立</u>明：道由人弘，人既非法，道欠（【案】『欠』疑『也』。）隨滅。故<u>論語</u>云：人能弘道，非道弘人。弘是大也。道在人身，即斯義也。謂如出家僧尼，不遵教行，故曰道出非法也。」（四八七頁上）<u>簡正</u>卷七下：「既不依學，隨緣壞行，卻成道流之中，出其非違之法，故云道出非法。」（四五三頁上）

〔一一〕**並由師無率誘之心，資闕奉行之志**　<u>資持</u>卷上三：「『並』下，推所因。率，猶引也。」（二二七頁上）<u>簡正</u>卷七下：「『並由』等者。師無縊誘之心者，<u>爾雅</u>云：法也，謂師無法誘接資神也。〔<u>玄記</u>云『率須（原注：『須』一作『順』。）』者，非也。〕『資闕』等者，弟子既無法可依，故闕奉行之意；或可，師雖說法，彼聞而不行，即闕遵承之旨也。」（四五三頁上）<u>鈔批</u>卷一〇：「此下卻結上文也。云上來『慧風掩扇、玄教遲陵、道出非法』者，由師資之過，無其攝誘，弟子無遵奉故也。言率者，<u>應師</u>云：（『所律』反，）謂將領行也。率，導引也。」（四八七頁上）

〔一二〕**二彼相捨**　<u>資持</u>卷上三：「『二』下，示所損。上明損自他。」（二二七頁上）<u>鈔批</u>卷一〇：「師捨弟子，弟子捨師，名為二彼也。師無法食攝弟子，弟子不能承奉法訓，故曰相捨也。」（四八七頁上）

〔一三〕**妄流鄙境**　<u>鈔批</u>卷一〇：「<u>廣疋</u>云：鄙者，羞恥也，亦云陋也。欲明師弟既相捨，致廣造眾罪。多入尼寺酒店，是鄙境界也。」（四八七頁上）<u>簡正</u>卷七下：「<u>友硎</u>（【案】『友』疑『支』）云：中人之情，縊則清昇，任之則鄙忶（原注：『忶』一作『珆』。），師說既捨矣。如上任之，是故妄情流至鄙（四五三頁上）惡之境也。」（四五三頁下）

〔一四〕**欲令光道，焉可得乎**　<u>資持</u>卷上三：「『欲』下，損佛法。」（二二七頁上）<u>鈔批</u>卷一〇：「<u>立</u>明：上來如此師弟，都無承序，何能住持佛法，光揚道化？必無斯事，故曰焉可得乎。」（四八七頁上）<u>簡正</u>卷七下：「謂欲使光於無漏之道，如何可得也？」（四五三頁下）

〔一五〕**拯倒懸之急**　<u>資持</u>卷上三：「上句示悲懷。拯急即拔苦故。……愚教任情，動成惡業，墮在苦處，喻如倒懸。（<u>孟子</u>云：當今之時，萬乘之國行仁政，民之悅之，猶解倒懸。）」（二二七頁上）<u>鈔批</u>卷一〇：「<u>立</u>云：新受戒人，喻如孩兒，若不與乳，必至於死，此是倒懸之義也。明今若不以法授，不能識達教網，毀破禁戒，失法身慧命，是倒懸也。」（四八七頁上）<u>簡正</u>卷七下：「准律初緣中，不許飲水洗足，且須依止，以新受戒人，觸事不解，喻若倒懸。拯者，

接也。懸，垂也。如人倒垂，命即非久，故須接之在急。」（四五三頁下）

〔一六〕授以安危之方　資持卷上三：「次句明慈行。安危即與樂故。」（二二七頁上）
簡正卷七下：「授，與也。玄云：新受戒人，不知教相，動便成犯，比若臨危。
今此篇中，廣明師訓之教，即是授與安危方也。或有解云：二持之行為安，二
犯之愆曰危，今授與二持、兩犯方法軌則故也。」（四五三頁下）鈔批卷一〇：
「新受觸事生迷，臨其罪坑，猶如履危。今師以法相濟，有（原注：『有』字
原本不明，或似『為』字。）安其危也。令其二持須取，二犯須捨，攝誘訓之，
即是方義。方，由法也。有人云：今此篇授其師徒相攝之儀軌，正法則不復傾
危，永安於千歲也。自意云：從前『故拯』已下，生起今篇來意也。」（四八
七頁下）

〔一七〕幸敬而行之，則永無法滅　資持卷上三：「下二句，勸修彰益。」（二二七頁
上）鈔批卷一〇：「幸者，願也，亦訓為寵也。」（四八七頁下）簡正卷七下：
「勸學流通意也。幸諸崇重、敬奉此法，遵行便得佛法增益，是不威（原注：
『威』一作『滅』。）之相也。」（四五三頁下）

就中，初明弟子依止，後明二師攝受〔一〕。

【校釋】

〔一〕二師攝受　簡正卷七下：「和上、依止闍梨，攝受弟子之法也。」（四五三頁
下）

初中

分二：初明師、弟名相，後明依止法。

問：「云何名師、和尚、闍梨？」答：「此無正翻〔一〕。善見云〔二〕：
無罪，見罪訶責，是名我師〔三〕；共於善法中教授令知故，是我闍梨。
論、傳云〔四〕：和尚者，外國語〔五〕，此云知有罪、知無罪，是名和尚。
四分律『弟子訶責和尚〔六〕』中亦同。明了論正本云『優波陀訶〔七〕』，
翻為『依學』。依此人學戒、定、慧故，即『和尚』是也。方土音異耳。
相傳云〔八〕：『和尚』為『力生』，「道力」由成。『闍梨〔九〕』為正行，能糾
正弟子行。未見經論。雜含中，外道亦號師為『和尚』〔一〇〕。弟子〔一一〕
者，學在我後，名之為『弟』；解從我生〔一二〕，名之為『子』。」

次總相攝〔一三〕。尸迦羅越六方禮經〔一四〕，弟子事師有五事：一、
當敬難〔一五〕之，二、當念其恩，三、所有言教隨之，四、思念不厭，
五、從後稱譽之。師教弟子，亦有五事：一、當令疾知，二、令勝他人

弟子，三、令知已不忘，四、有疑悉解，五、欲令智慧勝師。僧祇：師度弟子者，不得為供給自己故，度人出家者，得罪〔一六〕。當使彼人因我度故，修諸善法，得成道果。四分云：和尚看弟子，當如兒意；弟子看和尚，當如父想。準此「兒想」，應具「四心〔一七〕」：一、匠成訓誨，二、慈念，三、矜愛，四、攝以衣食。如「父想」者，亦具「四心〔一八〕」：一、親愛，二、敬順，三、畏難，四、尊重。敬養侍接，如臣子之事君父〔一九〕。故律云：如是展轉相敬重、相瞻視，能令正法便得久住，增益廣大。

【校釋】

〔一〕**此無正翻** 資持卷上三：「非此本有，故無正翻，顯下諸文，皆義翻耳。」（二二七頁上）鈔批卷一〇：「此方先無此類，不知何翻。若如水火，彼此俱有，呼名雖異，可得對翻。今言『力生正行』者，此約義翻也。」（四八七頁下）簡正卷七下：「和上、闍梨，總是西天梵語，此土本無其人，俱約事義以譯。」（四五三頁下）

〔二〕**善見云** 簡正卷七下：「准論第一云：瞿陀沙彌為阿育王說法，聞法歡喜，遂供養八分食。沙彌言：『善哉，迴與我師。』王問：『誰是汝師耶？』答：『無罪見罪，呵責，是名師。』（四五三頁下）王言：『更與八分。』沙彌言：『善哉，當與我阿闍梨。』王問：『汝阿闍梨是誰？』答云：『於善法中，教授令知故，是我闍梨。』王言：『更與八分。』沙彌言：『迴與我比丘僧。』王問：『比丘是誰？』答：『除戒師闍梨外，依止得具成，是比丘僧。』王聞，倍增歡喜。」（四五四頁上）【案】善見卷一，六八一頁上；卷一七，七九二頁下。

〔三〕**無罪，見罪訶責，是名我師** 資持卷上三：「『無罪者，令無所犯故。共於者，兼彼和尚故。」（二二七頁上）鈔批卷一〇：「此明弟子雖依教修行，外望似若清淨無罪，而師細撿，見其有罪，故曰也。以其無罪中強見罪，故呵責也。撿見論中，佛滅百年，有阿育王。登位已來，三年唯事外道，至四年乃信佛法。王於後時，設外道及婆羅門食。王於殿上，遙見此二眾，左右顧視，都無法用，命訖駈出。又於殿上遙見一沙彌，名曰瞿陀，從殿前過，行步平正，威儀具足。王念此人屈申俯仰，威儀庠序，當有聖法，信心歡喜，即遣三臣，往喚沙彌，王即與食。食竟，為王說法。王聞法歡喜，白沙彌曰：『我欲供養珍寶。』沙彌曰：『善哉！我當迴與師。』（四八七頁下）王問：『師是誰耶？』答曰：『無罪見罪，呵責，是名我師。』復問：『何名闍梨？』答云：『共於善法中，

教授令知，是我闍梨。』」（四八八頁上）簡正卷七下：「玄云：無罪亦知，有
罪師能見，見即呵責也。淮南云：謂弟子身上實有罪，但為心麤不見，謂言無
罪。其師能向無罪身上見其有罪，故云見罪也。此解不正。阿闍梨，亦訛略
也，具足梵音『阿闍梨耶』，唐言『教授』也。」（四五四頁上）

〔四〕論、傳云　資持卷上三：「『論』下，會上師名。（二二七頁上）初論傳者，諸
記並云見論及法顯傳，疑是一文。」（二二七頁中）鈔批卷一〇：「撿善見論第
七卷云：和上者，外國語，漢言：知有罪、知無罪，是名和上。」（四八八頁
上）簡正卷七下：「論者，見論第七云：和上，外國語。傳者，釋法顯傳也。
二文相假，故今明之。」（四五四頁上）

〔五〕外國語　資持卷上三：「中梵自指五天之外。」（二二七頁中）

〔六〕弟子訶責和尚　資持卷上三：「呵和尚者，即云：我犯戒，和尚不呵，不犯戒
亦不知等。」（二二七頁中）鈔批卷一〇：「濟云，律中言：我如法和上不知，
我非法和上不知，我犯罪和上亦不知。據此文，與上見論知有罪、知無罪，其
義是同，故曰亦也。」（四八八頁上）四分卷二二，一〇〇四頁中。

〔七〕優波陀訶　鈔批卷一〇：「『憂波陀呵』等者，此梵音稍訛。准羯磨疏云，中梵
本音『鄔波馱耶』，唐言譯之，名為『依學』：依附此人，學出道故。自古翻
譯，多雜蕃胡，胡傳天語，不得聲實，故有訛僻，轉云『和上』。如昔人解：
『和』中最『上』。此逐字釋，不知音本。人又解云：此翻『力生』，生弟子力，
假聖生成。得其遠意，失其近語。真諦所（【案】『所』後疑脫『譯』字。）明
了論疏則云『憂波陀呵』，稍近梵音，猶乖聲論。余親參譯，委問本音『鄔波
馱耶』，此應正也。隨朝彥琮云『都波第耶』，聲相近也。」（四八八頁上）

〔八〕相傳云　資持卷上三：「紏，猶舉也。疏云：阿闍梨者，亦訛略也。如梵天
音『阿遮利耶』，唐翻『教授』。」（二二七頁中）簡正卷七下：「是雲律師解
也。羯磨疏云『力生正行』，得其遠意，失其近語。近語依前也。」（四五四
頁上）

〔九〕闍梨　鈔批卷一〇：「羯磨疏云：本隨傳出，亦訛略也。如梵正音『阿遮梨
耶』，唐翻『教授師』。彥琮譯云『阿遮利夜』，聲相近也。」（四八八頁上）

〔一〇〕外道亦號師為「和尚」　資持卷上三：「引雜含示通邪正。已上且引，諸出不
同，華、梵二音，準疏為定。」（二二七頁中）鈔批卷一〇：「立明：一切九十
六種外道，（四八八頁上）皆喚師為和上，非唯佛法爾也。」（四八八頁下）

〔一一〕弟子　資持卷上三：「以師望資，猶弟猶子；以資望師，如兄如父。祖師義釋，

獨出今文。諸宗製撰，率多承用。」（二二七頁中）簡正卷七下：「羯磨疏云：
弟子受學，義相似也。故從此方之言。」（四五四頁下）

〔一二〕**解從我生** 鈔批卷一〇：「亦云戒從我生，名之為子。有人云：若言戒從我生
者，局對和上，可得言戒從我生。若其餘依止闍梨，受業闍梨，但得言解從我
生。又解：弟子事師，如世人弟之事兄、子之事父，故曰弟子也。又解：依止
闍梨，亦得稱戒從我生，謂戒有二種：一者受戒，二隨戒。依止闍梨，雖不能
生受戒，則終身教授，能生隨戒，亦得云戒從我生也。」（四八八頁下）

〔一三〕**總相攝** 資持卷上三：「通論彼此，心相向慕。對下共行、別行，事條各異，
故云總也。」（二二七頁中）

〔一四〕**尸迦羅越六方禮經** 簡正卷七下：「尸迦羅越者，人名也。六方禮者，東、西、
南、北、上、下作禮也，亦云六向禮。准彼經云：佛在耆闍堀山，有長者子名
尸迦羅越，早起洗浴著衣，東向禮四拜，南西、北、上、下亦爾。佛入城乞食，
避（【案】『避』疑『遙』。）見問曰：『何故六向禮？』彼答云：『父在時教我，
不知本意。父今已亡，不敢違之。』佛言：『父教汝六方拜者，不以事拜也。』
又迦羅越云：『願佛為解。』佛告云：『東方拜者，即是父母。若人能供養父母
衣服、飲食、臥具、湯藥等，是人即名供養東方。父母還以五事報之：一者志
心愛重，二者終不欺誑，三者捨財與之，四者為娉上族，五者教以世事。』南
方禮者，即弟子事師，當有五事，師教弟子亦有五事，今鈔中引者是也。西方
禮者，婦為夫有五事，夫為婦亦有五事。北方禮者，為其朋友親屬，亦有五
事。下方禮者，為奴婢僕使，亦有五事。上方禮者，為沙門道人，亦有五事。
具如經文，不繁廣列。（四五四頁下）爾時，長者受教已，作禮而去。鈔文但
引南方師資之法，餘略不引。」（四五五頁上）【案】尸迦羅越六方禮經，大正
藏第一冊，二五〇～二五一頁。

〔一五〕**歎** 【案】「歎」，底本為「難」，據大正藏本及尸迦羅越六方禮經改。

〔一六〕**師度弟子者，不得為供給自己故，度人出家者，得罪** 資持卷上三：「初，制
非法。末世皆然，唯圖力役，焉知誤彼。得罪者，約制小過，論業叵言。」（二
二七頁中）【案】僧祇卷一一，三一九頁上。

〔一七〕**四心** 資持卷上三：「一是『法攝』；二三『心攝』，上謂愍其未能，下謂憐其
有善；四即『事攝』。」（二二七頁中）

〔一八〕**四心** 資持卷上三：「後『四心』中，上二懷恩，如怙於父；下二致嚴，如事
其君。」（二二七頁中）

〔一九〕敬養侍接，如臣子之事君父　資持卷上三：「『敬』下二句，總顯四心。事父唯孝，事君唯忠，兼之者師也。儒禮云：師者，教人以道之稱。楊子云：師者，人之模範。」（二二七頁下）

二、明依止法〔一〕

先明應法〔二〕，二明正行〔三〕。

初中

言得不依止〔四〕者，八人。

四分六種：一、樂靜〔五〕；二、守護住處〔六〕；三、有病〔七〕；四、看病〔八〕；五、滿五歲已上，行德成就〔九〕；六、自有智行，住處無勝己者。七、飢儉世無食〔一〇〕。十誦云：若恐餓死，當於日日見和尚處住；恐不得〔一一〕者，若五日、十五日，若二由旬半〔一二〕，若至自恣時〔一三〕，一一隨緣，如上來見和尚〔一四〕。八、行道稱意所〔一五〕，五分：諸比丘各勤修道，無人與依止，當於眾中上座大德心生依止，敬如師法而住。

二、須依止人，十種〔一六〕。

四分云：一、和尚命終；二、和尚休道；三、和尚決意出界〔一七〕；四、和尚捨畜眾〔一八〕；五、弟子緣離他方〔一九〕；六、弟子不樂住處，更求勝緣〔二〇〕；七、未滿五夏。八、不諳教網。文云：若愚癡無智者，盡形〔二一〕壽依止。此約行教明之〔二二〕。十誦：受戒多歲，不知五法〔二三〕，盡形依止：一、不知犯，二、不知不犯，三、不知輕，四、不知重，五、不誦廣戒通利。毘尼母：若百臘不知法者，應從十臘者依止〔二四〕。僧祇中四法〔二五〕：案記云：文脫第一「不善知法」。不善知毘尼，不能自立，不能立他，盡形依止〔二六〕。九、或愚或智。「愚」謂性戾癡慢，數犯眾罪；「智」謂犯已即知，依法懺洗。志非貞正〔二七〕，依止於他。十、不誦戒本。毘尼母：不誦戒人，若故不誦、先誦後忘、根鈍誦不得者，此三人不得離依止。

前之七人，未滿五夏，故須依止；若滿，不須〔二八〕。後之三人，位過五夏，要行德兼備，便息依他〔二九〕。然五歲失依止，約教相而言〔三〇〕。據其自行，終須師誨。律云：五分法身成立，方離依止〔三一〕。更通諸教〔三二〕。佛亦有師，所謂法也〔三三〕。如是廣說。

【校釋】

〔一〕明依止法　簡正卷七下：「『依』謂依憑，『止』謂止住。依憑往（原注：『往』

一作『住』。）彼明德人邊，訓成法器，故云依止。<u>鏡水大德</u>云：此中依止，謂依壇頭和上邊止住。有人見鈔文有『依止』字，便妄解云是依止闍梨，此全未達文意也。若依止，後科自明，故下文云『大門第二，二師攝受』。至彼方說依止闍梨，兼分訖和上。故知此門，正約和上，分通闍梨也。」（四五五頁上）

〔二〕**應法** <u>簡正</u>卷七下：「謂應依止法也。」（四五五頁上）

〔三〕**明正行** <u>簡正</u>卷七下：「行（去聲），謂正明七般共行、三般別行等。」（四五五頁上）

〔四〕**得不依止** <u>鈔科</u>卷上三：「初，開不依止。」（三〇頁中）<u>資持</u>卷上三：「本宗六人，初開頭陀，次三開緣礙，後二開行成。上限五夏，下通未滿。」（二二七頁下）<u>鈔批</u>卷一〇：「四分六人，十論（【案】『論』疑『誦』。）一人，五分一人，是為八人也。」（四八八頁下）<u>簡正</u>卷七下：「此八不用依和上邊，止住無罪，皆為有緣等故。」（四五五頁上）

〔五〕**樂靜** <u>鈔批</u>卷一〇：「謂弟子欲坐禪、隱山等，故曰樂靜也。」（四八九頁上）<u>簡正</u>卷七下：「律云，時有新受戒人樂靜，比丘當須依止，便觀看房舍。見阿蘭若有窟，彼作是念：『我若不為依止，當得此處住。』比丘以此白佛。佛言：『自今後，聽新受戒樂靜比丘，須依止者，聽餘處依止，即日得往還。若不得聽，無依止而住。』」（四五五頁上）【案】四分卷三四，八〇四頁下。

〔六〕**守護住處** <u>鈔批</u>卷一〇：「如一方伽藍，無其知法比丘，要假此弟子住持。若去僧物，即破落損耗，今為守護，雖無依止，佛亦開也。」（四八九頁上）<u>簡正</u>卷七下：「律云：以依止，故住處壞。因開護住處故，新戒比丘，聽無依止。」（四五五頁上）【案】四分卷三四，八〇四頁下。

〔七〕**有病** <u>鈔批</u>卷一〇：「既有病，不能依他。」（四八九頁上）<u>簡正</u>卷七下：「律云：時有新（原注：『新』下一有『受』字。）戒比丘，（四五五頁上）當須依止不得住，即日捨住處去。病增劇，以此白佛。佛言：『聽病比丘無依止。』」（四五五頁下）

〔八〕**看病** <u>簡正</u>卷七下：「是瞻病人也，為依止故，捨病者去。佛言：『聽瞻病者，無依止。』」（四五五頁下）

〔九〕**滿五歲已上，行德成就** <u>簡正</u>卷七下：「智無勝己，聽無依止。<u>玄</u>云：前四但有上緣，聽無依止，不論夏臘。」（四五五頁下）

〔一〇〕**飢儉世無食** <u>資持</u>卷上三：「他部二種，七據十誦。文明和尚依止義同故，隨

住有食之處，故近遠不定。」（二二七頁下）簡正卷七下：「十律云：佛在舍衛
國，爾時飢餓乏食。有一比丘，未滿五夏，制須依止。親里四五日住已，辭
別欲去。親里問言：『何以故云（原注：『云』疑『去』。）？』答言：『我須依
止，故去。』親里言：『大德，今飢餓死，何用依止？』以此白佛。佛言：『若
飢饉時，當於此日日見和上處聽住，乃至五日；又不得者，聽布薩時應來；若
不得者，乃至二由旬半；又不得者，至自恣時，應來應來（原注：一無『應』
等二字。）見和上。』玄云：既聽離和上，二由旬半處安居，夏竟應來，明知
夏一之中無依止也。」（四五五頁下）【案】十誦卷三九，二八二頁下～二八三
頁上。

〔一一〕恐不得　資持卷上三：「猶無食故。」（二二七頁下）

〔一二〕二由旬半　資持卷上三：「共一百里。」（二二七頁下）鈔批卷一〇：「明其聽
離和上兩由旬半處安居，夏竟應來請教誡也。」（四八九頁上）

〔一三〕若至自恣時　資持卷上三：「自恣者，竟夏一來，極相遠故。」（二二七頁下）

〔一四〕一一隨緣，如上來見和尚　資持卷上三：「『一一』下，總上近、遠處也。此雖
往見，由不同界，依止不成，故在開緣。」（二二七頁下）

〔一五〕行道稱意所　簡正卷七下：「五分云：諸比丘得稱意行道，得道果處，求依
止，諸比丘便失道果。白佛。佛言：『若是如上處，無人與作依止者，聽於彼
眾中上座等心生依止，敬如師而住也。』」（四五五頁下）資持卷上三：「攝他
損己惜道業故，私心依他亦不成法，還同不依。」（二二七頁下）鈔批卷一〇：
「此但免不依之罪，然不成依止法。」（四八九頁上）【案】五分卷一七，一一
八頁下。

〔一六〕須依止人，十種　資持卷上三：「初七人，上四，明師闕；次二，弟子有緣，
並須即求依止；後一，未過教限。」（二二七頁下）鈔批卷一〇：「四分八人，
第九與十，互（原注：『互』疑『即』。）十誦文也。」（四八九頁上）

〔一七〕和尚決意出界　簡正卷七下：「作不還意，更不擬來也，更別依人。」（四五五
頁下）【案。】四分卷三四，八〇五頁上

〔一八〕和尚捨畜眾　鈔批卷一〇：「立明：無問僧尼。若欲度沙彌，授人大戒時，要
從僧乞畜眾，僧應量議。堪者，與白二羯磨，開其畜眾。今此和上，雖先得法，
今捨之不畜眾，自樂坐禪等。弟子乃須依於別人也。」（四八九頁上～下）簡
正卷七下：「玄云：無問僧尼。夫欲度沙彌，授人天戒時，要須從僧乞畜，眾
僧應量。宜堪者，與白二法開畜。今此和上，先得法已。今捨不更畜眾，自樂

坐禪。弟子即須依止別人也。」（四五六頁上）

〔一九〕弟子緣離他方　簡正卷七下：「約弟子有緣，須往別方，離此和上也。」（四五六頁上）

〔二〇〕弟子不樂住處，更求勝緣　簡正卷七下：「謂弟子不樂住此和上目下，更欲尋師勝和上者。已上兩緣，似有相濫。細而詳之，即無濫也。緣離他方，即約和上。如法弟子，自緣不合，得在和上處住。下句云更求勝緣，即據和上不如法與（原注：『與』一作『而』。）說也。」（四五六頁上）資持卷上三：「言勝緣者，別選人處。」（二二七頁下）

〔二一〕形　【案】底本無，據敦煌本、四分律加。

〔二二〕此約行教明之　鈔批卷一〇：「立云：且約行教明。若約化教，佛亦有師，所謂法也。」（四八九頁下）資持卷上三：「『四分』文下，合云約行，似多『教』字。」（二二七頁下）簡正卷七下：「玄云：若但約教，五夏方離。此言盡形，即約自行之教以說也。約自行德兼備，直至五分法身成立等。」（四五六頁上）

〔二三〕不知五法　資持卷上三：「十誦五法並據戒本。上『四』不識相，下『一』不誦文。」（二二七頁下）

〔二四〕若百臘不知法者，應從十臘者依止　資持卷上三：「律制依止，本為學法，學簡智勝，不取臘高。老年依少，但除禮足耳。」（二二七頁下）

〔二五〕僧祇中四法　資持卷上三：「僧祇中，文脫第一『不善知法』。古本元有，非是文略。初，謂施造乖儀；次，即愚於教相；三、無志操；四、不兼他。」（二二七頁下）【案】僧祇卷二九，四六〇頁中。

〔二六〕不善知毘尼，不能自立，不能立他，盡形依止　鈔批卷一〇：「撿祇文，若比丘尼不善知法，不善毗尼，不善自立，不能立他，如是比丘，盡形依止。（鈔文唯三，欠一。）」（四八九頁下）

〔二七〕志非貞正　鈔批卷一〇：「立明：此人唯見犯即懺，且云是知。然既數犯數懺，不善專精不犯，故還須依也。以非貞正故，數犯多懺。若是貞正，即能專精護持，而不犯也。」（四八九頁下）

〔二八〕若滿，不須　資持卷上三：「初文，七人夏滿。不須者，此據行業，成就為言。必無所立，還屬後三。」（二二七頁下）鈔批卷一〇：「此語上十種人，雖通須依止，今料簡須依之義。就中十，前七是未滿五夏故須，後三雖過五夏，以無知故，須依止也。」（四八九頁下）

〔二九〕**要行德兼備，便息依他** 簡正卷七下：「行謂始終方便，德據終成滿足。要須雙備，方離依止也。外難曰：『前七何故不約，但論五夏，使失後三因；何不論五夏，要德成行備，方離依止？』可引鈔答。」（四五六頁上）

〔三〇〕**然五歲失依止，約教相而言** 資持卷上三：「五夏（【案】『夏』鈔作『歲』。）業就許不依他，於教無違在行猶缺，必希進趣，當復從師。此則無簡愚智，皆須盡壽也。」（二二七頁下）鈔批卷一〇：「景云：謂住處無勝已者，若取免依止者，乃至五分法身方離也。謂此約教相中，五歲有智聽離，若論行體，（四八九頁下）未合離也。」（四九〇頁上）簡正卷七下：「約律文教相，一期之言，據其後三，約自行成立而說。若論自行，五分法身圓滿，方得離他也。更通大乘涅槃等經。」（四五六頁上）

〔三一〕**五分法身成立，方離依止** 簡正卷七下：「防惡曰戒，靜慮曰定，觀照曰慧，累盡惑去曰解脫，了了識知名解脫知見。如是講說者，應合云：五夏依十夏，乃至四果向人，依第四果等。」」（四五六頁下）

〔三二〕**更通諸教** 鈔批卷一〇：「謂通化教等文也。」（四九〇頁上）資持卷上三：「通諸教者，即涅槃文。」（二二七頁下）

〔三三〕**佛亦有師，所謂法也** 資持卷上三：「成論云：佛初成道觀，一切人無勝已者。念言：我所得法，因此成佛，還當依法為師。」（二二七頁下）簡正卷七下：「是故如來，常恭敬法。故成論云：佛初成道，遍觀一切無勝己者，即作念言：我所得法，因此成佛，當還依法。爾時，諸佛皆以法為師。」（四五六頁下）

二、明依止〔一〕正行。

分二：一、七種共行法〔二〕；二、三種別行法〔三〕。

初中

七法者：

一、眾僧與師作治罰〔四〕，弟子於中當如法料理，令和尚順從於僧；設作，令如法不違逆，求除罪，令僧疾與解罪。

二、若和尚犯僧殘，弟子當如法勸化，令其發露已，為集僧，作覆藏、六夜、出罪等〔五〕。

三、和尚得病，弟子當瞻視；若令餘人看，乃至差，若命終〔六〕。

四、和尚不樂住處〔七〕，弟子當自移，若教人移。僧祇：能說出家修梵行、無上沙門果，雖無衣食，盡壽不應離和尚。若欲遊方者，和尚應

送〔八〕；若老病，應囑人〔九〕。當教云：汝可遊方，多有功德，禮諸塔廟，見好徒眾，多所見聞，我不老者，亦復欲去等。

五、和尚有疑事，弟子當以法以律，如法教除〔一〇〕。

六、若惡見生，弟子教令捨惡見，住善見〔一一〕。

七、弟子當以二事將護〔一二〕。法護者，應教增戒、增心、增慧〔一三〕，學問誦經；衣食護者，當與衣食醫藥，隨力所堪為辦〔一四〕。

此七種法，諸部多同。僧祇：和尚、闍梨有非法事，弟子不得囅語如教誡法〔一五〕，應輭語〔一六〕諫師「應作是，不應作是」。若和尚不受語者〔一七〕，應捨遠去。若依止師，當持衣缽，出界一宿還〔一八〕。若和尚能除貪等三毒，此名醍醐最上最勝〔一九〕。不得離之。餘廣如後〔二〇〕。五分中：若師犯僧殘，求僧乞羯磨，弟子應埽灑、敷座、集僧，求羯磨人。

二、明別行法

三種：

一白事離過〔二一〕者

律云：凡作事者，應具修威儀，合掌白師取進不；若欲外行者，師以八事量宜，謂同伴、去處、營事〔二二〕也。三種交絡，是非作句〔二三〕。唯同伴是好人，去處無過，營事非惡，方令去也〔二四〕。五分：欲行前，要先二三日中，白師令知〔二五〕；唯除大小便、用楊枝，不白〔二六〕。十誦中：一切所作，皆須白師，唯除禮佛、法、僧〔二七〕。餘同五分。若弟子辭師行，云「當至某城邑、某聚落、某甲舍」。非時白中亦爾〔二八〕。當量行伴〔二九〕，知於布薩、羯磨〔三〇〕、法事會座〔三一〕。如是者得去。不受語輒往，明相出時結罪〔三二〕。僧祇：不白師，得取與半條線、半食〔三三〕；若為紉，一條線，不白得罪〔三四〕。有剃髮師來，和尚不在，當白長老比丘〔三五〕；師後來時，還說前緣〔三六〕。餘事準此。若弟子大施〔三七〕者，師量弟子持戒、誦習、行道者，應語言：「此三衣、缽、具、漉、囊等，出家人應須，不得捨之。」若有餘者〔三八〕，告云：「此施非堅法〔三九〕，汝依是得資身行道，不必須捨。」若言「我自有得處」者，聽。若欲遠行，不得臨行乃白，應一月、半月前預白，令師籌量。若不能一一白師，當通白〔四〇〕。欲作染衣事，亦得〔四一〕。善見：弟子隨師行，不得去師七尺〔四二〕，不應蹋師影。離是應白知。四分多種〔四三〕：

或出界，或與他物，或受他物，及佐助眾事，並須白師。

二受法〔四四〕者

四分云：彼清旦入和尚房中，受誦經法，問義。廣如「依止」中〔四五〕。

三報恩法

四分云：清旦入房，除小便器，白「時到〔四六〕」等；應日別朝、中、日暮，三時問訊和尚，執作二事〔四七〕，勞苦不得辭設。廣具四紙餘文〔四八〕，必須別抄依用。一則自調我慢，二則報恩供養，三則護法住持、正法久住也。僧祇云：弟子晨起，先右腳入和尚房〔四九〕，頭面禮足，問安眠不。餘同四分〔五〇〕。十誦：若浴和尚，先洗腳〔五一〕，次胜，乃至胸背。若病，先用和尚物，無者自用〔五二〕，若從他求。日三時教弟子云：「莫近惡知識、惡人為伴〔五三〕。」弟子若病，雖有人看，而須日別三往，語看病者：「莫疲厭，此事佛所讚歎〔五四〕。」雜含云：若比丘不諂幻偽，不欺誑〔五五〕，信心、慚愧、精勤、正念，心存遠離〔五六〕，深敬戒律，顧沙門行〔五七〕，志崇涅槃，為法出家〔五八〕，如是比丘，應當敬授〔五九〕——由能修梵行，能自建立故〔六〇〕。

【校釋】

〔一〕依止　鈔批卷一〇：「礪云：依者，憑也；止者，住也。故曰依止。」（四九〇頁上）

〔二〕七種共行法　資持卷上三：「七共行，謂師資互須故。後三別行，唯在弟子故。」（二二七頁下）鈔批卷一〇：「謂師弟互行，名為共行。七法頌云：不作令僧解，悔殘及瞻病，移處與除疑，捨惡并將護。」（四九〇頁上）簡正卷七下：「有七種法師徒共行，故云共行也。」（四五六頁下）

〔三〕三種別行法　簡正卷七下：「即後三唯局弟子行，故云別行也。」（四五六頁下）鈔批卷一〇：「二、一者白事離過，二、受法資身，三、報恩供養。」（四九〇頁上）

〔四〕眾僧與師作治罰　簡正卷七下：「玄云：含終二順於僧也。初，令僧不作；二、設作弟子，令僧不作非法，作令和上不違逆，於僧求除罪也。弟子既爾，和上為弟子（原注：一無『為』等三字。）亦然。下六皆相望說也。」（四五六頁下）【案】「七種共行法」分二，初，「一眾」下；二、「此七」下。

〔五〕若和尚犯僧殘，弟子當如法勸化，令其發露已，為集僧作覆藏，六夜出罪等　資

持卷上三：「初，勸發露；『為』下，次為求懺。」（二二八頁上）簡正卷七下：
「字（原注：『字』上一有『等』字。），等取本日治也。」（四五六頁下）

〔六〕若令餘人看，乃至差，若命終　資持卷上三：「差及命終看視，功畢不可中
止。」（二二八頁上）簡正卷七下：「師病，弟子躬自為之。弟子病，師當自作
亦爾。」（四五六頁下）

〔七〕和尚不樂住處　簡正卷七下：「寶云：謂和上不欲在此伽藍，擬往別界去，弟
子須移等。」（四五六頁下）資持卷上三：「本明弟子移處。下引僧祇，師送弟
子，由是共行，不妨互顯。」（二二八頁上）

〔八〕若欲遊方者，和尚應送　資持卷上三：「『若欲』下，明開暫離。上二句，明師
不遮。」（二二八頁上）

〔九〕若老病，應囑人　資持卷上三：「『若』下，明弟子憂念。」（二二八頁上）

〔一〇〕和尚有疑事，弟子當以法以律，如法教除　簡正卷七下：「和上於持犯因果
等，猶預不決，弟子依法律為割決疑懷，令其通達等。」（四五六頁下）資持
卷上三：「與下法護何異？此謂事有過失，容生疑悔，以教解之。下令修學，
故非相涉。」（二二八頁上）

〔一一〕若惡見生，弟子教令捨惡見，住善見　鈔批卷一〇：「謂是邪見，撥無因果，
此見是惡，故曰惡見。應令捨此邪見住正見，故言住善見。」（四九〇頁上）
簡正卷七下：「謂說欲不障道也。弟子云：世尊無數方便，（四五六頁下）說犯
是障道等，名為善見。」（四五七頁上）資持卷上三：「惡見，謂著邪背正。」
（二二八頁上）

〔一二〕弟子當以二事將護　簡正卷七下：「文含三意：初標，以二事將護；次，釋法
護；次，衣食護。以法護資神，衣食資身也。」（四五七頁上）

〔一三〕增戒、增心、增慧　資持卷上三：「出家學道以法為本，故先明法，以資慧命。」
（二二八頁上）鈔批卷一〇：「律云：云何增戒學？若比丘，具足持波羅提木
叉戒，成就威儀，畏慎輕戒重若金剛，等學諸戒，是名增戒學。何等增心學？
若比丘能捨惡，乃至得入第四禪，是名增心學。何等何等（原注：『何等』二
字疑剩。）增慧學？若比丘，如實知苦諦，知集滅道，是名增慧學。首疏云：
增戒學者，始於外凡，專加護持，悟達生空，理解資成，戒品牢固，踰勝於前，
故曰增戒學。（四八九頁上）曰現理靜。寶云：七方便中，後四善根人，名四
現忍也。絕去紛動，定品成就之始，故曰增心學。入無相已去，證真空無漏，
寶云入見道也，即初果人，故曰入見。無相已去，決定明白，故曰增慧學。雜

含云：若比丘住波羅提木叉，具足威儀，見微細罪，則生怖畏，受持學戒，是名增上戒學。若比丘，離惡、不善法，有覺有觀，離生喜樂，初禪具足住，乃至第四禪具足住，是名增上慧學。若比丘，此苦聖諦，如實知之，集滅道聖諦，如實知之，是名增上慧學也。言增心學者，此是定學，定是調心之故，曰心學耳。賓問曰：『此言增戒學、心學、慧學等，然戒則有：有漏木叉，四靜慮戒，道共戒；定則有：有漏定、無漏定，世禪、出世禪等；慧亦有：有漏慧、無漏慧、報得慧。從聞生慧，從思生慧，從修生慧。既此差殊，今所修者，是何等戒、何等定、何等慧？』答：『如上汎列多種，皆須學之。若尅体而言，經律論中，據漸次修。初木叉戒，以為戒學也。定取根本四靜慮定，以為定學也。慧取無漏慧，入見道等，以為慧學。」（四九〇頁下）【案】四分卷五八，九九七頁下。

〔一四〕**衣食護者，當與衣食醫藥，隨力所堪為辦**　資持卷上三：「次列衣食，用攝形累。須知二護義有親疏。」（二二八頁上）扶桑記：「接云：自今已去，制弟子法，如是弟子應行；若不行，應如法治。」（一一六頁下）

〔一五〕**和尚闍梨有非法事，弟子不得亂語，如教誡法**　資持卷上三：「初，僧祇，文同五、六。前明諫勸可不。」（二二八頁上）

〔一六〕**頓語**　資持卷上三：「師兼父德，不許犯顏。」（二二八頁上）

〔一七〕**若和尚不受語者**　資持卷上三：「『若和尚』下，明有益不離。」（二二八頁上）

〔一八〕**若依止師，當持衣鉢，出界一宿還**　資持卷上三：「依止出界者，隔明失法，得別依人。」（二二八頁上）鈔批卷一〇：「立明：出界一宿，即失下二法，迴來得請別人為依止。若不出界，直請餘人，則不成。」（四八九頁下）

〔一九〕**若和尚能除貪等三毒，此名醍醐最上最勝**　鈔批卷一〇：「撿祇云：謂依止師能為弟子善說法，除貪欲、嗔恚、愚痴。如是師者，最上最勝。喻如從乳得酪，從酪得酥，從酥得醍醐，醍醐最上最勝也。」（四九〇頁下）簡正卷七下：「今除三毒，得成聖果，亦復如然。」（四五七頁上）

〔二〇〕**餘廣如後**　簡正卷七下：「如下『辭謝法』中說也。」（四五七頁上）

〔二一〕**白事離過**　簡正卷七下：「此有二：一、約教，二、據行教。謂纔白師時，便是離過，若不白，違教得吉。二、行者，如不白故，不知教相，違行犯罪；白則師為准，教云同量，即成離過也。」（四五七頁上）

〔二二〕**同伴、去處、營事**　簡正卷七下：「同伴者，准律受法中云，弟子遠行，和上當問：汝身何事外行？同伴是誰？詣何處去等？」（四五七頁下）

〔二三〕三種交絡，是非作句　資持卷上三：「總指八句。」（二二八頁上）鈔批卷一
〇：「此是四分說戒揵度文也。四位作之：初，一如二非為位；次，二如一非
為位；次，三種俱非為位；次，三種俱如為位。……律文少第六句『處非』，
餘二如句也。疏判律中略少也。高云：非少，道理合無，以其伴如、事如，豈
可往非法之處？」（四九一頁上）簡正卷七下：「三中，取一好為頭。且初三
句：一、同伴如，去處營事非；二、去處如，營事同伴非；三、營事如，同伴
去處非。次，二好為頭三句：一、同伴去處如，營事非；二、去處營事如，同
伴非；三、營事同伴如，去處非。（已上是三雙也。）次，一句一合非，同伴、
去處、營事三俱非也。次，第八一句一合，如同伴、去處、營事，俱如法也。
上八句中，唯取第八句。三種總如法，便聽去也。寶云：同伴如者，持戒識知
布薩會坐等是也。去處者，詣彼住處，彼有佛法明師等是。營事者，聽習行
道，學佛法等是。多（原注：『多』疑『反』。）此成三非，例之可解也」（四
五七頁下）【案】四分卷三六，八二五頁下。

〔二四〕唯同伴是好人，去處無過，營事非惡，方令去也　資持卷上三：「『唯』下，簡
上七句皆不令去，獨取俱是一句聽去。」（二二八頁上）

〔二五〕欲行前，要先二三日中，白師令知　資持卷上三：「初，別示他行。」（二二八
頁上）簡正卷七下：「玄云：知道有疑恐怖，聽去犯吉。不聽，強去，得輕；
師提。」（四五七頁下）

〔二六〕唯除大小便，用楊枝不白　資持卷上三：「『唯』下，通明一切。文除不白，顯
餘須白。」（二二八頁上）【案】五分卷一六，一一一頁上。

〔二七〕一切所作，皆須白師，唯除禮佛、法、僧　資持卷上三：「十誦，初通明諸白。
同五分者，並除大小便等。」（二二八頁上）簡正卷七下：「謂十律中，除禮
佛、法、僧外，更有請白，同五分也。有人科破鈔文句。」（四五七頁下）【案】
十誦卷五六，四一六頁上。

〔二八〕非時白中亦爾　鈔批卷一〇：「立謂：今日和上，同非時白也，唯除『大德一
心念』耳。應云：至某城、某聚落、某甲舍等。」（四九一頁上）簡正卷七下：
「此謂辭師行作白，若非時白和上，入聚落亦爾。」（四五七頁下）資持卷上
三：「非時入聚，對餘人作。牒處同上。」（二二八頁上）

〔二九〕當量行伴　資持卷上三：「『當量』下，明師可不。」（二二八頁上）簡正卷七
下：「有切磋之益也。律緣中，因難陀弟子與跋難陀為伴，比丘嫌責。難陀云
『何（【案】依律文，『何』後疑脫『聽』字。）弟子隨此痴人，不知說戒、布

薩、羯磨』等。」（四五七頁下）【案】四分卷三六，八二五頁中。

〔三〇〕知於布薩、羯磨　鈔批卷一〇：「十誦云，小比丘辭和上闍梨，欲遊行。和上闍梨應問：『汝伴是誰？』則答伴名字。若是伴比丘不知布薩，（四九一頁上）不知布薩羯磨，不知說波羅提木叉，不知會座者，和上應留。」（四九一頁下）簡正卷七下：「知布薩者，則念對治罪也。知羯磨者，則從僧乞滅。」（四五八頁上）資持卷上三：「布薩名『清淨』，謂對治止過也。羯磨名『業』，謂如緣作善也。」（二二八頁上）

〔三一〕法事會座　資持卷上三：「說法、誦戒兩集也。（『座』合作『坐』。）」（二二八頁上）鈔批卷一〇：「月六齋日，謂八日、十四日、十五日、二十三日、二十九日、三十日。於是日，無病比丘應和合一處說法。若外道來論義，比丘應如法難詰降伏，莫嗔惡口，是名會座法。濟云：會座者，謂是設會處之座，即設供食處也。」（四九一頁下）

〔三二〕不受語輒往，明相出時結罪　資持卷上三：「謂師不許而故違之。」（二二八頁上）簡正卷七下：「此據失依止也。若不應吉，當時即結，不待明相。」（四五八頁上）【案】十誦卷二二，一五九頁中。

〔三三〕不白師，得取與半條線、半食　資持卷上三：「僧祇文為四節。初，白師須不。上明少物不白。」（二二八頁上）【案】僧祇四節者，本句為初，『若弟子大施者』下為次，『若言我自有得處者』下為三，『若欲遠行』下為四。僧祇卷二八，四五九頁中～下。

〔三四〕若為紉一條線，不白得罪　資持卷上三：「『若』下，明作務須白。紉，『女鄰』反，索線也。」（二二八頁中）簡正卷七下：「此舉微小之事，況於大段之事，故須白也。得罪，不應吉也。」（四五八頁上）

〔三五〕有剃髮師來，和尚不在，當白長老比丘　簡正卷七下：「謂有比丘來與剃髮，理合白師。師暫不在，當白餘人，免有不白之罪。師若歸時，即具述前事。」（四五八頁上）資持卷上三：「『有』下，明師出轉白。」（二二八頁中）鈔批卷一〇：「撿祇云：若和上、闍梨入聚落後，剃髮人來，欲剃髮者，應白餘長老比丘：『我欲剃髮。』師後還，應更白師。言『白餘長老』者，非白所對剃髮人也。若看文中意，為他剃髮、受他剃髮，同然。」（四九一頁下）

〔三六〕師後來時，還說前緣　資持卷上三：「師後來者，謂歸本處。說前緣者，述前已白也。」（二二八頁中）

〔三七〕大施　資持卷上三：「『若弟子』下，二、誡資行施，亦由來白，故有斯誡。」

（二二八頁中）簡正卷七下：「大施者，布施也。」（四五八頁上）

〔三八〕若有餘者　簡正卷七下：「除三衣之外曰餘，即是（原注：一無『是』字。）說淨、長衣也。」（四五八頁上）

〔三九〕非堅法　資持卷上三：「非堅法者，有漏世福，容謝滅故。若達法空，不取施相，成無漏善，則是堅法。」（二二八頁中）

〔四〇〕若不能一一白師，當通白　資持卷上三：「『若不』下，明通白。染衣事中，所攝多事，皆不須白。又如經營佛、法、僧事，隨舉總相，一事白之，故云通耳。古記並立通白法，云：從今清旦至明清旦，所作一切事，白阿闍梨知。便謂晨朝白已，一日不須。此不出正教，妄生搆立。且律制白師本取可不，但云一切為是何事、如何量宜。況前引諸教，多種白法，皆應無用。今猶行之，無知故也。」（二二八頁中）【案】僧祇卷二八，四九一頁下。

〔四一〕欲作染衣事，亦得　簡正卷七下：「律文：若欲染衣時，應白；若浣，若縫、煮、染時，一一須白。若不能者，但云我欲作染衣事。一白通了，即燒火求薪等，皆屬染衣事。玄說（【案】『說』疑『記』。）對此出白詞句，應合掌曲躬云：『大德憶念，我某甲從今清界，至明清界（原注：『界』疑『晨』。），所作一切如法事，白尊知。』准此，是通白也。」（四五八頁上）【案】僧祇卷二八，四九一頁下。

〔四二〕不得去師七尺　資持卷上三：「善見中，彼有七法：一、太遠恐不聞；二、太近恐踏師影；三、上風恐臭氣熏師；四、高處恐成憍慢；五、當前礙師觀望；六、當後迴顧喚難；七、立於左右七尺許。今引二、七兩法。」（二二八頁中）【案】善見卷一六，七八九頁上。

〔四三〕四分多種　簡正卷七下：「四分等並是須白之事。」（四五八頁下）【案】四分卷三三，八〇一頁中。

〔四四〕受法　簡正卷七下：「指第五『二師攝受』中，引僧祇日別三時教誡等文也。」（四五八頁下）資持卷上三：「指下依止。下云日別三時教、三藏教法等。」（二二八頁中）

〔四五〕廣如「依止」中　【案】見下文「二師攝受法」中。

〔四六〕時到　簡正卷七下：「大小食時到布薩等。」（四五八頁下）

〔四七〕執作二事　簡正卷七下：「手執而作，一則修治補舍，二、補浣衣服，不得辭其勞苦也。」（四五八頁下）

〔四八〕廣具四紙餘文　資持卷上三：「『廣』下，二、指文勸依，即受戒揵度第三十一

卷末。彼云：自今已去，制弟子法應行；若不行，應如法治。然後列相，此不
繁引，須者尋之。」（二二八頁中）

〔四九〕右腳入和尚房　資持卷上三：「右腳者，傍門左入，以從順故。」（二二八頁
中）

〔五〇〕餘同四分　資持卷上三：「除大小器等。」（二二八頁中）

〔五一〕若浴和尚，先洗腳　資持卷上三：「十誦初明弟子勤勞，先腳至上，浴法須
爾。」（二二八頁中）【案】十誦卷四一，三〇一頁～三〇二頁。

〔五二〕若病，先用和尚物，無者自用　資持卷上三：「病用物者，謂藥餌之資。」（二
二八頁中）【案】此句義：若和尚病，弟子應取和上物以作供養，如果和尚無
物，弟子當用自己之物。

〔五三〕莫近惡知識、惡人為伴　資持卷上三：「惡知識者，順己欲情，染習易故。最
不可近，故切訓之。一、壞名聞，二、障學業，三、喪德行，四、失正信，
五、伐善根，六、墮惡道。近善知識，反上可知。（二二八頁中）智論云：隨
逐惡者，皆由無智。古儒云：見賢思齊，見不賢而內自省。成論『四輪』：一、
住善處，二、依善人，三、發正願，四、植善根。況今末劫，人非上智，志
性無定，好惡隨緣。凡在學流，切宜擇善，因茲言及，聞者三思。」（二二八
頁下）

〔五四〕此事佛所讚歎　資持卷上三：「看病福勝。如下卷引。」（二二八頁下）

〔五五〕若比丘不諂幻偽，不欺誑　資持卷上三：「雜含中。初明弟子如法。上二句，
離二過。諂偽是心，欺誑即口。」（二二八頁下）簡正卷七下：「質直謂之不
諂；永離虛假謂之不幻；真（原注：『真』一作『直』。）正，謂之不偽；性絕
陵夷，謂之不欺；實語於他，謂之不誑。」（四五八頁下）【案】不諂幻偽，即
不諂、不幻、不偽。

〔五六〕信心、慚愧、精勤、正念，心存遠離　資持卷上三：「『信』下三句，修三業。
義分五行：一、離惑倒，二、無放逸，三、不懈怠，四、絕妄緣，五、遠塵染。
次第對之。」（二二八頁下）簡正卷七下：「於法不疑，謂之信心；改惡從善，
謂之慚愧；求法不懈，謂之精勤；如理思惟，謂之正念；斷煩惱、所知二障，
謂之心存遠離」（四五八頁下）

〔五七〕深敬戒律，顧沙門行　資持卷上三：「『深』下，奉教行。」（二二八頁下）簡
正卷七下：「寧死不犯，謂之深敬戒律；觀四諦等而進修，謂之顧沙門行。」
（四五八頁下）

〔五八〕志崇涅槃，為法出家　資持卷上三：「『志』下，期聖道。」（二二八頁下）簡
正卷七下：「直趣寂滅，故云志崇涅槃；但求上道，名為法出家。」（四五八
頁下）

〔五九〕如是比丘，應當敬授　資持卷上三：「『如是』下，勸師敬念。（『授』字，古本
作『愛』。）」（二二八頁下）【案】雜含卷一八，一三〇頁下。

〔六〇〕由能修梵行，能自建立故　鈔批卷一〇：「能自建立故者，非但自立，亦能立
他也。」（四九一頁下）簡正卷七下：「和上應當敬愛此人，授與經法義理可以
故。謂上弟子，能修清淨梵行，能建立佛法故。」（四五八頁下）【案】雜含卷
一八，一三〇頁下。

　　大門第二，明二師攝受法〔一〕

　　其和尚攝行〔二〕，與依止大同，合而明之，就依止法七門：

【校釋】

　〔一〕二師攝受法　簡正卷七下：「二師，即和上、闍梨也。攝受，即攝化、領受也。
法謂法則。」（四五九頁上）

　〔二〕其和尚攝行　資持卷上三：「和尚攝行同者，下七門中，三及五、六，通明二
師；餘四，唯局依止。」（二二八頁下）簡正卷七下：「鏡水大德云：玄記及後
來諸家，並不曉此文意，多是妄解。今法寶科此一段，呼為離合總標，方契得
深理。謂前來諸多鈔文，皆正據壇頭和上以說，不妨分通闍梨。今此一段，正
約依止闍梨以論，旁說著和上攝受之法。若不如此科出，即須於和上七種共
行、三種別行。後更明和上攝受之法，至依文勢影，略二處互明。文又不繁，
事亦周備，此是鈎瑤之處，人難得知。若此達之，斯為洞曉。（上略述大意也。）
次，銷文者。其和上攝行，與依止大同者，謂攝受之行，與依止師既同，不更
別說。合而明之者，與依止師合處而明，據理須別是離，今為同故，共明名
合。」（四五九頁上）

　　一、依止意者

　　新受戒者，創入佛法，萬事無知，動便違教〔一〕。若不假師示導，進
誘心神，法身慧命，將何所託〔二〕？故律中制：未滿五歲，及滿五夏愚
癡者，令依止有德。使咨承法訓，匠成己益〔三〕。

【校釋】

　〔一〕新受戒者，創入佛法，萬事無知，動便違教　鈔批卷一〇：「礪云：新受戒人，

閴（原注：『閴』疑『闇』。）於前塚（原注：『塚』疑『緣』。），猶如嬰兒。若不教授，乳養心神，法身難以成立，須依有德，憑人取訓。故律言新受戒比丘，無人教授，不案威儀，乞食不如法：（四九一頁下）處處受不淨食，於大食小食上高聲大喚，如婆羅門聚會法等。」（四九二頁上）【案】四分卷三四，八〇三頁中。

〔二〕**法身慧命，將何所託** 鈔批卷一〇：「濟云：凡夫依識，聖人依智。智即慧也，故智為命耳。」（四九二頁上）

〔三〕**使咨承法訓，匠成己益** 資持卷上三：「『咨承』是資行，『匠成』即師德。此二句出制教之意。」（二二八頁下）

二、得無師時節

律中，開洗足、飲水已，說依止〔一〕。十誦〔二〕：無好師，聽五六夜；有好師，乃至一夜不依止，得罪。摩得伽：至他所，不相諳委，聽二三日選擇。此律亦爾〔三〕。五百問云：若不依止，飲水，食飯，坐臥牀席，日日犯盜〔四〕；若經十夏不誦戒者，罪同不依止〔五〕。

【校釋】

〔一〕**開洗足飲水已，說依止** 簡正卷七下：「准律緣中，不得洗足、飲水，先須依止。後因迷悶，倒地得病故，白佛。佛言：『自今已去，聽洗足、飲水了，請依止。』」（四五九頁上）【案】四分卷三四，八〇五頁中。

〔二〕**十誦** 資持卷上三：「十誦開五六夜，為選擇故。與下伽論延促少異。」（二二八頁下）【案】十誦卷三八，二七四頁中。

〔三〕**此律亦爾** 簡正卷七下：「律云：佛令選擇取依止。選擇之語是同，故云亦爾。」（四五九頁上）

〔四〕**若不依止，飲水食飯，坐臥牀席，日日犯盜** 資持卷上三：「五百問中，初不依止。受用犯盜者，須約私物，師復不許。既非相攝，輒用同盜，必是僧物，十方同分。或師通允，不為竊盜，理如十誦，違教吉羅。或可論家制急，約緣辨犯，義非重夷。」（二二八頁下）鈔批卷一〇：「景云：非謂直爾犯盜。由不依止，無人教誡，故失法受用。僧臥具損壞，就此結盜，不以不依止，故直犯盜也。立云：以不識教相，違犯戒行。是破戒人，不合受僧利養，事同犯盜故。下第二十對施興治篇云『破戒受施，如賊偷得』，即其義也。」（四九二頁上）簡正卷七下：「如依止，則白事離過。今不依人，常自擅用事，過分非法，損壞僧物，故犯盜也。」（四五九頁下）

〔五〕若經十夏不誦戒者，罪同不依止　鈔批卷一〇：「謂同前日日犯盜也。」（四九二頁上）簡正卷七下：「玄云：謂同前日盜重，謂不依教相，非法損壞故。」（四五九頁下）資持卷上三：「臘同師位，教行無知，不堪利養，故同犯盜。亦如上通（【案】『上通』疑『十誦』。）。」（二二八頁下）

三、簡師德〔一〕

因明諸師不同〔二〕。

四分五種〔三〕：一、出家闍梨〔四〕，所依得出家者〔五〕；二、受戒闍梨，受戒時作羯磨者；三、教授闍梨，教授威儀者；四、受經闍梨，所從受經，若說義，乃至四句偈也；五、依止闍梨〔六〕，乃至依止住一宿〔七〕也。和尚者，從受得戒者是。和尚等者，多已十歲〔八〕。阿闍梨等者，多已五歲，除依止〔九〕。

若準此文，四種闍梨，要多已五歲，方號「闍梨」。餘未滿者，雖從受誦，未霑勝名〔一〇〕。若準「九歲和尚，得戒，得罪〔一一〕」，此雖未滿，得名何損〔一二〕？又，上四闍梨，不得攝人而替依止、和尚處。由一席作法，非通始終〔一三〕。若作師者，更須請法〔一四〕。

律中，二師行德三種〔一五〕：一、簡年十歲已上；二、須具智慧；三、能勤教授弟子。有七種共行法，更相攝養。如「和尚法」中〔一六〕。

摩得伽云：凡欲依止人者，當好量宜能長善法者〔一七〕；及問餘人：「此比丘戒德何似？能教誡不？眷屬〔一八〕復何似？無有諍訟不？」若都無者，然後依止。

僧祇：不得趣爾請依止。成就五法〔一九〕：一、愛念〔二〇〕，二、恭敬〔二一〕，三、慚〔二二〕，四、愧〔二三〕，五、樂住〔二四〕。

四分：諸比丘輒爾依止〔二五〕，不能長益沙門道行〔二六〕，佛令選擇取依止。即師有破戒、見、威儀等，並不合為依止〔二七〕。因二歲比丘，將一歲弟子住佛所〔二八〕，佛訶責云：汝身未斷乳，應受人教授，云何教人耶！若師有非法，聽餘人誘將弟子去〔二九〕。五百問云：其師無非法，而誘將沙彌去，犯重〔三〇〕。因說老病比丘死緣。

善見云：若不解律，但解經論，不得度沙彌及依止〔三一〕。僧祇：成就四法，名為持律〔三二〕，謂知有罪，知無罪，知輕，知重；下至知二部律〔三三〕，得作和尚。

三千威儀多有請二師方法，及攝受共行之儀〔三四〕。

【校釋】

〔一〕**簡師德**　簡正卷七下：「約依止師也。」（四五九頁下）【案】簡師德文分為二：初，「因明」下；二、「四分五」下。

〔二〕**因明諸師不同**　簡正卷七下：「因便相從，明多種闍梨，皆是師位。」（四五九頁下）

〔三〕**四分五種**　簡正卷七下：「一是出家，二是教授，三是受戒，四是受經，五是依止。大德云：此中合有剃髮闍梨，即攝在出家闍梨內也。若依玄記，出家、出家非剃頭髮，此二各別。故羯磨疏中，辨其六種，即有剃髮闍梨也。（各有其理。）」（四五九頁下）【案】「四分」下分二：初，「四分」下；二、「律中」下。【案】四分卷三九，八四八頁上。

〔四〕**出家闍梨**　鈔批卷一〇：「即是剃髮師也。」（四九二頁上）

〔五〕**出家者**　資持卷上三：「初出家者，即十戒師、和尚、闍梨等者，謂與二師夏次同也，亦名同和尚、同闍梨。依止必滿十夏，不在等中，所以除之。」（二二八頁下）

〔六〕**依止闍梨**　鈔批卷一〇：「此依止闍梨，要限十夏，與上四個小不同。上四，五夏即得也。」（四九二頁上）

〔七〕**乃至依止住一宿**　簡正卷七下：「舉少況多也。大德云：今時多有云五縣、七縣依止者，蓋未達教也。夫依止者，必具三法：一、是請法，二、是教授法，三、是相依住法，豈有他州外縣，各住有相依及教授義耶？復有碩德受尼依止，三百、二百尼人，一時長跪，而令一人陳詞請法等。此法等，亦此（【案】『此』疑剩。）乖律法也。夫依止者，元是對是逐人而作，豈得多人一時！況尼通依，僧亦不局一比丘，何得說依止偈？無理甚也！」（四五九頁下）

〔八〕**和尚等者，多已十歲**　資持卷上三：「前約夏，簡未滿不名。」（二二八頁下）鈔批卷一〇：「立謂：此是與和上年歲同也，則不合同床坐。俗云：倍年已上，則父事之，即其義也。」（四九二頁上）

〔九〕**除依止**　鈔批卷一〇：「謂依止替和上處，事同和上，要多已十歲。不得同前四種闍梨，故曰除也。」（四九二頁上）簡正卷七下：「依止本位替和上，要具十夏，故須除之。」（四五九頁下）

〔一〇〕**未霑勝名**　簡正卷七下：「若據律云，未滿五夏，（四五九頁下）雖徒（原注：『徒』一作『從』。）彼習誦，未得沾於闍梨殊勝之名也。」（四六〇頁上）

〔一一〕**九歲和尚，得戒，得罪**　【案】見四分卷三四，八一一頁中。

〔一二〕**得名何損** 鈔批卷一〇：「謂未滿五夏，亦得名闍梨也。引九夏和上，明受得戒。我今闍梨，雖未五夏，喚為闍梨，亦何所妨損也！」（四九二頁下）簡正卷七下：「今師准九夏和上，亦夏未滿，受戒得戒，呼為和上。今此雖未滿五夏，既依他誦習，得名闍梨，復何妨損！」（四六〇頁上）

〔一三〕**非通始終** 簡正卷七下：「和上是得戒根本，從初為始，終至四捨。餘則不爾，唯始不通於終。」（四六〇頁上）

〔一四〕**若作師者，更須請法** 資持卷上三：「上四闍梨，必滿十夏，欲從依止，前法已失，故令更請。」（二二八頁下）簡正卷七下：「且如本是我羯磨師、教授師，今欲作依止，更須說偈請之，不得不請。」（四六〇頁上）

〔一五〕**律中，二師行德三種** 鈔科卷上三：「『律』下，正簡師德。」（三一頁中）資持卷上三：「律中因制依止，有新受戒者，受人依止，多起非法，故制十歲。又有十歲愚癡比丘，受他依止，（二二八頁下）多造非法。復制十夏有智慧者，又有自謂有智慧者，受人依止，復制闍梨行法，令教誡等。此三必具，闕一不成。下指共行法，與前無別。」（二二九頁上）【案】「律中」下分五，如鈔所列。【案】見四分卷三四，八〇三頁～八〇四頁。

〔一六〕**如「和上法」中** 簡正卷七下：「七種、三種，共別之行，不唯和上獨有。依止師既替和上，其三、七之行，亦同據理。此更合明。但為前來說了，今指同也。」（四六〇頁上）

〔一七〕**凡欲依止人者，當好量宜能長善法者** 資持卷上三：「伽論初明自選。」（二二九頁上）【案】伽論卷六，五九九頁中。

〔一八〕**眷屬** 鈔批卷一〇：「將其門徒為眷屬也。」（四九二頁下）

〔一九〕**成就五法** 鈔批卷一〇：「謂師具此五法，方得請之。」（四九二頁下）資持卷上三：「僧祇五法，並制弟子。此彰師德，歸攝人心，能感弟子。成此五者，方可依止，即屬簡德。（古云此五約師。非也。）」（二二九頁上）簡正卷七下：「僧祇五等者，總屬和上。」（四六〇頁上）【案】僧祇卷二八，四五八頁上。

〔二〇〕**愛念** 簡正卷七下：「憐愍於下，名為愛念。」（四六〇頁上）

〔二一〕**恭敬** 鈔批卷一〇：「謂師性謙下，甚能恭敬於他人也。」（四九二頁下）

〔二二〕**慚** 簡正卷七下：「見惡能恥曰慚。」（四六〇頁上）

〔二三〕**愧** 簡正卷七下：「見善能修曰愧。」（四六〇頁上）

〔二四〕**樂住** 簡正卷七下：「常欲止於一處，不頻移改，名樂住。」（四六〇頁上）鈔

批卷一〇:「立謂:若馳騁遊行,不堪依之。要常一處住者,方始堪耳。遊云:樂住,謂有法食,弟子依之修學,法身成立,故云樂住。」(四九二頁下)

〔二五〕諸比丘輒爾依止　資持卷上三:「律云:彼不選擇人受依止故。」(二二九頁上)【案】此「四分」下為初段;二為「因二歲比丘」下;三為「若師有非法」下。四分卷三四,八〇五頁中。

〔二六〕不能長益沙門道行　鈔批卷一〇:「謂師能教弟子,習學三藏,速證四果也。竇云:極少亦須三生持戒,或言七生持戒不犯,方證初果。今有人持戒,秉行成熟,不以為難者,皆由宿習、慣習故也。若大羅漢,如身子、目連等,要經六十小劫修行,方得聲聞上首。若修菩薩行,證大菩提,要經三大阿僧祇劫,方獲佛果也。」(四九二頁下)

〔二七〕即師有破戒、見、威儀等,並不合為依止　資持卷上三:「『即』下示過。文略『呵責』等四治,故云『等』也。」(二二九頁上)鈔批卷一〇:「此明所破戒及以六十二見,破其正見等,不合依附為師也。」(四九二頁下)

〔二八〕因二歲比丘,將一歲弟子住佛所　資持卷上三:「『因』下,二、明簡年。二歲比丘,即律緣起尊者婆先也。」(二二九頁上)鈔批卷一〇:「四分律中,(四九二頁下)有婆先比丘二歲,將一歲弟子往世尊所。佛知而故問:『此是何等比丘?』婆先答言:『是我弟子。』佛問:『汝今幾歲?』答言:『二歲。』復問:『弟子幾歲?』答言:『一歲。』世尊即無數呵責已。語言:『汝身由未斷乳,應受人教授,云何教授人耶?』因此,制滿十歲、有智慧者,聽授人具戒也。」(四九三頁上)【案】四分卷三三,八〇〇頁上。

〔二九〕若師有非法,聽餘人誘將弟子去　資持卷上三:「『若』下,三、明誘去。律因二師破戒、見等,佛言:『聽作如是意誘去,欲令長益沙門法故。』」(二二九頁上)【案】見四分卷三四,八〇四頁下。

〔三〇〕其師無非法,而誘將沙彌去,犯重　資持卷上三:「引五百問反示如法不聽。言犯重者,成盜人故。因說者,彼云:昔有比丘輒誘沙彌去,此老比丘無人看視,不久命終,故制。律中,六群誘他弟子。佛言:『不應。』(止犯吉羅。論中重者,必約盜心。)」(二二九頁上)鈔批卷一〇:「景云:此舉損供給力用,計滿五,犯重也。」(四九三頁上)鈔批卷一〇:「撿五百問云:昔有一老比丘,唯有一沙彌,被人誘去,無人看視,不久命終,因此制戒,不得誘他沙彌。誘者,即犯重也。」(四九三頁上)【案】五百問,九七六頁下。

〔三一〕若不解律,但解經論,不得度沙彌及依止　資持卷上三:「善見中,明簡學

業。檢行決疑，必依解律，故餘不許。」（二二九頁上）【案】善見卷一六，七八六頁中。

〔三二〕成就四法，名為持律　簡正卷七下：「戒疏云：若解此四，通決無疑，是名上品持律。何名有罪？心境相當也。何名無罪？起對治也。何名輕？因果微也。何名重？因果麤也。」（四六〇頁下）

〔三三〕下至知二部律　鈔批卷一〇：「立明：僧、尼二部律也。」（四九三頁上）資持卷上三：「二部律不係四中，不能如上觀察機緣。然知律相，容可咨問，自餘不許，故云『下至』。」（二二九頁上）

〔三四〕三千威儀多有請二師方法，及攝受共行之儀　簡正卷七下：「今師指彼，多有情（原注：『情』一作『請』。）二師及二師攝受之法。（原注：『又』作『文』。）廣又如彼，即顯此鈔，由存稍略。」（四六〇頁下）資持卷上三：「三千威儀，彼文甚廣，撮要引之。第二卷首云：新至比丘欲到賢者所，請作依止阿闍梨。當先自說言：『我為某（先陳己名），遠離三師，各去是若干里，今獨來在此，本意欲學，連遇國郡不安，故來到是。今自歸賢者，賢者為我作依止阿闍梨。賢者用某自歸故，受某甲為弟子；賢者當用法故，為某甲作阿闍梨。』說已，頭面作禮、陳請等。又云：弟子依止阿闍梨有五事：一者當數往，二者至戶當三彈指（二二九頁上），三者入當頭面禮，四者長跪問消息，五者當還向戶出。復有五事：一、旦往問訊；二、師呼即著袈裟往，不應單身；三、當掃地，具澡水，拂拭床席；四、若有所作，若出入行止，當報；五、受經問解得不得，不應有恐意。」（二二九頁中）【案】三千威儀卷二，九二〇頁上。

四、明請師法

律中：由和尚命終，無人教授，多壞威儀，聽有依止〔一〕。如上「和尚法」。令法倍增益流布〔二〕。

僧祇亦得名師為「尊」〔三〕。請文云：「大德一心念：我某甲比丘，今請大德為依止阿闍梨，願大德為我作依止阿闍梨。我依大德故，得如法住。」三說。律文少語，加「闍梨」字〔四〕。彼言：「可爾！與汝依止，汝莫放逸。」

五分云：我當受尊教誡，不者不成〔五〕。先不相識者，應問和尚、闍梨名字，先住何處，誦何經等。若不如法，應語云：「汝不識我，我不識汝，汝可往識汝處受依止。」若疑，應語：「小住。」六宿觀之，合意為受。若依止師不答許可者，不成。四分云：彼遣使受依止，遣使與

依止，皆不成〔六〕。

【校釋】

〔一〕由和尚命終，無人教授，多壞威儀，聽有依止　鈔批卷一〇：「舉喻如新生小兒，交須乳哺，忽喪其親，須求乳母。今和上既死，合依他人，義同乳母也。」（四九三頁上）簡正卷七下：「律云：有新受戒比丘，和上命終，無人教授，不案威儀，著衣不齊，乞食不如法，食上鬧語，如婆羅門聚會。以此白佛。佛言：『自今已去，聽有阿闍梨。闍梨者，弟予（【案】『予』疑『子』。）如兒想；弟子者，闍梨如父母想等。』」（四六〇頁下）資持卷上三：「『聽』下示制，元立依止，補和尚處也。」（二二九頁中）

〔二〕如上和尚法，令法倍增益流布　資持卷上三：「準律具儀，跪膝合掌，然後陳請。」（二二九頁中）【案】四分卷三四，八〇三頁中。

〔三〕僧祇亦得名師為「尊」　鈔科卷上之三：「『僧』下，正作法。」（三一頁中）資持卷上三：「僧祇異名，如前篇引。」（二二九頁中）簡正卷七下：「名（去呼）師為尊，有人作平聲呼；天（原注：『天』疑『又』。）有鈔中，作『召』字者，並錯也。」（四六〇頁下）

〔四〕律文少語，加「闍梨」字　資持卷上三：「示知加改。彼云：我某甲求大德為依止，願大德與我依止，我依止大德住。故知加改不唯『闍梨』二字。」（二二九頁中）【案】僧祇卷二八，四五七頁下。

〔五〕我當受尊教誡，不者不成　鈔科卷上三：「『五』下，明成否。」（三一頁中）資持卷上三：「五分初明弟子受教之詞，本律無文，今須準用。」（二二九頁中）

〔六〕彼遣使受依止，遣使、與依止，皆不成　資持卷上三：「四分遣使，謂身不現前，不成作法。『遣受』即弟子慢易，『遣與』謂師之率爾。」（二二九頁中）【案】四分卷三四，八〇五頁中。

五、師攝受法

大同前法〔一〕。

僧祇云：日別三時，教三藏教法〔二〕。不能廣者，下至略知戒經輕重〔三〕、陰界入義〔四〕。若受經時、共誦時、坐禪時，即名「教授」〔五〕。若不爾者，下至云「莫放逸」〔六〕。準此以明〔七〕，今聽講、禪、齋，初學者並令依止〔八〕。每日教誡，過成繁重。不行不誦，徒設何益〔九〕？凡請師法，前已明之〔一〇〕。今重論意，有四〔一一〕：一、作請彼攝我，

我當依彼慈念矜濟；二、取道法資神，乞令教授，行成智立；三、自申己意，我能依止，愛敬如父；四、能遵奉供養，慚、愧二法〔一二〕在心。必具此四，可得請他。違此，悠悠徒費無辦〔一三〕。比有大德〔一四〕，多人望重，每歲春末，受戒者多。一坐之間，人來投請為和尚者，或十、二十。及至下座，獨己蕭然〔一五〕，此則元無兩攝〔一六〕。成師之義，略同野馬〔一七〕。極而言之，受同陽燄〔一八〕。雜含云〔一九〕，五緣令如來正法沈沒：若比丘於大師〔二〇〕所，不敬、不重，不下意、供養、依止故。反此，則法律不退。

五分：二師亦不得以小事留弟子住〔二一〕。若於白衣前〔二二〕，出鄙拙言，應令覺知。廣如第二十三卷。

善見：和尚多有弟子，留一人供給〔二三〕，餘者隨意令讀誦。

僧祇：弟子為王難〔二四〕，師必經理〔二五〕。若賊抄掠等，覓錢救贖，不者獲罪〔二六〕。

今次明老弟子〔二七〕法。十誦：大比丘從小比丘受依止，得一切供養，如小事大。唯除禮足，餘盡應作。僧祇：一切供給，除禮足、按摩〔二八〕；若病時，亦得按摩；應教二部戒律、陰界入、十二因緣〔二九〕等義；雖復百歲，應依止十歲持戒比丘〔三〇〕，下至知二部律〔三一〕者。晨起問訊，為出大小行器，如弟子事師法。

【校釋】

〔一〕大同前法　鈔批卷一〇：「謂同前和上法中也。」（四九三頁上）簡正卷七下：「指前『師、弟名相』中，第二總相攝門引六方禮經及四分等。『二五』、『兩四』，師弟相攝也。」（四六〇頁下）資持卷上三：「大同者，即共行七法。」（二二九頁中）【案】「攝受法」文分二：初，「大同前法」；次、「僧祇」下。次又分二：初，「僧祇」下；二、「今次」下。

〔二〕日別三時，教三藏教法　鈔科卷上三：「初，小弟子法。」（三一頁上～中）資持卷上三：「初文，僧祇廣略，次第四節。初，明廣說三藏。晨朝、日中、昏暮，為三時也。」（二二九頁中）簡正卷七下：「玄云：請教誡之儀應也。十人、二十人，同時禮師已，互跪。一人說詞云：『尊憶念弟子某甲等，朝請尊教誡，願尊指授，慈愍故。』一說。師即廣示教相修多羅、毗奈耶、阿毗達磨，（四六〇頁下）然後語云：『莫放逸。』弟子云『頂載持』等。」（四六一頁下）【案】「僧祇」下一節，文分為二：初「僧祇」下；二、「凡請」下。

〔三〕**戒經輕重**　簡正卷七下:「五篇昇降,前重後輕也。」(四一六頁上)

〔四〕**陰界入義**　鈔批卷一〇:「五陰、十八界、十二入也。五陰即名色,屬眾生身也。十八界者,外六塵、內六根,中間分別名六識,即見、聞、嗅、嘗、觸、知,三六成十八也。十二入者,約六塵入於六根也。有時,言六入者,單就一邊明之,能、所雙顯,故有十二也。」(四九三頁下)簡正卷七下:「陰、界、入義等,三科法也。陰是五陰,界是十八界,入是十二入。(上且略明。)次,廣釋者,俱舍頌云:『聚生門種族,是蘊處界義。』謂五蘊是積聚義,十二入是生門義,十八界是族義。初,云五蘊者。五者,舉數也。舊梵云『缽羅婆陀』,翻為『蔭』,蔭是覆蔭。又解,蔭者,陰也,即『陰陽』之陰。春夏屬陽,秋冬屬陰,冬是萬物積聚時也。此約義說身。或梵云『塞健那』,羅什法師翻為『眾』。眾者,多也。故經云:五眾之生滅。唐新翻為『蘊』,蘊是積聚義,謂色、受、想、行、識是積聚也。今鈔云:陰者,猶存舊語也。所言『色蘊』者,論云可變壞故,名為色蘊。變者,顯剎那。無常壞者,顯眾同分無常。又,此變壞即惱壞義也。(云云。)二、『受蘊』,謂受能領納隨順觸因,故云受。此隨觸之言,為顯因義因,即是觸能生受故。觸順於受故,名為『隨受』。能領納隨順觸因,名『領納隨觸』也。三、『想蘊』,取像為體,能執取苦樂、惡親、男女等像故。四、『行蘊』者,論云:『四餘名行蘊。』謂色、受、想、識外,諸心所法,總名行蘊。造作、遷流,二義名行。據此義邊,(四六一頁上)色等五蘊,並合名『行』。謂由行蘊,攝法多故,偏彰行合也。五、『識蘊』,論云:『識謂各了別。』謂有六種了別,故云各也。即服了別色,乃至意了別法等。(云云。)小乘七十五法,此五蘊攝得七十二法。色蘊,攝十一:五根、五境及無表;二、識蘊,攝意識心王一法;想蘊,攝心所中想一法;受蘊,攝心所中受一法;行蘊,攝四十四心所、十四不相應,共五十八法。唯不攝『三無為』,義不相應故。謂三無為,既非積聚,不可別立為蘊。〔上略釋齊,并攝法云(原注:『云』一作『之』。)名也。〕次解『十二入』,是生門義。十二者,舉數也,舊梵云『阿野但那』,此云『入』,『入』是滅義。新云『缽羅吠奢』,此云『處』,即內六根、外六境,是識所生處。即六根能引六識,令生根種。若外六境為緣,牽生六識,心不孤起,託境方生,即根境是識生長處。若約色、心分別,內五根、外五塵,此十是色。意根處是心法,處通心所。此十二入,通攝七十五法。五根處攝五根色,五境處攝五境色,意根處攝意識,心王法境處攝四十六心所。十四不相應、三無為、一無表,共六十四

法。（云云。）後解『十八界』。十八者，舉數也。梵云『馱都』，此云『界』，即六根界、六識界、六境界。六識依六根、（四六一頁下）聚六境故。界者，因義、持義、種族義。因義如別持，謂任持六根，任持六識、六境。亦解任持六識，謂所依時，有能任持也。種族者，謂根境識，同是根等流類，相似例解。此攝七十五法皆盡。『五根界』攝位中五根色；『五境界』攝五境色；六識及意界，共攝意識心王一法；『法境界』攝四十六心所、十四不相應、三無為、一無表，共六十四法。問：『前五蘊不攝無為，界處何故攝無為？』答：『蘊是積聚，故不攝。界處是生長義，無為是心所緣，生長處故，是以攝也。』就『六境』界中，一、『色境界』，『顯色』有十二：青、黃、赤、白、烟、雲、塵、霧、光、影、明、暗，唯無記性；二『形色』有八：長、短、高、下、方、圓、正、不正，通三性。二（【案】『二』疑『三』。）『聲境界』，聲有八種：一有執受大種為因。有情名何意聲，謂所發音聲，令人愛樂。二有執受大種為因。有情名不可意聲，謂所發音聲，令人不悅，雖是時中，以不樂故，或可非時發聲等。此二是有情身中，所發音聲，名有執受，就中語業得有情，若能詮表故。三有執受大種為因。非有情名可意聲，謂笑中拍手等是。四有執受大種為因。非有情名不可意聲，謂嗔時行棒杖等聲，是此之二種，（四六二頁上）是有情身中所發，名有執受。不能詮表故，彰非有情名也。五無執受大種為因。有情名可意聲，謂化人語言說法等。六無執受大種為因。有情名不可意聲，謂化人、罵人、惡言說是。此二是化人，故名無執受。雖無執受，且能詮表。好惡言義故，彰有情名也。七無執受大種為因。非有情名可意聲，謂鐘、鈴等。八無執受大種為因。非有情名不可意聲，風激樹林江潮等，所發音聲，名無執受，不能詮表，名非有情。（云云。）『香境界』者有四：一好香沈檀等；二惡香蔥薤等；好惡香中，資益身者，名等香，（三也；）於身損減者，名不等香，（四也。）『味境界』者有六：苦、酢、鹹、辛、甘、淡。『觸境界』，十一：地、水、火、風，（此四能遠；）輕、重、滑、澀、飢、渴、冷。（此七所迷。）堅名地，濕名水，煗名火，動名風，可稱名重，番此為輕，柔耎名滑，麤犷名澀，食欲名飢，煗欲名冷，飲欲名渴。已上冷、飢、渴三，是心所欲，非正因。觸目有三，觸發此三欲故，冷、飢、渴，是觸家果，而非是觸。今言觸者，從果立號。故論云此三皆於因立果名也。『法境界』，攝四十六心所、十四不相應行，色中無表、三無為，並是法境界攝也。又，上來所說，蘊是聚義，（四六二頁下）十二入是生門義，十八界是種族義，且據多分而言也。

若細論，互有相濫，廣如俱舍所造。（云云。）問：『世尊何故說此三科之法耶？』答：『故論頌曰：『愚根樂三故，說蘊處界三。』謂所化有情有三品，故佛說蘊等三科也。一、『愚』有三：一者，愚心不愚色——總執為我，佛（原注：一無『佛』字。）為說五蘊，以五蘊中四蘊是心，故說五蘊，能破彼執。二者，愚色不愚色——總說為我，佛為說十二處，以十二處中十一是色，唯意法非色，故說處門，能除彼執。三者，二愚色亦愚——心總執為我，佛為說十八界中，十界是色，餘八是心，故說界門，能除彼執。二、『根』有三，謂上、中、下也。上根聰利，略說便解，為開五蘊；中根稍遲，說處方解；下根最鈍奘，須廣說故，為談界。（此約解遲、疾以說也。）若據諷誦難易說也，利根廣說界，中根說處，鈍根說蘊。三、『樂』有三：一則樂廣不樂，略為說十八界；二則樂略不樂，廣為說五蘊；三者樂處中，為說十二處。已上三科，有宗皆實，經部唯是實。若據世親論，至處與界皆實。餘如別說。（云云。）因鈔文云：陰界入義，與弟子分別解說等。」（四六三頁下）【案】俱舍卷一，三頁～五頁。云云。）因鈔文云：陰界入義，與弟子分別解說等。」（四六三頁下）【案】俱舍卷一，三頁～五頁。

〔五〕若受經時、共誦時、坐禪時，即名「教授」　資持卷上三：「『若受』下，復以禪誦便當教授。」（二二九頁中）鈔批卷一〇：「此約與弟子同誦時，弟子或不能便問，和上即當教誡也。」（四九三頁下）

〔六〕若不爾者，下至云「莫放逸」　資持卷上三：「『若不』下，直言約勒，不引經律。已上四法，言雖繁省，並須三時。」（二二九頁中）

〔七〕準此以明　鈔科卷上之三：「『準』下，指過。」（三一頁下）資持卷上三：「以文開略法，自可依行。況法語難遵，人情易厭，故指其繁重，意使隨宜。」（二二九頁中）

〔八〕今聽講、禪、齋，初學者，並令依止　資持卷上三：「禪、齋者，謂坐禪時及中食時也。」（二二九頁中）鈔批卷一〇：「立明：齋者，齊也。此舉師弟同時，齊共聽講還來，不須別教誡也，恐事成繁故。或同共坐禪者亦爾。」（四九三頁下）簡正卷七下：「聽，採也；講，說也。禪、齊（原注：『齊』一作『齋』。下同。）者，禪，定也；齊，戒也。（四六三頁上）

〔九〕不行不誦，徒設何益　鈔批卷一〇：「立明：上來過成繁重等，人必不依行，何須如此虛設請也？」（四九三頁下）

〔一〇〕凡請師法，前已明之　鈔科卷上之三：「『凡』下，重論請意。」（三一頁下）

資持卷上三:「計論請意,合在前科。然敘資心,為彰師攝,故此明耳。初二句,即指上科,前但出法不明意,故或可指。」(二二九頁中)【案】「凡請」下分三:初,「凡」下;二、「比」下;三、「雜」下。

〔一一〕**今重論意,有四**　資持卷上三:「僧祇『五法』;或指總相攝中,父想『四心』。以『五法』『四心』,即同『四意』,此但廣之,故云重也。四中,初,示相依;(二二九頁中)二、明順學;三、敬慕;四、執勞。」(二二九頁下)簡正卷七下:「謂請師之法,前門已明。然未說請人是非之意,今此論量故也。」(四六三頁下)【案】「重」,音「蟲」。

〔一二〕**慚、愧二法**　資持卷上三:「雜含云:告諸比丘有二淨法,能護世間,即慚愧也。」(二二九頁下)

〔一三〕**悠悠,徒費無辦**　資持卷上三:「悠悠,謂閑慢也。辦,成也。」(二二九頁下)

〔一四〕**比有大德**　鈔科卷上之三:「『比』下,斥非。」(三一頁下)

〔一五〕**及至下座,獨己肅然**　鈔批卷一〇:「欲明春末夏初,兩京此時多有受戒。初在壇場,事如師、弟,及至事訖,下座還房,師弟相捨,肅然各別也。又解:獨取上座一人為和上,不論有德。其下座縱有德行,無人授請,故曰獨己肅然。」(四九三頁下)

〔一六〕**元無兩攝**　鈔批卷一〇:「慈云:約師弟彼此,無兩攝也。亦可受得戒已即去,師無財法兩攝也。」(四九三頁下)資持卷上三:「『兩攝』或約師資相望,或約財法二事。」(二二九頁下)

〔一七〕**成師之義,略同野馬**　鈔批卷一〇:「野馬者,莊子云,謂塵埃也。乃是遊氣似有而難取。喻壇場受戒時,似是師、弟之相。受後相捨師義,不可取也。」(四九四頁上)資持卷上三:「『成』下,喻師資非久也。野馬者,天台云:風動塵故,曠野中如野馬。(莊子云『塵埃』也。)」(二二九頁下)簡正卷七下:「玄記引莊子云:陳塵謂之野馬。塵在空裏,各各茲飛,不可收攬。喻彼弟子,雖請為師,未曾有一念心相攝。略者,少也,即少分似同。謂塵埃終久亦聚一處,今且取緣飛之時作喻,故云略同也。若依淮南記云:蕃界之中,多其野馬,迥遠之處,百疋、二百等,遙望施多。若人近時,並皆棄走,更無一住。此亦如然也。(此釋亦通。)」(四六三頁下)

〔一八〕**極而言之,受同陽燄**　鈔批卷一〇:「謂盡底而言,則同陽燄也。也如熱時之燄,似水而無實。喻受時,師、弟壇場與法,似是相攝受。後也(原注:『後』疑『已』。)去更不相知,事同陽燄求水不可得。求此師、弟義,亦不可得也。」

（四九四頁上）資持卷上三：「『極』下，喻受法不成也。陽焰者，智論云：飢渴悶極，見熱氣謂為是水。此謂似有而無也。」（二二九頁下）簡正卷七下：「寶云：三春之月，陽氣上昇，遠瞻望時，由同水波之類。其麤渴逼奔走，向前至彼，並無其水。（此喻也。）法合云：受戒者登壇之日，請大德與我為和上也。和上即云『教授汝莫放逸』等，似有相攝之義。下壇已後，元無兩攝之。由如到彼，並無水相也。文中，『極』字，訓終也。初則似有，終後必無，故云極也。」（四六三頁下）【案】智論卷六，一〇二頁中。

〔一九〕雜含云　鈔科卷上三：「『雜』下，引誡。」（三一頁下）

〔二〇〕大師　簡正卷七下：「和上及依止師也。」（四六三頁下）資持卷上三：「德重學優，堪為世範，非今紫紫濫稱之者。」（二二九頁下）

〔二一〕不得以小事留弟子住　鈔批卷一〇：「謂弟子欲向餘方，學集勝業，不得為小事留之。」（四九四頁上）資持卷上三：「『小事』謂供給承事也。」（二二九頁下）

〔二二〕若於白衣前　資持卷上三：「『若』下，恐俗輕侮。正其所失，準彼乃是弟子覺師。今此反之，意通彼此。」（二二九頁下）【案】五分引文見今本卷二七，一七八頁中～下。

〔二三〕留一人供給　資持卷上三：「乃知師攝，意本利他，不圖役力。」（二二九頁下）

〔二四〕王難　資持卷上三：「『王難』謂為官繫閉等。」（二二九頁下）

〔二五〕經理　簡正卷七下：「為經歷上下，申論道理，為作謀計，得脫免難。不者，得吉。」（四六三頁下）

〔二六〕若賊抄掠等，覓錢救贖，不者獲罪　簡正卷七下：「犯盜重也。」（四六三頁下）資持卷上三：「屬彼強故，若奪成盜。必自脫免，師攝無過。『不』下一句，違上兩制，結師小罪。」（二二九頁下）鈔批卷一〇：「立明：弟子被賊抄云（原注：『云』疑『去』。）者，師須覓錢贖，和喻將還。若劫取，將還師，犯重也。若弟子自偷身出賊所，無犯。」

〔二七〕老弟子　資持卷上三：「但令夏次在上，不必年老。」（五〇四頁上）

〔二八〕一切供給，除禮足、按摩　資持卷上三：「禮足永閉，按摩時許。」（二二九頁下）【案】「足」，僧祇作「拜」。僧祇卷二六，四三九頁上。

〔二九〕十二因緣　資持卷上三：「『應』下，示同。上明師以法攝，同上日別三時教、三藏教法等。」（二二九頁下）簡正卷七下：「十二因緣者，略以四門分別：

初，列名；二、別頭（原注：『頭』一作『顯』。）體性；三、以略攝廣；四、明說之所以。初門者：一、無明；二、行；三、識；四、名色；五、六處；六、觸；七、受；八、愛；九、取；十、有；十一、生；十二、老死。故謂頌（【案】『謂』疑『論』。）曰：『如是諸緣起，十二支三際，前後際各二，中八據圓滿。』云前後際各二者，謂過去二支『無明』及『行』，未來有二『生』及『老死』。中八者，從『識』至『有』八支，為中際，約圓滿者言之；若胎中夭逝，即不定八也。二、別顯體性者。一『無明』者。論云：『宿惑位無明。』以宿世煩惱，具有其五蘊，總曰無明。過去一聚，心心處染污之法。若色、行二蘊，相從受稱。問：『何故唯宿惑名無明，顯在不名耶？』答：『現一貪等，但為因未得果，執（原注：『執』一作『報』。）用無戲，說為明利。若得果已，取與用戲，不為明利，故曰無明。』二『行』者。論云：『宿諸（原注：『諸』下一有『業』字。）名行。』謂宿生中，起種種業，五蘊為性，總名為『行』。行是遷流、造行義故。三『識』者。論云：『識正結生蘊。』謂正結生時，一剎那五蘊名『識』，以受生時，識最強故。四『名色』者。論云：『六處前名色。』從結生後六處，生前胎中五位，『名』為名色。『色』即色蘊，『名』則餘之四蘊，總號為『名』也。五『六處』者，論云：『從生眼等根，三和前六處。』（四六四頁上）即從『缽羅奢佉』位後至出胎已來，眼等諸根，未能與觸，作所依止，名為『六處』。六『觸』者。論云：『於三受因異，未了知名觸。』謂出胎後兩三歲來，根、境、識三，能有觸對，此位五蘊，總名為『觸』。七『受』者。論云：『在婬愛前受。』謂五六歲已去，能了三受因差別之相名『受』。言『三受因』者，苦、樂、捨三也。八『受』（原注：『受』一作『愛』。）者。論云：『貪恣具婬愛。』謂十五六已去，於五欲境能邊起貪名『愛』。九『取』者。論云：『謂（【案】『謂』論為『為得』。）諸境界，遍馳求名取。』謂既長大，於五欲境能遍馳求。十『有』者。論云：『有論（原注：『論』一作『謂』。【案】『論』論作『謂』。）正能造，事（原注：『事』作『牽』。【案】論文作『牽』。）當有果業。』既以馳求，取得前境，能招當果，故名『有支』。十一『生』者。論云：『結當有名生。』即從此命終一行那後結，當有時名之為生，即如今識，以當來生顯，故立『生』名。十二『老死』者。論云：『至當受老死。』謂於當來身受生已後，有名色、六處、觸、受，此之四位，所有五蘊，總名『老死』，即如今世，名色、六處、觸、受無別。（上顯體性竟。）若准俱舍，有四種緣起：一者剎那，二、連縛，三分位（即此所用。），四者遠續。

恐繁不述。第三，以略攝廣者。名雜十二，但以三、二為性，『三』謂『業』、『惑』、『事』，『二』謂『果』與『因』。故俱舍頌云：『三煩惱二業，七事亦名果。』云『三煩惱』者，（四六四頁下）無明、愛、取也。云二業者，謂『行』與『有』。云七事者，謂除五外，餘七名事，是煩惱與業所依事故。即此七事，便是其果。既知此七是果，反顯餘五百（【案】『百』字疑剩。）是因。即無明、行為因，識等者為果；愛、取、有為因，生、老死為果。外難曰：『三際明義，有何所以？前際略因，後際略果，中因與果，皆是廣耶？』答：『故論頌云：果（【案】『果』論文為『略』。）果與略因，由中可比二。謂由中際廣果及廣因，可比度知前後三（原注：『三』疑『二』。）際、略因略果，故不別說。若更說之，便成無用。』第四門者。問：『何故世尊說十二緣，復約三際分別？』答：『謂諸有情，於三際起愚故。前際愚者，謂我於過去世，為曾有、為非有等。後際愚者，於未來世，為當有、為非有等。中際愚者，於現在世，何等我自性，有何差別等。為治此愚，故立兩重因果，令其曉悟。論中說十二支相續不斷。故論詔（【案】『詔』疑『頌』。）云：『從惑生惑業，從業生於事，從事事或（【案】『或』論為『惑』。）生。』云從惑生惑者，受生取也；從惑生業者，無明生行，取生有也；從業生事者，行生識，有生生也；從事（原注：『事』下一有『事』字。）生者，識生名色，名色生六處，六處生觸，觸生受，生生老死。從事惑生者，受生愛，即老死生無明也，謂受此老死、愛即無明。此句正顯，相續不斷，離修對治道，生死無盡期。餘廣在論文。鈔文為老弟子，今說此十二因緣，令生悟人，斷於相續，不更輪迴也。餘如文。』」（四六五頁上）【案】簡正釋文中「論頌」分別見俱舍卷九，四八頁中，四八頁上，四九頁中。或可見阿毘達磨順正理論卷二五、二八、卷一四等處。

〔三○〕雖復百歲，應依止十歲持戒比丘　資持卷上三：「舉多況少也。」（二二九頁下）

〔三一〕下至知二部律　資持卷上三：「謂不具上知有罪等四法也。」（二二九頁下）

六、明治罰、訶責〔一〕法

分四：初，明合訶之法；二、依法訶誡；三、不應之失；四、辭師出離。

初中

四分有十五種〔二〕，**謂無慚，作惡不恥。無愧，見善不修。不受教，不如說行〔三〕。作非威儀，犯下四篇。不恭敬，我慢自居。難與語〔四〕**，成論云：

反戾師教。惡人為友，好往淫女家、婦女家、大童女家、黃門家、比丘尼精舍、式叉尼、沙彌尼精舍，好往看龜鱉〔五〕。律文如此〔六〕。今所犯者，未必如文。但有過者，準合依罰。置而不問，師得重罪〔七〕。善戒經云：不驅讁罰弟子，重於屠兒〔八〕、旃陀羅〔九〕等，由此人不壞正法，不定墮三惡道〔一〇〕；畜惡弟子，令多眾生作諸苦業，必生惡道。又為名聞利養故，畜徒眾，是邪見人，名魔弟子。五百問云：有師不教弟子，因破戒故，後墮龍中，還思本緣，反來害師〔一一〕。廣如彼說。

問：「為具五過方訶，一一隨犯而訶〔一二〕？」答：「隨犯即訶，方能行成〔一三〕。又，若作此過，雖犯小罪，情無慚恥，理合訶責〔一四〕。若心恒謹攝，脫誤而犯，情過可通，量時而用，不必訶止。」

雜含云〔一五〕：年少比丘不閑法律〔一六〕。凡所施為，受納衣食，貪迷縱逸，轉向於死，或同死苦〔一七〕；捨戒還俗，損正法律，謂同死苦〔一八〕；犯正法律，不識罪相，不知除罪，謂同死苦。是故，比丘應勤學法律〔一九〕。

二、明訶責法

凡欲責他，先自量己內心喜怒〔二〇〕。若有嫌恨，但自抑忍；火從內發，先自焚身〔二一〕。若懷慈濟，又量過輕重〔二二〕。又依訶辭進退〔二三〕，前出其過，使知非法。依過順訶，心伏從順〔二四〕。若過淺重訶〔二五〕、罪深輕責，或隨憤怒，任縱醜辭，此乃隨心處斷，未準聖旨，本非相利，師訓不成。宜停俗鄙懷〔二六〕，依出道清過〔二七〕。內懷慈育，外現威嚴〔二八〕，苦言切勒，令其改革。

依律五法次罪責之〔二九〕。

四分云〔三〇〕，弟子不承事和尚，佛令五事訶責：一、我今訶責汝，汝去〔三一〕；由過極重〔三二〕，遣遠出去。二、莫入我房；得在寺住，在外供給。三、莫為我作使；容得參承入房。四、莫至我所；外事經營，不得來師左右。依止師訶改云：「汝莫依止我。」五、不與汝語。過最〔三三〕輕小，隨得侍奉。

自三世佛教，每諸治罰，但有折伏訶責，本無杖打人法。比見大德眾主〔三四〕，內無道分可承，不思無德攝他，專行考楚。或對大眾，或復房中，縛束懸首，非分治打。便引涅槃「三子之喻〔三五〕」。此未達聖教〔三六〕。然彼經由住一子地悲〔三七〕故，心無差降，得行此罰。即涅槃云〔三八〕：勿殺、勿行杖等。此言何指〔三九〕？不知通解，輒妄引文。縱

引嚴師,此乃引喻,不關正文。如攝論言:菩薩得淨心地,得無分別智〔四〇〕,方便具行殺生等十事〔四一〕,無染濁過失等。今時杖治弟子者,咸起瞋毒,勇憤奮發,自重輕他,故加彼苦。若準涅槃「恕己為喻」,則「針刺不能忍之。」〔四二〕

又有愚師引淨度經「三百福罰」〔四三〕。此乃偽經人造,智者共非〔四四〕。縱如彼經,不起三毒者,得依而福罰。今順己煩惱,何得妄依!

律中,瞋心訶責,尚自犯罪,乃至畜生,不得杖擬,何況杖人〔四五〕?地持論中〔四六〕:上犯罰黜〔四七〕,中犯折伏〔四八〕,下犯訶責〔四九〕。亦無杖治。大集云:若打罵破戒、無戒、袈裟著身、剃頭者,罪同出萬億佛身血〔五〇〕。若作四重,不聽在寺,不同僧事〔五一〕。若謫罰者,於道退落,必入阿鼻〔五二〕。何以故?此人必速入涅槃,故不應打罵。準此以明,則自知位地,生報冥然〔五三〕。濫自欺枉,可悲之深!廣如彼經。

僧祇:若師訶責,弟子不受者,當語知事人斷食〔五四〕。若凶惡者〔五五〕,師自遠去;若依止弟子,師應出界一宿還〔五六〕。若弟子有過,和尚為弟子懺謝諸人〔五七〕,云:「乃至凡夫愚癡,何能無過?此小兒晚學,實有此罪。當教敕不作。」如是悅眾意。

三、明訶責非法。

四分云〔五八〕:盡形〔五九〕訶責,竟安居〔六〇〕訶責,訶責病人〔六一〕,或不喚來現前〔六二〕,不出其過而訶責〔六三〕等,並成非法。若被治未相懺謝而受供給依止等〔六四〕,或被餘輕訶,而不為和尚、闍梨及餘比丘等執事勞役者,得罪〔六五〕。

僧祇:若與共行弟子〔六六〕、依止弟子〔六七〕衣已,不可教誡,為折伏故奪。後折伏已,還與無罪。若與衣時言〔六八〕:「汝此處住,若適我意,為受經者,與汝。」後不順上意,奪者無犯。十誦:若欲折伏,剝衣裸形可羞〔六九〕;佛言:不應小事折伏沙彌。若折伏,留一衣〔七〇〕。

四、明辭謝法〔七一〕

十誦云〔七二〕:比丘、沙彌得和尚,知不能增長善法者,應白師言:「持我付囑某甲比丘。」師應籌量彼比丘〔七三〕:教化弟子何似?其眾僧復何似?好者應付之;知不具足,更付餘師。若和尚不好,當捨去〔七四〕。和尚有四種:與法不與食,應住;與食不與法,不應住〔七五〕;法食俱與,應住;法食俱不與,不應住。不問若晝若夜,應捨去。阿闍

梨亦爾。僧祇大同，有苦樂住別〔七六〕。若師令作非法事——喚汝來，取酒來〔七七〕，應愜語云：「我聞佛言，如是非法事，不應作。」第二十八九卷中，多有行法，須者看之。五百問事：若弟子師命令販賣，作諸非法，得捨遠去〔七八〕。」

　　四分：若弟子被師訶責，令餘比丘為將順故，於和尚、闍梨所調和，令早受懺〔七九〕。應知折伏柔和，知時而受〔八〇〕。律云〔八一〕：應向二師具修威儀，合掌云：「大德和尚：我今懺悔，更不復作。」已外卑辭自述，事出當時。若不聽者，當更日三時懺悔如上。猶不許者，當下意隨順，求方便解其所犯。若下意無有違逆，求解其過，二師當受；不受者，如法治〔八二〕。若知不長益，令餘人誘將去〔八三〕。若弟子見和尚五種非法，應懺謝而去〔八四〕。白和尚言：「我如法，和尚不知〔八五〕；我不如法，和尚不知〔八六〕。我犯戒，和尚捨不教訶〔八七〕；若不犯，亦不知〔八八〕。若犯而懺者，亦不知〔八九〕。」

　　問：「共行法，令弟子攝和尚，今諸律中云何辭去〔九〇〕？」答：「上言攝者，據初雖有過，弟子諫喻，有可從遂。今諫而不受，無『同法』義，故須去也。僧祇云：若師受諫者，言『弟子，汝須早語我，我無所知』，即承用之。若師言『汝若諫我，我則是汝，汝則是我〔九一〕』，依前二師，方便而去〔九二〕。」

【校釋】

〔一〕治罰、訶責　資持卷上三：「合訶是過，訶誡即法。」（二二九頁下）

〔二〕四分有十五種　資持卷上三：「律列八箇『五事』，總四十句。初至『不恭敬』即初五事。次五云『無慚』、『無愧』，（此二，八『五』並同。）難與語、惡人為友，（此二句下，七『五』並同。）好往婬女家。（後六『五』事，上四句並同，唯第五句別。乃至以看龜鱉等一句接，通前成『八五』也。）今束其同者，止取別相，但『十五』事。又，式叉、沙彌尼，律中合列第七『五』中，今離為二相耳。上六注釋可解。」（二二九頁下）【案】本節分二：初「四分」下，二、「善戒」下。

〔三〕不如說行　鈔批卷一〇：「與下文『反戾師教』少異。」（四九四頁上）

〔四〕難與語　鈔批卷一〇：「礪問：『此難與語，勿（【案】『勿』疑『與』。）前文不受教句何異？』答：『難與語者，謂師教誨一向觝拒；前不受教者，謂受師語已，後則不如說行，是以有別。』」（四九四頁上）簡正卷七下：「於中難與

語，與『不受教』少似相濫。然『難與語』，即據師教說，一向解拒。若不受教，即約初教誡時，即依已後，不能導行也。」（四六五頁下）

〔五〕**好往看龜鱉**　鈔批卷一〇：「賓云：多散亂人，即樂看之，即廢修道，（四九四頁上）故應呵之。若准下增五文云：不得往捕魚鱉人家，即是惡律儀家，招譏，故呵也。」（四九四頁下）簡正卷七下：「恐心散亂，癈修道業，故不許。玄曰：若准增五文云：不得往捕魚鱉人家。是惡律儀，致招譏故。」（四六五頁下）資持卷上三：「放恣嬉遊故。」（二三〇頁上）【案】四分卷三四，八〇四頁中。

〔六〕**律文如此**　資持卷上三：「『律』下，例通餘過，勸令依罰。」（二三〇頁上）簡正卷七下：「謂單列雖有十五，然句則有八。『初五』如鈔文：一、無慚，二、無愧，三、不受教，四、作非威儀，五、不恭敬。『第二』五，將無慚、無愧、難與語、惡人為友、好往婬女家，乃至第八句，上四准舊，但段（原注：『段』一作『改』。）下一句乃至『看龜鱉』并前單者，成八句也。鈔文單列十五，收律文五八『四十』皆盡。寶云：此依律有『八五』句。初五如鈔。『二五』以無慚、無愧、難與語、惡人為友四種為頭，歷『婬女家』下七處，便為七句也。」（四六五頁下）

〔七〕**師得重罪**　資持卷上三：「制唯犯吉，約業尤重。如下引示。」（二三〇頁上）

〔八〕**不驅謫罰弟子，重於屠兒**　鈔科卷上之三：「『善』下，引教勸治。」（三一頁下）資持卷上三：「善戒中。舉極惡人以況其罪，猶更過之。好為人師者，寧知不易乎？」（二三〇頁上）鈔批卷一〇：「撿善生經云，佛語善生長者云：『寧受惡戒，一日中斷無量命根，終不養畜弊惡弟子，不能調伏。何以故？是惡律儀殃齊自身，畜惡弟子不能教誨，乃令無量眾生作惡、謗無量善妙之法、壞和合僧、令多眾生作五無間。是故，劇於惡律儀罪也。』立云：屠兒不壞正法，不斷佛種，如鴦掘摩殺千人已後，見佛得道。畜惡弟子不教誡者，壞正法輪，僧寶斷絕，死入惡道。」（四九四頁下）【案】此處意為，雖然屠兒，若不壞正法、不斷佛種，也能得見佛道。若畜惡弟子，不加教誡，使法輪斷壞、僧寶斷絕，則死入惡道。菩薩善戒經卷四，九八三頁上。

〔九〕**旃陀羅**　資持卷上三：「經音義中譯云『嚴熾』，亦云『主殺人』，即『魁劊』之名也。」（二三〇頁上）

〔一〇〕**不定墮三惡道**　簡正卷七下：「謂屠兒不壞正法，不斷佛種，如氣噓搆陀羅，而得生天。殃掘摩羅煞千人，已後遇佛，猶獲道果。（四六五頁下）畜惡弟子

不教誡者，壞正法輪，僧寶斷絕，更入惡道。」（四六六頁上）

〔一一〕有師不教弟子，因破戒故，後墮龍中，還思本緣，反來害師　鈔批卷一○：「撿五百問云：昔迦葉佛時，有一比丘度弟子，多作非法，命終生龍中。龍法七日一受對。受對之（原注：本文無「受對之」三字。）時，火燒其身，肉盡骨在。尋後平復，復則更燒，不能堪苦。便自思惟：『我當何罪，致如此苦？』便觀宿命，自見本是（原注：『是』本文作『作』。）沙門，不持禁戒，師亦不教。便作毒念，嗔其本師，念欲傷害。後會其師，與五百商人乘船渡海，龍便出水，捉其船頭（原注：本文無『頭』字。）。眾人即問言：『汝是何人？』答云：『我是龍。』問：『汝何以捉船？』答：『汝若下此比丘，放汝使去。』問：『此比丘何預汝事？』答言：『本是我師，（四九四頁下）不教誡我。我今受苦痛。』眾人事不獲已，便欲擲著水中。比丘言：『我自入水。』即便投水命終。」（四九五頁上）【案】五百問卷上，九七六頁上。

〔一二〕為具五過方訶，一一隨犯而訶　資持卷上三：「前引過相，『八五』列之。恐疑犯五方呵，故須明決。」（二三○頁上）鈔批卷一○：「首疏云，如上：一、無漸，二、無愧，三、不受教，四、非威儀，五、不恭敬。」（四九五頁上）

〔一三〕隨犯即訶，方能行成　簡正卷七下：「古人云：具十五即呵。今師云：隨犯即呵，方成糺正也。」（四六六頁上）

〔一四〕若作此過，雖犯小罪，情無慚恥，理合訶責　資持卷上三：「『又』下，教酌情用舍。」（二三○頁上）

〔一五〕雜含云　簡正卷七下：「此是喻。（四六六頁上）況法合者，宿德比丘，學道日久，不樂財利，所得衣食不染不貪，食已身悅。年少比丘，不閑法律，依於聚落，不護身口，所得衣食染著，貪迷食已，身不悅也。緣斯食故，轉向於死。」（四六六頁下）鈔批卷一○：「撿彼經云：佛在毗舍離國，時有眾多比丘入城乞食。中有年少比丘，出家未久，不閑法律。乞食之時，不知先後次第。餘比丘見，以理相語：『汝等年少，出家未久，不知法律，前後無次而行乞食者，長夜當得不饒益苦。』如是再三相語，不能令止。時諸比丘食已，還來白佛，具陳此事。佛告諸比丘：『如空澤中有大湖水，有大龍象而於澤中拔其藕根，洗去泥土，然後食已，身体肥悅，多力安樂。時有異族小象，形軆羸小，効彼龍象，拔其藕根，洗不能淨，合泥土食。食之不消，体不肥悅，轉就羸弱，緣斯致死，或同死苦。如是宿德比丘，學道日久，不樂婬戲，久修梵行，大師所歎。依止城邑、聚落乞食，善護身口，善攝諸根，專心繫念，能生物信。若得

財、利、衣、被、飲食，心不染著，不貪不嗜、不迷不逸，見其過患、（四九五頁上）見其出離，然後食之。食已身心悅懌，得色得力，以是因緣，常得安樂。彼年少比丘，出家未久，未閑法律，依於聚落，著衣持鉢，入村乞食，不善護身，不守根門，不專繫念，不能令彼不信者信、信者不變。若得財、利、衣、被、飲食，四事供養，染著貪逐（原注：『逐』疑『迷』。）。不見過患，不見出離，以嗜欲心食，不能令力悅懌、安隱快樂。緣斯食故，轉向於死，或同死苦。所言死者，謂捨戒還俗，失正法律。言或同死苦者，謂犯正法律，不識罪相，不知除罪。故曰也。』佛即說偈言：『龍象拔藕根，水洗而食之。異族象効彼，合泥而食之，因雜泥食故，羸病遂致死。』」（四九五頁下）【案】雜含卷三九，二八四頁上～中。

〔一六〕不閑法律　資持卷上三：「不閑等者，謂愚教也。」（二三〇頁上）

〔一七〕凡所施為，受納衣食，貪迷縱逸，轉向於死，或同死苦　資持卷上三：「『凡所』下，明造過也。『轉向』下，示現報也。」（二三〇頁上）鈔批卷一〇：「貪迷縱逸者，慈云：約六根所緣色、聲、香味等，縱放等逸也。」（四九五頁下）

〔一八〕捨戒還俗，損正法律，謂同死苦　資持卷上三：「『捨戒』下，釋上轉向死也。」（二三〇頁上）簡正卷七下：「謂犯法律，不知罪相，不知除罪，謂同死苦。玄云：彼經正文，兩處標舉，鈔除一也。謂同死苦者，鈔主加也。」（四六六頁下）

〔一九〕是故，比丘應勤學法律　資持卷上三：「『是』下，結勸。文中兩言謂『同死苦』。準經，上句合云謂『向於死』。經云：所言死者，謂捨戒等；同死苦者，謂犯正等。經中牒釋，今易於下結，語不當異，引經對校，定是傳誤，須考本文，無勞強釋。」（二三〇頁上）

〔二〇〕凡欲責他，先自量己內心喜怒　資持卷上三：「第二訶誡，敘如非中，分三。初，誡自量。」（二三〇頁上）【案】「訶責法」文分為二：初，「凡欲」下敘如非；二、「依律」下示訶法。「己」，底本為「已」，據大正藏本及文義改。

〔二一〕火從內發，先自焚身　鈔批卷一〇：「濟云：內起嗔心，名為火發。能燒自家功德，故曰先自焚身。今時縱嗔心，以害前人，即是食而噎人，先汙其口。」（四九五頁下）

〔二二〕若懷慈濟，又量過輕重　資持卷上三：「『若懷』下，次，示正法。次第有四。初句明利他，次句明觀察。」（二三〇頁上）

〔二三〕又依訶詞進退　簡正卷七下：「過重，重處（原注：『處』一作『呵』。）。云

汝遠去過輕,輕責,云『不與汝語』等。」(四六六頁下)資持卷上三:「『又依』下,出過相。依訶詞者,即下『五種重輕』隨用,故云進退。」(二三〇頁上)

〔二四〕**依過順訶,心伏從順** 資持卷上三:「『依過』下,正訶責。」(二三〇頁上)

〔二五〕**若過淺重訶** 資持卷上三:「『若過』下,三、勸依教。」(二三〇頁上)

〔二六〕**宜停俗鄙懷** 資持卷上三:「『宜』下,正勸停止也。鄙懷者,即上諸非。」(二三〇頁上)簡正卷七下:「謂停卻非法,杖罸鄙惡之壞。」(四六六頁下)

〔二七〕**依出道清過** 鈔批卷一〇:「有人云:師依出離之道,清其前過也。立謂:依聖教之道呵責,令其弟子清淨,無非法之過,故曰清過也。」(四九五頁下)資持卷上三:「出道者,即前四法。然言之甚易,為之極難。(二三〇頁上)若不懷瞋,安見訶責?雖云世有,何嘗見之?苟自識心,不如抑忍。」(二三〇頁中)

〔二八〕**嚴** 【案】底本為「儀」,據大正藏本及弘一校注改。

〔二九〕**依律五法次罪責之** 簡正卷七下:「隨罪輕重,依其五法次第呵也。」(四六六頁下)

〔三〇〕**四分云** 資持卷上三:「四分五種……初重後輕,中三互望,並通輕重。」(二三〇頁中)

〔三一〕**汝去** 簡正卷七下:「玄云:謂出僧作法界去。」(四六六頁下)

〔三二〕**由過極重** 鈔批卷一〇:「非但犯過是重,或雖是犯輕,而惱處是重,亦須此治也。」(四九六頁上)簡正卷七下:「玄云:不促(【案】『促』疑『但』。)犯重為重,或雖犯輕,約佗惱處深,故為重也。」(四六六頁下)

〔三三〕**最** 【案】底本為「罪」,依大正藏本及弘一校注改。

〔三四〕**比見大德眾主** 資持卷上三:「『比』下,指非法。」(二三〇頁中)

〔三五〕**三子之喻** 資持卷上三:「『便』下,斥妄引。」(二三〇頁中)簡正卷七下:「彼經第二,迦葉菩薩問佛長壽之因。佛答:『迦葉欲愛長壽,應當護念一切眾生同於子想。』迦葉復言:『如來不應說諸眾生同於子想。何以故?佛法中有破戒者、作逆罪者、毀正法者,(四六六頁下)云何當於如是等人同於子想?』次後即出七羯磨法,治毀禁者。迦葉躡此,即難如來:『譬如二人,一人以刀害佛,一人以稱(【案】『稱』經作『栴』。)檀塗佛,佛於二人如何?』佛言:『我心一等。』迦葉又云:『若心一等,云何復言治毀禁人,不毀不治,則非平等也?』佛因說譬喻:『似國大臣,產育諸子,顏貌端正,聰明黠慧。若二、

三、四將付嚴佛（原注：『佛』一作『師』。）：君可為我教。招（原注：『招』一作『詔』。）諸子威儀禮節，悉令成就。假使三子由杖而死，餘有一子必當苦治，雖喪三子，我終不恨。』古人行杖，憑此經文也。」（四六七頁上）【案】北本涅槃卷三，三八一頁上。

〔三六〕**未達聖教**　簡正卷七下：「未達<u>涅槃經</u>之教意也。」（四六七頁上）

〔三七〕**一子地悲**　資持卷上三：「若準經中，正明<u>如來</u>。下引攝論，則通初地。」（二三〇頁中）簡正卷七下：「謂佛世尊，觀壞法者如<u>羅睺羅</u>等，無有異，是一子地悲也。故心怜愍毀禁，故現七治罰，令息將來大苦。又約菩薩證淨心地，心無差降，得行此罰，即顯心有愛憎，不得行也。」（四六七頁上）

〔三八〕**即涅槃云**　資持卷上三：「『即』下，引經反質。即第十卷偈云：一切畏刀杖，無不愛壽命，恕己可為喻，勿殺勿行杖。」（二三〇頁中）

〔三九〕**此言何指**　簡正卷七下：「謂若得行其杖罰，即<u>涅槃</u>經文誡慎勿行杖等，何故如是指示耶？縱引<u>嚴師</u>，此乃引喻說，不開（【案】『開』疑『關』。）正文，即結歸不達教也。喻說如上。<u>遠疏</u>解云：王等喻佛；未來學者，名為諸子；從佛化生，故名產育；道基不邪，名端正；識達因果，名點慧。若二三四，多少不定。惡人有六：一、闡提，二、謗等，（四六七頁上）三、作五逆，四、犯重，五、作十惡，六、犯一切威儀。就中，闡提不信，不可攝化，置而不論。威遇相稍輕，亦不說。就四中，造十惡及犯四重，說以為二，加其五逆，通前說三，復加謗法為四。……於中犯四重、五逆謗法，此三衣法殯棄，不任僧用，名為三子病杖而死。犯十惡者，亦須治罰，名餘一子，必當苦治等。前云十惡者，七羯磨人，更加覆藏，六夜出罪為十也。」（四六七頁下）

〔四〇〕**菩薩得淨心地，得無分別智**　鈔批卷一〇：「<u>深</u>云：七地已上，方得無分別智，名淨心也。」（四九六頁上）資持卷上三：「淨心者，即初地，亦名歡喜地。無分別智，於諸眾生，同於一子，無取捨故。」（二三〇頁中）簡正卷七下：「淨心地等者，得法眼淨，是初地菩薩也。謂此菩薩與無漏慧相應，名為淨心。入此心時，不見能取、所取，故云無分別智。此智起時，不與貪等，十使相應，故云十事無染濁過失。」（四六七頁下）

〔四一〕**方便具行殺生等十事**　資持卷上三：「方便者，示現權巧，度眾生故。十事，即十不善。」（二三〇頁中）

〔四二〕**若準涅槃「恕己為喻」，則針刺不能忍之**　資持卷上三：「準<u>涅槃</u>者，即上偈文。恕，猶度也。<u>智論</u>云：苦力多，樂力少。若人遍身受樂，一處針刺，眾樂

都失，但覺刺苦。」（二三〇頁中）

〔四三〕引淨度經三百福罰　簡正卷七下：「古人引彼經，重罪打三百，中罪打二百，下罪打一百。如是罰之，得福無量，故云福罰也。」（四六七頁下）資持卷上三：「淨度，偽經。」（二三〇頁下）

〔四四〕此乃偽經人造，智者共非　資持卷上三：「隋朝焚毀，古德不用，故云智者共非。」（二三〇頁下）

〔四五〕瞋心訶責，尚自犯罪，乃至畜生，不得杖擬，何況杖人　資持卷上三：「本律，瞋心訶責，即毀呰戒，開慈救故。」（二三〇頁下）鈔批卷一〇：「濟云：今時乘驢馬者，騎他背上，已是非法，更復打他。大劇無慈也。」（四九六頁上）【案】「杖人」，即杖打比丘。四分卷一一，六三六頁上。

〔四六〕地持論中　資持卷上三：「約過輕重，以分三犯。」（二三〇頁下）

〔四七〕上犯罰黜　鈔批卷一〇：「應師云：黜，由去也，退也。立明：如今臺官有犯，退為外洲遂尉，名為黜。明今犯過，擯出眾外，不得同住，義同黜退。」（四九六頁上）資持卷上三：「罰黜者，不令依住。」（二三〇頁下）

〔四八〕中犯折伏　簡正卷七下：「謂犯殘也，謂本日治六夜等。」（四六七頁下）資持卷上三：「以事陵辱，如律奪衣、斷食之類。」（二三〇頁下）

〔四九〕下犯訶責　簡正卷七下：「謂數犯下三篇，呵責治也。」（四六七頁下）資持卷上三：「若言訶誡，（舊約夷、殘、提、吉，分三犯者，未必然也。）」（二三〇頁下）

〔五〇〕若打罵破戒、無戒、袈裟著身剃頭者，罪同出萬億佛身血　資持卷上三：「初示極誡。『罪同』等者，舉重為比。出一佛血，一劫阿鼻，何況萬億！」（二三〇頁下）鈔批卷一〇：「大集經月藏分云，時憍陳如問佛：『若有為佛剃髮、著袈裟、被衣，不受禁戒，或受而犯毀，惱亂罵辱，打縛此者，得幾許罪？』佛言：『止！止！莫問此事。』時梵天王即起，白佛：『願為說之！』佛即答言：『我今為略說。若有人於萬億佛所，出其身血，是人得罪，寧為多不？』梵王言：『若人但出一佛身血，得無間罪，墮阿鼻大地獄，何況出萬億佛身血！』（四九六頁上）佛言：『若有惱亂、罵辱、打縛、著袈裟，不受戒，或犯戒者，罪多於彼。此人雖無戒破戒，猶能為諸天人，示涅槃道。是人便已於三寶中，心得敬信，勝於一切九十五種外道，勝於一切不出家人。若有國王、大臣、諸斷事者，見有於我法中而出家者，作大罪業，婬、盜、殺、妄，但當如法擯出國界，不聽在寺，不同僧事，不同僧利，終不得鞭打，亦不得口業罵辱。若有

違法而譴罰者，是人於道退落，遠離一切人天之善，必入阿鼻，何況鞭打！』具持持（原注：』持『字疑剩。）戒者，故戒心疏云：出佛血者，據相無罪，以化佛無心，非情所（原注：『所』疑『無』。）惱，以損法身所依，故結重罪也。法僧損益，本末例然。今打破戒、無戒比丘，罪重出於萬億佛身血者，豈不以形服出世為聖道標相？若加輕毀，則三寶同壞，故重也。（上言本末者，據今形經卷，剃染是末。本義可知。）立云：調達出一佛身血，尚一劫入阿鼻，況萬億佛血耶！於道退落，必入阿鼻者，謂由打僧故，自於道退落，後入阿鼻也。故下文云：生執冥然，濫自欺誑是也。據此，嗔心打乃是自損，如含血噀人，此先汙其口。前人業行，何能个个稱我？息心應須自抑，脫見不善，事須事須（原注：「事須」二字疑衍。）容恕。故古德說偈云：（四九六頁下）自心恒自使，終日不稱心。他自使云，何稱我心？若作此觀，必不起嗔心打人也。」（四九七頁上）【案】見大集經卷五四，三五九頁。

〔五一〕若作四重，不聽在寺，不同僧事　資持卷上三：「『若』下，教治法。『僧事』即羯磨說戒。」（二三〇頁下）

〔五二〕若譴罰者，於道退落，必入阿鼻　資持卷上三：「『若』下，出能罰之報。」（二三〇頁下）簡正卷七下：「約打比丘人說也。」（四六八頁上）

〔五三〕準此以明，則自知位地，生報冥然　資持卷上三：「『準』下，準經以責。前明初地可行十事，已是下凡，不宜僭濫。結業既重，死墮惡道，故曰冥然。」（二三〇頁下）

〔五四〕若師訶責，弟子不受者，當語知事人斷食　資持卷上三：「僧祇中，三。初，明折辱法，謂可罰者。」（二三〇頁下）

〔五五〕若凶惡者　資持卷上三：「『若凶』下，明捨離法，即不可責罰者。」（二三〇頁下）

〔五六〕出界一宿還　簡正卷七下：「依止有三法，失下二法也。就下二中，若有心相攝還來，下二法即再起。若心相猒捨，經宿事攝，下二畢竟不生，故須一宿出也。」（四六八頁上）

〔五七〕若弟子有過，和尚為弟子懺謝諸人　資持卷上三：「『若弟子』下，弟子惱眾，師為懺謝法。」（二三〇頁下）鈔批卷一〇：「撿祇云，弟子被僧治，作三舉四擯者，和上闍梨，為弟子悔謝諸人：『長老，此本魚（【案】『魚』疑『惡』。）見今已捨，行隨順（【案】『順』後疑脫『法』字。）。凡夫愚痴，何能無過？此小兒晚學，實有此過。今日當教勅，更不復作。』悅眾意已，求僧為解羯

磨。」（四九七頁上）【案】僧祇卷二八，四五八頁中。

〔五八〕**四分云**　資持卷上三：「四分前列『五非』。上二，時久失訓，誨故病人。律因二師不看病者困篤故，不喚現前不知訶故，不出過不知何罪故。」（二三〇頁下）【案】「明訶責非法」文明非法訶責之失。

〔五九〕**盡形**　簡正卷七下：「從初有犯，直至命終也。」（四六八頁上）

〔六〇〕**竟安居**　簡正卷七下：「一夏也。此二並時太長故，卻成非法呵責。」（四六八頁上）

〔六一〕**病人**　簡正卷七下：「病人痛惱所纏，故不合呵也。」（四六八頁上）

〔六二〕**不喚來現前**　簡正卷七下：「背後遙呵責也。」（四六八頁上）

〔六三〕**不出其過而訶責**　簡正卷七下：「雖呼來，並不先出他所犯之罪也。相疏云：失呵責者，大約有三：一、弟子現前；二、出過現前；三、呵現前，謂『汝去』『不與汝語』等。此三名如法，反此成非也，得罪（原注：『罪』下一有『者』字。），師徒二人，並結吉也。師據失體，理邊結；弟子約憤恨，師邊結也。」（四六八頁上）

〔六四〕**若被治未相懺謝而受供給依止等**　資持卷上三：「『若』下，明師乖法。」（二三〇頁下）鈔批卷一〇：「礪云：此明呵責已，未懺悔而供給，使作得罪者，謂本作第三法呵，（云『汝莫為我作給』者是。）今未施歡喜，轉為作使，反增觸惱，故得罪耳。若作餘呵，給使無罪故。」（四九七頁上）

〔六五〕**或被餘輕訶，而不為和尚闍梨、及餘比丘等，執事勞役者，得罪**　資持卷上三：「『或』下，即弟子悖戾。『得罪』二字，揔上諸非。律文並言不應故。」（二三〇頁下）鈔批卷一〇：「謂本作第二呵，（云『莫入我房，容得住寺，在外供給』者是。）容得作使，恨心不作，所以得罪。」（四九七頁上）

〔六六〕**若與共行弟子**　資持卷上三：「僧祇初明暫奪。『共行』謂和尚親度者，七法相攝，故名共行。若據依止，亦共七法，從本彰目，以簡親疏。」（二三〇頁下）鈔批卷一〇：「謂和上為受具戒，名為共行弟子。」（四九七頁上）簡正卷七下：「謂壇頭受戒法身。初生共行七種之行，名共行也。」（四六八頁上）【案】僧祇卷一一，三一九頁中。

〔六七〕**依止弟子**　鈔批卷一〇：「此是別時，方請我為師也。」（四九七頁上）簡正卷七下：「約後請時為名。」（四六八頁上）

〔六八〕**若與衣時言**　資持卷上三：「『若與』下，明永奪。以先要故，此並奪衣戒中，不犯緣也。」（二三〇頁下）

〔六九〕若欲折伏，剝衣裸形可羞　資持卷上三：「十誦，剝衣、折辱，異上兩奪。」
（二三〇頁下）鈔批卷一〇：「撿十誦云，時六群比丘有大沙彌，隱處毛生。
小小違逆師意，即裸剝衣身，呵春（【案】『春』疑『羞』。），人所不喜。是事
白佛，佛言：『不應以小事折伏沙彌。若折伏時，應留一衣。』今言不應以小
事折伏，謂不應為小事剝衣裸身，作餘折伏行。」（四九七頁下）【案】十誦卷
四八，三五〇頁下。

〔七〇〕若折伏，留一衣　資持卷上三：「『佛』下，立制。沙彌二衣，故須留一。準小
例大，須留下衣。」（二三〇頁下）簡正卷七下：「『留一衣者，泥洹僧也。」
（四六八頁上）

〔七一〕辭謝法　簡正卷七下：「『謝』謂懺謝，『法』謂法則。」（四六八頁上）【案】
「辭謝法」文分二：初，「十誦云」下；二、「問共」下釋難。初又分二，初，
「十誦云」下，二、「四分若」下。

〔七二〕十誦云　鈔科卷上三：「初，觀緣去住法。」（三二頁中）資持卷上三：「十誦
文為二：初，辭好師法。但不勤訓誨，故欲從他。先明白師，次明師為選擇。」
（二三〇頁下）【案】十誦卷四九三五六頁下；卷五七，四二二頁中。

〔七三〕師應籌量彼比丘　鈔批卷一〇：「立問：『其師既無知，不能增長善，何能更籌
量前人？』答：『上言不能增長善法者，非謂師都無所知，但解經論，不閑律
藏，故不解畜門徒也。』」（四九七頁下）

〔七四〕若和尚不好，當捨去　資持卷上三：「『若和尚』下，遠離不好師法。下列四
句，二住二去。法是本務，食乃旁資。有食無法，徒養於穢軀；（二三〇頁下）
有法無食，終成於慧命。」（二三一頁上）

〔七五〕與食不與法，不應住　鈔批卷一〇：「首疏云：所以爾者，夫出家之意，原心
為法，不恡衣食。師既無德，不能誨以道法，乳養心神，令生解行，虛相攝
受，絕於匠益，故須辭謝而去，更請有德，諮彼法訓也。」（四九七頁下）

〔七六〕僧祇大同，有苦樂住別　鈔批卷一〇：「謂法食俱有是樂住，有法無食是苦
住。」（四九七頁下）簡正卷七下：「祇中亦有四句，故云大同。此云『應住』，
彼云『苦住』『樂住』，故別也。苦住者，約第三句，無食有法，雖苦不得去，
名苦住。第四句，法食俱有，資神資身，即『樂任』（【案】『任』疑『住』。）。」
（四六八頁下）資持卷上三：「僧祇中初明『去、住』。彼亦四句，二去二住。
『不問而去』（同上無法無食。），『問而去』（有食無法。）；苦住（有法無食，
盡壽不應去。），樂住（有食有法，雖遣不應去。）。」（二三一頁上）【案】僧

祇卷二八，四五八頁上。

〔七七〕若師令作非法事——喚汝來，取酒來　資持卷上三：「『若』下，二、明諫爭。喚汝來者，彼律正作『婦女』字，今此寫誤。」（二三一頁上）鈔批卷一〇：「琳云，撿見祇文，乃是喚女來也。」（四九七頁下）簡正卷七下：「謂呼弟子，汝來與我取酒去，名非法也。不同（原注：『不同』二字恐衍。）淮南記改為『妄』字，違他祇文也。」（四六八頁下）

〔七八〕若弟子，師命令販賣、作諸非法，得捨遠去　資持卷上三：「今時末法多有斯事，雖欲從他抑遏打罵，故令晚進白首面牆。」（二三一頁上）

〔七九〕若弟子被師訶責，令餘比丘為將順故，於和尚闍梨所調和，令早受懺　鈔科卷上三：「『四』下，懺謝辭去法。」（三二頁中）【案】「四分」下分二：初「四分」下，次，「若知不」下。初又分二：初「四分」下，二、「律云」下。

〔八〇〕應知折伏柔和，知時而受　資持卷上三：「『應知』下，令師觀察。」（二三一頁上）

〔八一〕律云　資持卷上三：「『律』下，二、自對求懺法。前明弟子勤懇。」（二三一頁上）

〔八二〕不受者，如法治　鈔批卷一〇：「如祇抄云：不受者，如法治者。謂師不受弟子懺悔，須依吉法，治其師罪。」（四九七頁下）

〔八三〕若知不長益，令餘人誘將去　資持卷上三：「次，『若知』下，明知非捨離。初，聽他誘，律開必能長益沙門果者。故知能誘，必約好師。」（二三一頁上）

〔八四〕若弟子見和尚五種非法，應懺謝而去　資持卷上三：「『若弟子』下，二、自白捨去。五種，即下白法五句。依師本意，檢過策勤。五並不知，師義安在？去非就道，固其宜矣。」（二三一頁上）【案】「五種非法」即下文的「白和尚言」五句。

〔八五〕我如法，和尚不知　鈔批卷一〇：「礪云：謂請教誡白事等法，不解誨御弟子之方也。」（四九七頁下～四九八頁上）

〔八六〕我不如法，和尚不知　鈔批卷一〇：「謂不行上法，不知以時教示。」（四九八頁上）

〔八七〕我犯戒，和尚捨不教　鈔批卷一〇：「謂任行非法。」（四九八頁上）

〔八八〕若不犯，亦不知　鈔批卷一〇：「謂不識犯相輕重也。」（四九八頁上）【案】此處敦煌本為「若犯，亦不知」，但從上下文義言，作「若不犯」則邏輯更為順暢。大正藏本也為「若不犯」。

〔八九〕若犯而懺者，亦不知　鈔批卷一〇：「謂不知除罪之法故也。」（四九八頁上）

〔九〇〕前共行法，令弟子攝和尚，今諸律中云何辭去　資持卷上三：「前七法中，弟子於師訶責，犯殘，並須經理。有疑惡見，復須諫正。此明捨去，故須和會。」（二三一頁上）

〔九一〕汝若諫我，我則是汝，汝則是我　資持卷上三：「『若師』下，明拒諫。」（二三一頁上）鈔批卷一〇：「立明：既呵責我，應是汝弟子，汝應是我師。」（四九八頁上）

〔九二〕依前二師，方便而去　鈔批卷一〇：「謂如前若和上不受語者，應捨遠去。若依止師，當持衣鉢出界，一宿還等。」（四九八頁上）資持卷上三：「依前二師者，和尚遠去，依止出界。」（二三一頁上）

七、明失師法

和尚一種，無相失義〔一〕。或可無德，更依止他〔二〕。以依得戒，無再請法〔三〕。依止闍梨，事須詳正，有三不同〔四〕：一、請師法，二、相依住法，三、請教授法。

次明失是非〔五〕者

若師被僧治罰，不失依止，謂不失請法、相依住法、失請教授法〔六〕。以師有過，行法在己〔七〕。弟子無義得請，令師得罪〔八〕。以奪「三十五事」中「不得受人依止〔九〕」者，謂授他教誡，亦是被治人不合作依止。若弟子被僧治不失者，三種不失〔一〇〕，欲令師僧教誡弟子，順從於僧，疾疾為解，開無隨順罪〔一一〕。

律中：二師及弟子互一人，決意出界外宿，即日還，失依止者〔一二〕。失下二法，不失請師法〔一三〕。若還，不須更請師，但生請法〔一四〕、相依，便有法起。廣有是非，如律大疏〔一五〕。

四分云多種：一、死〔一六〕，二、遠去〔一七〕，三、休道〔一八〕，四、犯重〔一九〕，五、師得訶責〔二〇〕，六、入戒場上〔二一〕，七、滿五夏〔二二〕，八、見本和尚〔二三〕，九、還來和尚目下住〔二四〕。若約教，失依止〔二五〕。

四分律刪繁補闕行事鈔卷上之三

【校釋】

〔一〕和尚一種，無相失義　鈔批卷一〇：「由依得戒，故不相失。」（四九八頁上）資持卷上三：「初，明和尚無失。」（二三一）【案】本節分二：初，「和尚」下；

二、「次明」下。

〔二〕**或可無德，更依止他**　鈔批卷一〇：「立明：和上犯四重戒，名無德也。」（四九八頁上）簡正卷七下：「如前辭謝中，知和尚不能教授、增長善法，名無德也。」（四六八頁下）資持卷上三：「但可捨去，相依仍在。」（二三一頁上）

〔三〕**以依得戒，無再請法**　資持卷上三：「『以』下，示無失所以。初受期心，盡壽親附。不同依止，容有再請故也。」（二三一頁上）

〔四〕**依止闍梨，事須詳正，有三不同**　資持卷上三：「明依止有失。若論依止，但有請法，義分三種，故云詳正。若失『請法』，則須重加。若失下二，起心而已，如後所明。」（二三一頁上）簡正卷七下：「問：『三種，為律文有，為是義加？』答：『有兩解。初，依慈和云：律文但有請佉（【案】『佉』疑『法』。），下二約義而生也。』今難云：『夫請依止，本為相依，既許依住，即有教誡。』『若無下二，用請何為？』次依搜玄云：『律文雖開下二，既有請法，便含餘二。』」（四六八頁下）

〔五〕**明失是非**　鈔科卷上之三：「『次』下，正明失相。」（三二頁上）鈔科卷上之三：「初，互治罰失；二、『律』下，互出界失。」（三二頁下）

〔六〕**若師被僧治罰，不失依止，謂不失請法，相依住法，失請教授法**　資持卷上三：「互治中，二。前明師被治。中復二：初，定失法。律云：和尚、闍梨僧與作訶責，擯出依止，遮不至白衣家，作舉。佛言：『不失依止。』（弟子亦同。）今以義約，即不失上二也。（舊云『三舉』失『下二』者，非也。）」（二三一頁上）簡正卷七下：「若據鈔文，失教授一法，不失上二法。玄記云：此中更須分別。若二師被三舉等治，則下二法皆失；若被訶責等，（四六八頁下）四及別住等法則失。第二教誡，白事一法也。」（四六九頁上）

〔七〕**以師有過，行法在己**　資持卷上三：「『以師』下，釋失所以。」（二三一頁上）

〔八〕**令師得罪**　資持卷上三：「若輒教誡，則違行法，一一吉羅。」（二三一頁上）

〔九〕**不得受人依止**　資持卷上三：「『以奪』下，轉釋得罪。不得依止，即奪眷屬也。」（二三一頁上）

〔一〇〕**若弟子被僧治不失者，三種不失**　資持卷上三：「『若』下，次明弟子被治，三皆不失。」（二三一頁上）簡正卷七下：「謂須和上教誡，所以三俱不失。」（四六九頁上）

〔一一〕**開無隨順罪**　資持卷上三：「合眾同治，餘人隨順，並制吉羅，師獨開之。（不同隨舉。彼局惡見，犯提故。）」（二三一頁中）簡正卷七下：「謂弟子被僧治，

若餘人者（【案】『者』疑『看』。），即犯隨順提。今二師教誡與語，令弟子早懺七法。共行中，開無隨順也。」（四六九頁上）

〔一二〕二師及弟子互一人，決意出界外宿，即日還，失依止者　資持卷上三：「律云：和尚、闍梨決意出界去不還，而即日還。佛言：『此失依止。』（弟子亦同。）」（二三一頁中）

〔一三〕失下二法，不失請師法　資持卷上三：「『失』下，次義決。不失請者，不越宿故。」（二三一頁中）【案】「二法」，大正藏本也為「二法」。有注本據敦煌本校為「二依法」。本處「二法」即前文中「一、請師法，二、相依住法，三、請教授法」之後二法。本節簡正和鈔批上下釋文中也多處使用「上二法」「下二法」之語。

〔一四〕但生請法　簡正卷七下：「語似難會。應云：但生請教授法，則便有相依住法起也。」（四六九頁上）資持卷上三：「謂起意也。『請法』謂求教授。律約即還，故云決意。若論隔宿，不問決與不決，三法俱失。」（二三一頁中）

〔一五〕如律大疏　資持卷上三：「古記引云：師徒決意出界心隔，雖即日還，便失依止者，（謂失下二。）『若爾，離衣破夏，何待經宿？』答：『師徒各有兩捨之心，故失；人有離衣處心，衣處無離人意，故須經宿。又，衣夏約明相論失，依止約心約界明失，故不同也。』」（二三一頁中）鈔批卷一〇：「首疏難云：『若使依止師、弟，互決意出界，即日還，未經宿，失依止者。亦可依界結夏，及護衣，決意出界，雖當日還，應失衣破夏耶？』答：『不例依止，（四九八頁上）則兩有捨心，故失。師決心捨弟子，弟子決心捨師。夏及衣者，但自有捨心，前對非情，無捨心故，不失也。又，衣夏約明相，依止約出界即失。又云：安居及衣，約宿辨失，依止約心明失，故不例也。又，依止及衣夏，有四句料簡：一、心隔、宿不隔，失依止，不失衣夏。二、宿隔、心不隔，三種之中，夏不失，謂逢難故也；依止亦不失，即如善見，弟子隨師行，為師持衣，值人說法，弟子貪聞法故，無離依止罪，而師失衣是也。三、俱隔失。四、俱不隔可知。』」（四九八頁下）【案】律大疏即智首四分律疏

〔一六〕死　簡正卷七下：「和上死，三法俱失。」（四六九頁上）

〔一七〕遠去　鈔批卷一〇：「失下二法。」（四九九頁上）簡正卷七下：「二人互去，失下二法。」（四六九頁上）

〔一八〕休道　鈔批卷一〇：「失三法。」（四九九頁上）簡正卷七下：「二人互休，失三法。」（四六九頁下）

〔一九〕**犯重** 鈔批卷一〇：「失下二法。」（四九九頁上）簡正卷七下：「二人互犯，失下二法。」（四六九頁下）資持卷上三：「律云：和尚、闍梨僧為作滅擯。佛言：失依止。（弟子亦同。）」（二三一頁中）

〔二〇〕**師得訶責** 鈔批卷一〇：「失下一法。」（四九九頁上）資持卷上三：「如上引通七羯磨，且舉訶責。餘七種，即出受戒犍度。八『五句』中，對文可見。彼云：有五法失依止，（一、師訶責，二、去，三、休道，四、不與依止，五、入戒場上。）復有五事，（一、死，二、去，三、休道，四、不與依止，五、若五歲，若過五歲。）復有五事，（五、見本和上。四句同前，唯第五別，自下並爾。）復有五事，（五、和上、闍梨休道。）復有五事，（五、弟子休道。）復有五事，（五、和上、闍梨命終。）復有五事，（五、弟子命終。）復有五事。（五、還在和上目下住。）第二、第六必約經宿，若即日還，如上所判。第八，謂師先遠去，弟子別求依止，後見本師，還復依學，彼法即失。第九亦爾，但約弟子離師，後還為異。準律，上六通於師資，下三唯局弟子。」（二三一頁下）【案】資持釋文中，「餘七種」者，即一、二、三、六、七、八、九項。

〔二一〕**入戒場上** 鈔批卷一〇：「立云：失下二法。礪云：不待經明相，入時即失。所以爾者，謂既是別行法處，年少無知，容為他所誤，入時即失，不待經宿。不同界外道，非別行法處，故經宿方失。」（四九九頁上）簡正卷七下：「二人互入，謂是異界，失下二法」（四六九頁下）

〔二二〕**滿五夏** 簡正卷七下：「七、滿（【案】「清」疑剩。）五夏，唯弟子，失下二法」（四六九頁下）

〔二三〕**見本和尚** 簡正卷七下：「謂弟子在界內，先依止別人。和尚外來，還本寺住，弟子既見，即失下二法。」（四六九頁下）

〔二四〕**還來和尚目下住** 簡正卷七下：「謂和上捨畜眾法，弟子遂別請依止師。今時和上卻仍舊畜眾弟子，來目下住故，失下二也。」（四六九頁下）鈔批卷一〇：「失下二法。礪問：『見本和上，與還來和上目下住，有何異？』答：『有二解。依止本補和上空處，見根本，無空可補故，所以失。和上目下住者，先捨畜眾，見而不失，今還攝受，目下住即失。又解，亦可見本和上者，為師遠行，今還也。目下住者，弟子從外界還，初意本暫還，後至師所，制作永也。故目下住失。』礪問：『凡言失依止者，復失何法？』答：『法有三種。失下二法，上請一法，始終不失。猶如和上，以依得戒，無相失義，依止可爾。一請已後，請法恒在，故不失之。此明有德之師，故不失也。若依願律師解，不爾。』『言

失依止者，三法俱失。何以知然？』『如律下文，弟子兇惡，或難教授等者，依止師應出界一宿還，即失依止。或師無德不堪，（四九九頁上）他弟子便出界一宿，迴來依止別人。故知失者，三法盡失。此明無德之師，決定作門（原注：『門』字原本不明。）捨之心，所以三法俱失也。』」（四九九頁下）

〔二五〕**若約教，失依止**　簡正卷七下：「上並約能詮教辨失。若約自行，皆須五分法身成立，方始失依止也。」（四六九頁下）鈔批卷一〇：「明上五種，皆是約教失。若約行，皆謂五分法身成立，方始失也。」（四九九頁下）資持卷上三：「別點第七，且約教限。若就行論，法身成立，方離依止，如上所明。問：『訶責約教，明言不失？』答：『上準奪行，亦即是教。』問：『遠去訶責，即上二門，何須重示？』答：『遠去即還，律文判失，而義有不失。（二三一頁中）訶責等七，律判不失，而約義有失。所以此二先明，後方通列。』問：『約前三法，別配九種，同異云何？』答：『訶責失一，如上可知。遠去兩別：即還失二，越宿失三。餘之七種，約教失三，尋之可見。（古云：死與休道，三法俱失。訶責失一，餘並失。下二非也。安有犯重，入場請法仍在耶？）」（二三一頁下）

卷上之四

說戒正儀〔一〕篇第十

「布薩」，此云「淨住〔二〕」。出要律儀云：是憍薩羅國語〔三〕。六卷泥洹〔四〕云：布薩者，長養；二義：一、清淨戒住，二、增長功德。雜含云「布薩陀婆」，若正本音「優補陀婆〔五〕」；「優」言「斷」，「補陀婆」言『增長』。國語不同。亦呼為「集〔六〕」，為「知〔七〕」，為「宜〔八〕」，為「同〔九〕」，為「共住〔一〇〕」，為「轉〔一一〕」，為「常〔一二〕」也。三千威儀云「布薩」者，秦言「淨住〔一三〕」，義言「長養〔一四〕」，又言「和合〔一五〕」也。俱舍論名「八戒」云「布薩護〔一六〕」也。明了言在心名「護」，在身、口名「戒」〔一七〕也。律云「布薩法，一處名「布薩犍度〔一八〕」，即「說戒」也。

說戒儀軌，佛法大綱〔一九〕，攝持正像，匡維眾法〔二〇〕。然凡情易滿，見無深重〔二一〕，希作欽貴，數為賤薄〔二二〕。比雖行此法，多生慢怠〔二三〕，良由日染屢聞，便隨心輕昧〔二四〕，以此論情，情可知矣〔二五〕。昔齊文宣王撰在家布薩儀〔二六〕，普照沙門、道安開士撰出家布薩法〔二七〕，並行於世〔二八〕。但意解不同，心相各別，直得承用，文據莫憑〔二九〕。今求以經意，參以所聞，粗重撰次，備如後列〔三〇〕。

然生居像、末，法就澆漓〔三一〕。若不共相敦遇，終無成辦之益〔三二〕。故先引勸勉，後便文證。善見云：云何得知正法久住？若說戒法不壞是〔三三〕。摩得伽云：布薩者，捨諸惡不善法，及諸煩惱有愛〔三四〕，證得白法，究竟梵行事〔三五〕，故名也。又云：半月半月自觀身〔三六〕，從前

半月至今半月，中間不犯戒耶？若有犯者，於同意所懺悔。毘尼母：清淨者，名「布薩」義〔三七〕。

【篇旨】

簡正卷八：「前來『師資』之行既成，理合策修道業。道業住持之本，勿過說戒為先，故立此篇。次，明法則。」（四六九頁下）鈔批卷一〇：「上明師資義立，教授之法已彰，須託教護持，明識戒相，半月宣唱，警策身心，獎勵時眾，應其道業，故此篇來也。諸家章疏，及律文犍度，次第將此一篇，次前『受』後。然復律文，界無四人，令對首乃至心念說戒者，良由在急。然今鈔意：若無師資訓導，交即毀犯，不合聞戒，故於『受』後，且辨『師資』。『師資』軌成，乃應於法，故有今文也。」（四九九頁下）

【校釋】

〔一〕說戒正儀　資持卷上四：「戒即本受法體，量等塵沙。從緣舉要，且列二百五十，為持犯蹊徑，使攝修之易。然恐物情懈怠，不自策勤，故黑白兩半，畢集一處，作法宣告，庶使因言省己，治行日新。雖廣略兩殊，僧別三位，一言統攝，無非淨行，故云『說戒』。正儀者，以普照、道安及當時律肆，立法雖殊，多無典據。此篇所述，皆憑聖量，參詳經律，搜駮是非，題曰『正儀』，對簡非正。又復，上云『說戒』，克指所說之法；下云『正儀』，統該能辨之緣。能、所兩標，緣法雙顯故也。」（二三一頁下）鈔批卷一〇：「立云：闡揚聖旨，辨宣五篇，教彰於口，名亦為『說』。即此說明，警策身口，有禁非之用名『戒』。其中，准佛聖教，廣明說時軌則，故曰『正儀』。又云：簡異邪說曰『正』，作法有緒曰『儀』，可範行故稱為『法』，故曰『說戒正儀篇』也。」（四九九頁下）簡正卷八：「宣傳聖旨，目之為『說』；警禁身口，名之曰『戒』；廣由軌度，故號『正儀』。軌則規模，稱之為法。」（四七〇頁上）【案】本篇分二：初，「說戒」下，次，「就中」下。

〔二〕淨住　鈔批卷一〇：「立謂：以說戒事，是清淨共住之法。律中，犯者不得聞說戒故也。」（四九九頁下）資持卷上四：「正譯中，即下三千威儀。初義是今正用，故先舉之。言淨住者，二義釋之：一、不失義，聞持無犯，體常存故，下云『清淨戒住』是也；二、依止義，禁制三業，安住戒中，即廣弘明集云『淨身口意，如戒而住』是也。」（二三一頁下）簡正卷八：「『布薩』此云『淨住』。古外難曰：『標篇云說戒，下注云布薩，其意云何？』答：『大意為破古也。古云布薩與說戒分別，謂說戒防未起非，布薩除已起罪是。』次一問，執

布薩為淨住。淨住者，懺條（【案】『條』疑『滌』。）義也。今云不然，『布薩』蓋是梵音，『說戒』是此方之語。唐、梵語殊，義味不異。若論布薩義，不唯淨住，更有多種，不妨含於淨住，不可偏局也。所以注云『布薩』，反顯即是說戒，其體元一。此云淨住者，謂清淨共住。便顯有犯者，未懺洗，不合共住。」（四七〇頁上）

〔三〕**憍薩羅國語** 資持卷上四：「出要律儀但指國語，續引泥洹，始是翻名。憍薩羅者，方志云係中印度，周六千餘山，城周四千餘里，大信佛法等。」（二三一頁下）簡正卷八：「梁帝准律撰，集律中要務，以為今師行事之儀也。是憍薩羅國語者，蜀云有二憍薩羅，一南、二北。今此指南憍薩羅也。謂出要儀中，指上來『布薩』，既是西上（【案】『上』疑『土』。）之者，即彼國語也。」（四七〇頁上）鈔批卷一〇：「『布薩』者，案國語不同，亦呼『布薩』，亦呼為『轉』，亦呼為『常』。所言布薩者，此是憍薩羅國語，義翻為『淨』。若正翻，對應言『善宿』。故成實論云：是人善心，離破戒宿，故曰也。又智論云：今日誠心懺悔，身清淨，口清淨，心清淨，受行八戒，是則名布薩。秦言『善宿』。」（五〇〇頁上）

〔四〕**六卷泥洹** 簡正卷八：「准南云：所以標『六卷』者，為此經有二卷成文者，有六卷成部者。今恐有監（【案】『監』疑『濫』。）故，將卷數以簡之。」（四七〇頁上）資持卷上四：「泥洹有二本，今云六卷，簡雙卷者。『長養』即總翻，『二義』是別釋。（二三一頁下）初義同上，次義即下伽論『證得白法』等。或可『長』對次義，『養』對初義。」（二三二頁上）簡正卷八：「二義者，謂數（原注：『數』疑『釋』。）上『布薩』是『長養』義也。」（四七一頁下）

〔五〕**優補陀婆** 資持卷上四：「梵語雖具猶訛，則知單云『布薩』，訛而復略。下引正音，二義分配。『斷』謂止惡，同上戒住。」（二三二頁上）鈔批卷一〇：「謂增長善法功德也。羯磨疏云：布薩者，義翻『捨惡』，證善法故。」（五〇〇頁上）簡正卷八：「『布薩陀婆』亦是梵語也。正本音『優補陀婆』，謂且中天正梵故，故云『正本音』也。下自釋云『優』言『斷』者，一切諸惡皆止斷，令不污體也。『補陀婆言增長』者，謂惡既已離，事須修善，令善法功德生故。外難云：『前言布薩，或云布薩薩陀，又云優補陀婆，何得不定耶？』可引下注文答云：『國語不同。』謂上梵音，廣略奢切，蓋是五天陀國之語，呼召不同也。」（四七〇頁下）

〔六〕集 資持卷上四:「戒序云共集一處也。」(二三二頁上)鈔批卷一○:「立謂:布薩明不問界內外,僧同集也。又云:『集』者,集諸功德也。」(五○○頁上)簡正卷八:「『集』有二種:一者,眾僧共集一處;二、集諸功德。」(四七○頁下)

〔七〕知 資持卷上四:「自知犯不犯等,下云『從前半月至今半月中間不犯戒耶』。」(二三二頁上)鈔批卷一○:「立謂:知辨(【案】『辨』疑『辦』。)花、籌等眾具也。又云:由作說戒,令知輕重,或發露悔過,或知已識過不為,應其淨住義也。」(五○○頁上)簡正卷八:「一則識知五篇戒相輕重;二、識知己身有罪、無罪。」(四七○頁下)

〔八〕宜 資持卷上四:「戒疏云:晦望兩半,折中之宜。」(二三二頁上)鈔批卷一○:「立明:此說戒法,是比丘所宜也;又云:須知時宜,有難無難、宜廣宜略也。」(五○○頁上)簡正卷八:「一、此布薩法,半月一說,是比丘所宜;二、無八難緣,宜為廣說,有難因緣,宜令略說。」(四七○頁下)

〔九〕同 資持卷上四:「下云『十方凡聖,所共同遵』故。」(二三二頁上)鈔批卷一○:「立謂:僧同作此事也;勝云:戒體是同,不問僧別,同共作故。」(五○○頁上)簡正卷八:「一則十方凡聖,共遵曰同;二、受體是同。」(四七○頁下)

〔一○〕共住 資持卷上四:「奉慎清淨,住二種僧中,有犯者不得聞故。」(二三二頁上)鈔批卷一○:「立明:不犯戒、清淨者,相共住也,謂共清淨法中住也。如犯重等,(五○○頁上)不得在說戒、羯磨二種僧中共住。今以無犯,共住說戒。又云:同一界住,故曰共住。」(五○○頁下)簡正卷八:「一、或有犯,則非共住;二、戒淨故,可與共住。」(四七○頁下)

〔一一〕轉 資持卷上四:「轉諸業惑,證白法故。」(二三二頁上)鈔批卷一○:「立謂:見罪悔懺已共作故,此則轉穢為淨也。又解:說戒是轉法輪也。」(五○○頁下)簡正卷八:「一者轉惡,即是迴穢;二、轉勝,以淨法故。」(四七○頁下)

〔一二〕常 資持卷上四:「僧所常行,餘皆稀故。經但出名,今以意詳,引文約義,略如上釋。」(二三二頁上)鈔批卷一○:「謂僧所常行,無容斷絕也。勝云:以三世諸佛,共制此法,前佛後佛,法皆不異,名之為常也。」(五○○頁下)簡正卷八:「『涅槃為常相』者,亦二:一則三世諸佛,不改此法為常;二、半月說我(原注:『我』疑『戒』。),無容改易也。」(四七○頁下)

〔一三〕淨住　資持卷上四：「已上多名，總歸四種：淨住，斷轉止惡為名；增長，長養生善為名；集同，共和遵奉為名；知宜及常，從制為名。然雖多出，但準前標，止翻『淨住』。」（二三二頁上）

〔一四〕長養　鈔批卷一〇：「立謂：長養功德也。」（五〇〇頁下）

〔一五〕和合　鈔批卷一〇：「和合者，謂僧具六和，方應此布薩之法也。」（五〇〇頁下）

〔一六〕布薩護　資持卷上四：「俱舍明八戒，皆云受『布薩護』，故云名也。『名』即是召。」（二三二頁上）鈔批卷一〇：「依撿論文，呼『戒』曰『護』，謂波羅提木叉護。言八戒者，文中云：波羅提木叉護，有其八種。何等為八：一、比丘戒，二、比丘尼戒，三、式叉摩那戒，四、沙彌戒，五、沙彌尼戒，六、優婆塞戒，七、優婆夷戒，八、優波婆娑戒。此八種『護』，說名『波羅提木叉戒』。云何名優婆塞乃至成比丘？偈答曰：『五八十一切，惡處受離故，優婆塞布薩，沙彌及比丘。』釋曰：於婬、盜、殺、妄、酒五種。所應離法，受持遠離故，是人即住優婆塞護。於八種所應離者，（即八關戒也。）是人即住優波婆娑護。於十種所應遠離法而受遠離者，（五〇〇頁下）是人即住沙彌護。十所應離者，於前八更加受畜金、銀等，成十也。所應遠離身、口二業，由受持遠離故，是人即住比丘護等也。賓云：正梵音云『鄔波索迦』，翻為『近事』，（五戒人也。）梵言『鄔波波婆』，翻為『近住』，（八戒人也。）兩名既別，不應八戒名優婆塞。南山律師八戒文云『我某甲乃至歸依僧，一日一夜為淨行優婆塞』者，其義大應言『優波婆娑』，則順教也。私云：此解妙同舊俱舍論也。」（五〇一頁上）

〔一七〕在心名「護」，在身、口名「戒」　資持卷上四：「『戒』、『護』兩分，會同俱舍。二論言護，名義頗同。『布薩』與『戒』，華梵互舉，事同名異。」（二三二頁上）鈔批卷一〇：「立明：布薩正是撿責身口，令其清淨，以能撿在心，心即護也，故諸布薩為護。今故用此言來者，意在此也。」（五〇一頁上）簡正卷八：「在心名護者，解上『護』義也。謂但護者，地未起名『護』，亦號為『根律儀』等。在身口名戒者，解布薩義也。謂流到身口七支，制令不至犯位名戒。既將戒以解上布薩，故知布薩即是戒。但東西二土，呼召別耳。又，『護』與『布薩』，總號為『戒』，即彼文中，呼名此八為『布薩護』者，是八種戒也。」（四七一頁上）

〔一八〕布薩犍度　鈔批卷一〇：「謂律中明布薩事，聚在一處，名『說戒犍度』，此還

是布薩也。」（五〇一頁上）資持卷上四：「律中二十犍度第二即說戒犍度。後五百結集中，迦葉敘波離結集，乃云『布薩犍度』，即知前標『說戒』，後云『布薩』。前後互舉，故云『即』也。此句正指同前篇目。問：『為布薩翻說戒耶？且布薩自翻淨住，戒乃梵語尸羅。既非對翻，云何律、論二名互顯？』問：『何以不云布薩正儀耶？』思之可解。（學者多昧，故當曲釋。）」（二三二頁上）簡正卷八：「『律云』等者，是四分五百結集文也。彼云：集比丘事在一處，名比丘律；乃至集一切布薩法一處，名『布薩犍度』。意顯『說戒』便是『布薩』，如『毗尼』與『律』，二名不並（【案】『並』疑『異』。），（四七一頁上）文如五分說戒單白中。但云『布薩』，不言『說戒』，即存梵言也。又，律云：身口意清淨爾，乃應布薩。又云：清淨出家，和合布薩心，豈可身口意清淨，又言懺罪耶？『若子何相，律云布薩曰說戒？』答：『布薩本是外道會坐說法之名。准律，王請諸比丘集會說法，佛許之。乃日日說戒，未免疲勞，佛令布薩曰說戒，謂八日、十四、十五日，本是外道半月三受布薩日。今取前二，為俗說法受歸，後一為僧說戒，故知布薩仍是本名。故羯磨疏云：外道但得其事，未隨法相而行。佛隨後制，乃窮理本。是知布薩即說戒，不妨含於懺罪，但破吉，師定執故。」（四七一頁下）

〔一九〕說戒儀軌，佛法大綱　鈔科卷上四：「初，顯教功益；二、『然』下，斥時輕慢；三、『昔』下，彰今述作。」（三三頁中～下）簡正卷八：「如來清禁半月，恒宣名說戒也。僧眾集香、水、舍羅、偈唄，告令並是儀軌。佛法大綱者，謂此說戒，是佛法壽命根本，故曰大綱也。」（四七一頁下）鈔批卷一〇：「謂說戒攝僧之本，住持綱紀也。故律中隨清淨比丘說戒，佛法住世不滅也。如昔日，佛自說戒，後因別緣，付僧上座說。並由此務，是佛法綱紀，故使大聖，躬自宣揚。又云：我不滅度，半月一來。今若半月常說，能令正法久住，以能維持佛法壽命，故曰大綱也。」（五〇一頁上）

〔二〇〕攝持正像，匡維眾法　鈔批卷一〇：「『正』是正法；『像』是像法；匡者，正也，（五〇一頁上）亦是救也。應師云：維，猶聯結也，亦維持也，又維繫也。此明正法及像法，明欲匡正僧務，使維持不斷者，必由說戒故也。」（五〇一頁下）資持卷上四：「下二句釋成。上句約時顯功。（二三二頁上）正、像語略，理須兼末。即下云『云何得知佛法久住』等。下句約法明用，以同遵故，清淨和合，餘法可行。下云攝僧根本之教是也。」（二三二頁中）簡正卷八：「攝，護也。『持』謂任持。『正』謂正法。『像』是像法。匡者，正也。維者，

持也。此明正、像之時，欲匡正僧務，佼維持不斷者，又由說戒故也。」（四七一頁下）

〔二一〕**然凡情易滿，見無深重**　簡正卷八：「『然』字，多訓『是』也，今云『相違』意也。（四七一頁下）上明戒法功高，即令遵崇仰重，今卻猒患，是相違義，故云『然』也。凡下之情，一門便是，故云易滿。義是佛法壽命，凡情不作此是，故曰見無深重。」（四七二頁上）資持卷上四：「滿，猶厭也。」（二三二頁中）

〔二二〕**希作欽貴，數為賤薄**　簡正卷八：「謂今僧尼若一年中，一二度作說戒，由似貴重，若半月常為，便乃惡賤淡薄也。」（四七二頁上）鈔批卷一〇：「立明：此商略今時僧尼，若一年中，一兩度作說戒事，似若貴重。若半月常住，則多懷賤慢也。亮云：犯重之人，誦戒八百遍，夷罪即滅。故知大是滅罪方法也。亦不委在眾說，房中自誦，但言八百遍耳。故高僧傳中，齊朝有釋僧雲，辨聰詞令，備明大小，崇附齊講，恒以常任。齊鄴盛昌三寶，雲著名焉。住寶明寺，襟帶眾理，以四月十五日臨說戒時，僧普集堂，雲居眾首，乃白眾曰：『戒本防非，人人誦得，何勞煩眾數數聞之？可令一僧豎義，令後生開悟。』雲氣格當時，無敢抗者，眾咸從之。訖於夏末，常廢說戒。至七月十五日旦，將昇草座，失雲所在，大眾、新歲、未受，交廢自恣，一時崩騰。四出追覓，乃於寺側三里許，於古冢內得之，遍體血流，如刀割處。借問其故，云有一丈夫，執三尺大刀，厲色嗔雲改變布薩，妄充豎義。刀膾身形，痛毒難忍。因接還寺，竭誠懺悔，乃經十載，（五〇一頁下）說戒、布薩、讀誦眾經，以為常業。臨終之日，異香迎之，神色無亂，欣然而卒。」（五〇二頁上）資持卷上四：「希作者，如結界、受懺等，數為即半月常行。」（二三二頁中）

〔二三〕**比雖行此法，多生慢怠**　資持卷上四：「『比』下，正斥。」（二三二頁中）簡正卷八：「比雖行此法者，比，丘也。近代今時，雖事不獲，已行此說戒之法。多生慢怠者，無□略說為慢，有□不說曰怠。」（四七二頁上）

〔二四〕**良由日染屢聞，便隨心輕昧**　資持卷上四：「『良』下，推所以。日染者，常所習故。屢聞者，一月兩說故。屢，數也。」（二三二頁中）簡正卷八：「良者，實也。『由』謂因曲。染者，染習。謂日日染於六塵，便隨此染習之心，輕昧說戒之法也。」（四七二頁上）鈔批卷一〇：「立云：以說戒法，凡聖同集，不得輕慢也。北齊有大覺寺範法師，行掩彝倫，德光眾望，講通大小眾經律論。每至講時，多有群鳥翔集堂側，爭趣聽法。時有外人談謗法師惡者，咸被善神

打死還穌。而法師習業門徒有數千人。後因遊行，路宿他寺，屬十五日夜，便合（原注：『合』疑『令』。次同。）一小師上座立義，眾人擊難。有一善神，問高座者云：『今是何日，而但講經？』豎義者對曰：『今十五日，是說戒日。』即以手拍高座比丘，曳著地上。又至上座處云：『今是何日，而不說戒？』還以手打其頸，當時仆地，大眾驚怖，一時四散。從此已後，半月不廢布薩也。」（五〇二頁上）

〔二五〕以此論情，情可知矣　鈔批卷一〇：「立云：以帶犯居身，恥己穢行，不欲聞於淨法也。故心疏云：淨法，穢人不樂聞也。故律中有遮說戒、有遮自恣者，義同此也。謂人既穢，不欲聞於淨法。」（五〇二頁上）簡正卷八：「以此論量忻惡猒善之情，應是自知行違於戒，聞僧熱惱，只應如此，不欲聞之，故云情可知矣。」（四七二頁上）資持卷上四：「『以此』下，結歎。『情』即妄緣。逐物流變，愛此惡彼，貴希賤數，寄此一事，足見凡情，故云可知。彼時尚爾，豈況於今！僧寺雖多，行之彌寡，縱有行處，事不獲已。豈非宿業，生值斯時？念道之流，願須珍敬！」（二三二頁中）

〔二六〕齊文宣王撰在家布薩儀　資持卷上四：「齊即南齊，蕭子良生封竟陵王，死謚文宣王。在家布薩者，或五戒、八戒，或云菩薩戒，其文已亡，不可尋矣。（或云：即淨住子二十卷也。）」（二三二頁中）鈔批卷一〇：「淨住子二十卷，大論在家布薩法式，一如僧中布薩法，唯誦菩薩戒本也，相承此解自恣。撿淨住子，不見布薩法式，或可別撰也。」（五〇二頁上）

〔二七〕普照沙門、道安開士撰出家布薩法　鈔批卷一〇：「沙門是比丘之通名。開士者，美其之嘉稱也。濟云：其道安直撰此法，然布置一切佛法行用軌儀。後經、律來，與安所設冥然同也。又，經無大小，例開三章，序、正、流通，此亦安之初開也。故靈祐法師嘆云：安和上鑿荒途以立儀，故知安非凡類。立云：安雖設布薩法式，當時未有人行用，至盧山遠法師始行安法。其遠是同學，同事佛圖澄。澄死之後，安於同學中最長，乃發遣遠往羅浮山，行過匡山，彼山神留住。云開士者，是符堅（【案】『符』疑『苻』）立此號也。」（五〇二頁下）資持卷上四：「普照，指歸云：遍尋傳記，詢訪名公，未知何代人。道安者，晉高僧，製僧尼軌範為三例：一、行香定座、上經上講之法；二、常日六時，行道、飲食、唱時法；三、布薩、差使、悔過等法。天下寺舍，皆準行之。廣敘德業，備如梁傳。」（二三二頁上）簡正卷八：「普照沙門、道安開士，尊相普照是人，沙門是出家通號。道安是人，開士是號。謂本號道上（原

注：『上』疑『士』。下同。），即修道之上，後被黃巾竊此名稱，出家者惡之，乃棄而不認。時前秦主符堅（【案】『符』疑『苻』），別賜號曰『開士』，即開闡之士也。此二大德，撰出家人布薩法也。」（四七二頁上）

〔二八〕**並行於世** 簡正卷八：「在家、出家二種儀軌，雙在世間行用故。」（四七二頁下）

〔二九〕**但意解不同，心相各別，直得承用，文據莫憑** 資持卷上四：「『但』下，評量得失。上二句示古差殊，下二句顯今縱奪。『意解』即所見也。『心相』謂處事也。」（二三二頁上）簡正卷八：「在家布薩誦菩薩戒，出家人誦聲聞戒，名為不同也。又，菩薩是大乘戒，防護於心，聲聞是小乘戒，約身口之相，故云各別。已上依宛陵解也。諸記中，並不釋此事，致多妄說。直得承用者，謂上普、安二師出家布薩之儀，直爾便得，依承行用也。『若子，今鈔何故更著此篇，明出家布薩法耶？』下句集（【案】『集』疑『直』。）云『之（【案】『之』疑『文』。）據莫憑』，謂昔人所製述之時，經論來此方束（【案】『束』疑『未』。）足行事，無於憑據。如下鈔文，行事一一引經論，香水、淨水受等等（【案】次『等』疑剩。），方為有據。」（四七二頁下）鈔批卷一〇：「安師撰時，經律來未足，故無憑也。」（五〇二頁下）

〔三〇〕**今求以經意，參以所聞，粗重撰次，備如後列** 資持卷上四：「云經意者，語通三藏，皆得名經。下引諸部律文、大小經論等。（例如下云『各誦經中』，清淨偈文出僧祇，即目律為經。）『所聞』謂世中相傳。『重』謂對前諸本。『撰次』即目綴文。」（二三二頁中）簡正卷八：「今求以經意者，標今異也。『求』謂搜經文意者也。恭（【恭】『恭』疑『參』。）以所聞者，參，雜也。參雜普照、道妄（【案】『妄』疑『安』。）布薩之所聞。粗重撰次者：粗，略也；重，再也。以今望者，為重撰求次第也。備如後列者，備者，周備，如後十科，一一行列。然生居像末等，有□是也。」（四七三頁上）鈔批卷一〇：「參者，同也，雜也。謂今同取安之法，以雜其經意，為此法一門也。言聞者，謂聞其安師之法也。濟同此解。言粗者，略也。」（五〇二頁下）

〔三一〕**然生居像末，法就澆漓** 資持卷上四：「初，嗟時示意。」（二三二頁中）簡正卷八：「『像』謂像法也。末法將益也。法寶鈔云：文製作是唐武德九年（公元六二六年），以甲子推之，得一千五百七十四年矣。玄記云：一千七百餘年者，非也。又有人云：『像』是像法，『末』是末法。此令不達意，致此謬解也。（四七二頁下）澆，薄也。漓，但也。」（四七三頁上）

〔三二〕**若不共相敦遇，終無成辦之益**　簡正卷八：「情不敦重，對遇此法，即無益也。」
（四七三頁上）資持卷上四：「『敦遇』有本作『敦勵』。先引勸勉，即前云凡
情易滿等。」（二三二頁中）

〔三三〕**若說戒法不壞是**　資持卷上四：「善見上二句比丘問佛，下句即佛答詞。」（二
三二頁中）鈔批卷一〇：「立明：由僧清淨不犯，應其說戒布薩法，名不壞也。
若僧有犯，則不合說，不合聞，名為說戒法壞也。有人云：良以僧清淨無犯，
有犯尋懺，通應淨住。以戒淨故，定慧可期，正法因此相續不絕。故久住之
相，由斯而弘。若至說時，無思懺蕩，或不可懺。（五〇二頁下）又不依悔，
同聚聞說，皆與心違，增煩動悶，事不獲已，不來理得。又恥非數，如斯同說，
未足住持，或都不聞，一生虛過。如此等例，俱非正法久住也。」（五〇三頁
上）簡正卷八：「玄云：猶比丘行成，故戒法不壞也。」（四七三頁上）【案】
善見卷一六，七八六頁上。

〔三四〕**捨諸惡不善法，及諸煩惱有愛**　資持卷上四：「伽論初明斷惡。上云『諸惡』，
通指十業。下諸『煩惱』，不出二惑。『受』字寫誤，論作『有愛』，即示惑體。」
（二三二頁中）簡正卷八：「『捨』謂棄背也。『諸惡』即十不善是也。及諸煩
惱有愛者，折中記云：彼論第十六卷，明其有愛、無愛。『愛』謂結謂也。捨
諸煩惱、有愛，既盡漏原，即成無愛。若準玄記，作『受』字釋，謂除煩（原
注：『煩』下疑脫『惱』字。）及與業障，不向三有受生。又彼科鈔句破也。
今時講者相承云：『及諸煩惱』為一句，將『有受』二字在下句頭，全無道理。
思之。」（四七三頁上）鈔批卷一〇：「有鈔本作『煩惱有受』者，此全（【案】
『全』後疑脫『非』字。）法。余親撿伽論第六云：『捨諸惡不善法，及諸煩
惱有愛，證得白法。』今言『受』者，多是錯也。故上十門云『抄寫錯漏，相
承傳濫』，即是其義。」（五〇三頁上）【案】「愛」，底本為「受」，據資持、鈔
批、簡正釋文及摩得勒伽改。伽論卷六，五九八頁。

〔三五〕**證得白法，究竟梵行事**　資持卷上四：「『證』下，次明生善。（二三二頁中）
白法者，通於凡聖。凡則事淨，聖則理顯。究竟梵行，唯局極聖。」（二三二
頁下）鈔批卷一〇：「此正明護戒之法。若能半月撿責身口，專精護持，清淨
不犯者，名為第一白法。脫因過犯，尋即悔除，名第二白法。若雖有犯，覆藏
不懺者，名為黑法。」（五〇三頁上）簡正卷八：「所云白法，為對里（【案】
『里』疑『黑』。次同。）法得名也。然里法亦通善惡，未必一向是惡，便彰
里法之稱。今依法寶廣引分別。若相而論，俗人名為黑業，出家人號為白法，

此則道俗相望也。若就俗中，五逆十惡名為黑業，士農工商號為雜業。唯佛法中，禪定無漏，得名白業。（俱舍中如此釋。）又，於佛法中，約小乘中自分別者：一、黑法，即七方便人；二、白法，從初果至阿羅漢是。或於大乘中分黑白者：地前爪（【案】『爪』疑『卅』）心為黑法，初地至十地為白法。已上總約道俗、大小以論。今伽論中云：證白莫非取禪無漏，（四七三頁上）近至四果、遠趣涅槃，方成究竟梵行也。若捨惡不善名黑法，即唯取俗中十惡逆根為隨煩惱說為黑法，應須棄捨。若小乘七方便，大乘地前，雖於當體分別，云是黑法。今對俗及惡業邊，總白法攝也。思之。（如是細說，方為雅當。）若依華嚴記，取精專不，化為第一白法；犯已能悔，第二白法。然不無此理，但恐違文。」（四七三頁下）

〔三六〕半月半月自觀身　資持卷上四：「『又』下，省己悔露，即是清淨故。下續引母論顯之。」（二三二頁下）簡正卷八：「輔篇記云：一月之中，含其黑、白半月，故重言之。問：『何以尅取黑白兩半月說戒耶？』答：『白月十五日，已圓滿故，表善法備足，作持成。就黑月是月盡之日，表諸惡法滅盡，即止持行成就。故佛世尊制，令半月半月為之。即顯上依兩行成就也。（律文中，如此說有意也。）」（四七三頁下）

〔三七〕清淨者，名「布薩」義　毘母經卷三：「斷一切不善法，名布薩義。清淨名布薩。」（八一四頁中）

就中分二〔一〕：初僧，後別。

【校釋】

〔一〕就中分二　資持卷上四：「僧別兩位，料簡不同。僧是本制，四人已上，作法誦戒，別即緣開，對首、心念，但陳三說。」（二三二頁下）

初中

分四〔一〕：一、時節不同，二、雜法眾具，三、正說儀軌，四、略說雜法。

初中

五種〔二〕：一、十四、十五、十六，三日不同；二、食前、食後〔三〕；三、若晝、若夜〔四〕；四、若增、若減〔五〕；五、時與非時〔六〕。前三，出十誦文〔七〕。

四分中，三日說戒〔八〕，如上列也；又云：布薩日應說〔九〕。五分云：八日、十四日說法，十五日布薩〔一○〕。

僧祇：食前亦得；而不得晨起布薩，得罪，以後來比丘不聞故〔一〕。

四分：為外界鬪諍比丘來，佛令增減說戒〔二〕。若知於十四日來，十三日前說；若十五日來，十四日說〔三〕。若已入界，當令入浴，界內比丘出界而說〔四〕。若不得者，白僧言〔五〕：「今不得說，後十五日當說。」又不去者，更增至十五日〔六〕；若不去，強和合說〔七〕。但明二度，不云三度，至三必須同說〔八〕。亦無「三度不說，法滅」之文〔九〕，偽傳於久。律云拘睒彌國六年不說，佛尚在世〔二〇〕。何妨一國鬪諍，不得安樂，不階聖果，名為法滅〔二一〕？律中，阿難疑高勝比丘犯盜，經六布薩，不與同法〔二二〕。僧祇：相嫌，二十年不說戒〔二三〕等。

四分：鬪諍來久，不得說戒〔二四〕。今暫和合，須非時說，隨何日諍滅，即日和說〔二五〕。以僧具六和：戒、見、利、身、口、意等；今不同見、戒，則無「僧」義，不成和合清淨僧法故〔二六〕。

【校釋】

〔一〕分四　資持卷上四：「一二通僧別，第四唯局僧，第三有通、局。如鳴鐘眾具，制通一人，行籌告令，唯局僧耳。」（二三二頁下）

〔二〕五種　資持卷上四：「若約三日，諸部通制；及食前後，亦出僧祇。今以前三，全出十誦，故總列之，下引諸文會釋。後二唯出本宗，故下皆標四分。」（二三二頁下）【案】「時節」文分為二：初，「五種」下；二、「四分」下。簡正、鈔科列為四種，將「食前食後」與「若晝若夜」合為第三。

〔三〕食前、食後　鈔批卷一〇：「此據中時前後也。」（五〇三頁上）

〔四〕若晝、若夜　鈔批卷一〇：「此就明中明也。准律文，晝夜俱得。所以知者，律中，晝日布薩，有比丘房中臥，佛言『別眾不成』，故知晝日得作。又，律中合然燈火、具舍羅者，明知夜亦得說。唯不得晨起作，恐人來不及也。」（五〇三頁上）簡正卷八：「晝夜者，此二時諸部，當宗無妨。」（四七四頁上）

〔五〕若增、若減　鈔批卷一〇：「此謂約其難事，故有增減。若知惡人十四日來，十三日即說，十五日來，十四日前說，此名『減』也。但知剃（【案】『剃』疑『提』。）前說名減。若難已入界，當白僧眾，待後十五日當說等，此名『增』耳。（五〇三頁上）若取易解者，向後名『增』、向前名『減』也。」（五〇三頁下）

〔六〕時與非時　鈔批卷一〇：「十四、五、六日說者名『時』。若鬪爭來久，隨爭滅時即說，名『非時』也。緣起是拘睒彌國諸比丘鬪諍來久，僧不和合。今既和

合，佛令隨和合日應說，先作單白和合。布薩白法如律文。」（五〇三頁下）

〔七〕前三，出十誦文　簡正卷八：「謂十四、五、六三日，食前、後及晝夜三也。」（四七三頁下）【案】十誦卷二三，一五八頁中。

〔八〕三日說戒　鈔科卷上四：「初，三日差別。」（三三頁中）簡正卷八：「准說戒法中，日則有三：謂八日、十四、十五。此三本是外道三受布薩日也。萍沙王諸佛，（【案】此處疑脫字，意即萍沙王請佛說戒之事。見前『律云布薩法』句注。）同外道布薩，（四七三頁下）故制同處（【案】『處』疑『外』。）道三日。前二為俗說法受歸，後一為道眾淨心說戒，與此稍別。今文云『如上列』者，如何耶？謂四分增三中，有此三日：十四、五、六，與十誦同故，指『如上』也。」（四七四頁上）【案】「四分」下分四，如鈔所示。四分卷五八，九九八頁中。

〔九〕布薩日應說　資持卷上四：「布薩日通含三日。問：『三日隨用得否？』答：『世多執諍，未善祖意。若謂通得者，業疏那云：十四為俗說法授歸，十六為難開延，未可常準？若唯執十五者，疏文那云：三皆通正，隨用開得，必用二日，七非檢勘？何非所收，二皆有妨。然疏中但恐世人常用餘日，意欲剋取十五為定，故別分之。至於有緣通用，不名非法。亦猶自恣，雖通三日，鈔取十六為定，非謂餘日不得，可以相例。」（二三二頁下）簡正卷八：「『又云』等者，亦說戒法中文也。佛聽諸比丘說戒，不知何日說。佛言：聽布薩日說此布薩者。由是外道聚會之本名也，王請已後，佛用則別。下引五分文是也。」（四七四頁上）【案】四分卷三五，八一七頁下。

〔一〇〕八日、十四日說法，十五日布薩　鈔批卷一〇：「立云：為俗人說五、八戒等。」（五〇三頁下）簡正卷八：「即是說戒。為佛已制，不同外道也。」（四七四頁上）資持卷上四：「引五分顯異。四分亦同引此文者，欲取十五為常度。故疏云：前二為俗，則說法授歸；後一為道，則淨心說戒是也。」（二三二頁下）【案】五分卷一八，一二一頁中。

〔一一〕食前亦得；而不得晨起布薩，得罪，以後來比丘不聞故　鈔科卷上四：「『僧』下，食前食後。」（三三頁中）簡正卷八：「僧祇制其太早，不制食前。彼云：聚落有比丘晨起布薩，有客來語舊住人：『長老共作布薩？』答云：『我已作了。』以此白佛。佛言：『應婦（【案】『婦』疑『掃』。）塔院、具香水等，待客比丘來。若早起布薩，得越毗尼等。（云云。）』晝夜者，此二時諸部、當宗無妨，故不釋也。」（四七四頁上）資持卷上四：「第二，即約中齋，以分前後。

又但制前後皆通故，所以不擇晝夜者。既制侵早日（【案】『侵早日』疑『晨罪』。），夕可知故。律中，恐明相現，開略說戒，則通夜明矣。」（二三二頁下）【案】僧祇卷三四，四九九頁中；卷二七，四四七頁。

〔一二〕**為外界鬪諍比丘來，佛令增減說戒** 鈔科卷上之四：「『四』下，明增減。」（三三頁中～下）資持卷上四：「初引緣起。業疏云：外界鬪諍，不自消殄，反來清眾，塵染何疑！『佛』下，引開法。」（二三二頁下）簡正卷八：「增減者，向後曰增，向前名減。」（四七四頁上）

〔一三〕**若知於十四日來，十三日前說；若十五日來，十四日說** 資持卷上四：「初，明減。前由避諍人，不待十五，向前二日，故云減也。然十四本是正日，亦為諍緣，故入減中。若十六來，十五日說，由是正日，不名為減。」（二三二頁下）簡正卷八：「故律遮法中云：時有鬪諍比丘來，取十四說，令（【案】『令』疑『若』。）聞他來，乃十三日說；本十五日說，聞來，十四日說。此化釋向前名減也。」（四七四頁上）

〔一四〕**若已入界，當令入浴，界內比丘出界而說** 資持卷上四：「『若』下，明增。後諍人入界不得說故，延過兩半，故云增也。文有四節。初明即時潛避，未須增也。令入浴者，眾僧出界，使不知故。」（二三三頁上）鈔批卷一〇：「謂見難比丘已來入界，即語云：『大德既行來，恐身體垢汙，可洗浴也。』其人若入洗浴，僧即出界外，疾疾結三小界而說，故云出界也。」（五〇三頁下）簡正卷八：「入俗（原注：『俗』鈔作『浴』。）者，惡比丘既已到來入界，乃告語云：『大德行來，身體垢穢，可洗浴。』（四七四頁上）不具人用語。若入俗（【案】『俗』疑『浴』。），僧即疾疾出界外，結小界說也。」（四七四頁下）【案】四分卷四六，九〇九頁上。

〔一五〕**若不得者，白僧言** 資持卷上四：「『若』下是第一增。白僧者，作單白法。」（二三三頁上）簡正卷八：「謂前比丘不用語，不肯入浴，即別無方便，乃白僧。」（四七四頁下）

〔一六〕**又不去者，更增至十五日** 資持卷上四：「『又』下，即第二增。疏云：兇惡不忍，本界未和，故來異住，望同清蕩等，亦須單白。」（二三三頁上）簡正卷八：「此但釋後為增也。」（四七四頁下）

〔一七〕**若不去，強和合說** 資持卷上四：「『若』下，開與同法。心本非和，恐廢眾事，且令同作，故云強也。是則減為二日，增亦二半，增減皆二，在文可解。」（二三三頁上）簡正卷八：「鏡水大德云：謂勸喻彼令同，不得作留難。雖前

人不肯，應須強勸，令和合故。古來解云：既云強和合者，眾坐彼立，即不和合，今令有力之人，抑令他坐，即得和合，故云強也。此解非甚。」（四七四頁下）

〔一八〕但明二度，不云三度，至三必須同說　鈔科卷上之四：「『但』下，斥古偽傳。」（三三頁下）資持卷上四：「彼據善見、十誦『幾時住世』之文，便云不增至三，以三半不說，法即滅故。初，示律開限，諒無他意，但恐僧事停廢耳。」（二三三頁上）鈔批卷一〇：「礪諮為『增卻自恣』，謂難來入界，遮僧自恣，故卻待後半月。若更不去，更增至半月，唯齊此時。亦以夏分之末，是自恣時，但唯『二卻』。若更卻至三，入冬分故。說戒對此，故亦二卻，若或三者，恐濫自恣故，故但『二卻』耳。言濫自恣者，恐人情意謂：說戒既有『三卻』，我自恣亦應得『三卻』也。（云云）」（五〇三頁下）簡正卷八：「有（原注：『有』一作『者』。）古人云：若三度不說，佛法即滅，是以須強和合，不許更近於後也。今云，說戒更由後增至四、五，理實亦得。今不許者，恐自恣家執此為例：說戒既許由近，我今自恣亦得。若至八月十六日，便入冬分。今說戒若不許更增，即自恣亦不敢取例處。以但云二度，至三心，強和合說也。」（四七四頁下）

〔一九〕亦無「三度不說，法滅」之文　資持卷上四：「『亦』下，遮濫述。」（二三三頁上）簡正卷八：「反行古人所立全非也。」（四七四頁下）鈔批卷一〇：「立云，古來相承云：若經三度不布薩，佛法則滅。今言無此義，舉世濫傳耳。昔人意謂，（五〇三頁下）見律明增，說戒唯得二增，不得至三，謂言『三度不說，佛法即滅』。然據律意不爾，但是恐濫自恣，故不至三。自恣要制夏末，若增至三，入冬分故，不合自恣，故但二增。准理，說戒至三無過，但恐（原注：『恣』疑『恐』。）人情意謂：說戒既有三增，自恣亦應三卻也。恐此濫故，故說、恣二法，唯開二卻，故曰恐濫自恣也。礪云：『何故月盡說戒者，喻聞戒相，為表惡法消除，止持行成。復言月半者，為彰功德漸增，作持行滿故。』」（五〇四頁上）

〔二〇〕律云拘睒彌國六年不說，佛尚在世　資持卷上四：「『律』下，引文破。初，本律二文。拘睒彌者，因比丘鬥諍故。言佛在者，顯法非滅也。」（二三三頁上）簡正卷八：「彼云：諸比丘鬥爭，口如刀劍。既不和合，六法滅等者，反斥古人所立全非也。律云：俱睒彌諸比丘鬥爭，口如刀劍，既不和合，六季不說，此時由佛在世故。」（四七五頁上）

〔二一〕何妨一國鬪諍，不得安樂，不階聖果，名為法滅　資持卷上四：「『『何妨』下，縱彼所計。一國可爾，而非都滅。」（二三三頁上）鈔批卷一○：「不階聖果，名為法滅者，此謂救上法滅之言。謂上云『不說戒，法滅者』非也，不妨。應是鬪諍，不得道果，名為法滅耳。」（五○四頁上）

〔二二〕阿難疑高勝比丘犯盜，經六布薩，不與同法　鈔批卷一○：「依撿四分云：高勝比丘有檀越家。檀越病，語比丘言：『我有二小兒，黠子者。我有寶藏，已語比丘處所。此二小兒長大，若勝者，示其寶處。』檀越命終已後，兒漸長大，高勝看此二小兒，勝者即示寶處。其不得者，涕泣至寺內，語阿難言：『大德，看此高勝比丘，以我父遺財二人之分，併與一人。』時，阿難語高勝：『汝可去，不應與汝同布薩。』阿難經六布薩，不與共同。後時，阿難具問，究其情已，語高勝云：『汝乃至不犯吉羅。』」（五○四頁上）【案】四分卷五六，九八○頁中。

〔二三〕相嫌，二十年不說戒　鈔批卷一○：「依撿彼律云：弗迦羅聚落，有比丘共蘭若比丘同一布薩。時蘭若比丘有大名稱，聚落比丘見得利養，起嫉妬心。時蘭若比丘至十四日，來入聚落，語聚落比丘言：『共作布薩。』聚落比丘答言：『十五日當布薩。』蘭若比丘便去。去後，聚落比丘即布薩。至明日，蘭若比丘來欲共布薩，答言：『已布薩竟。』便語蘭若比丘言：『汝叛布薩，我不復與汝共法共食。』從是已後，蘭若比丘每至十四日、十五日便來。如是經二十年，不得布薩。時有一善神，敬重蘭若比丘，往枝提山中，白樹提陀婆比丘，具陳上事。尊者樹提聞已，即到聚落。善神還白蘭若比丘：『尊者樹提今在聚落，可往問訊。』到彼，問訊已，樹提問言：『汝叛布薩耶？』答言：『我二十年來，十四日布薩，十四日來，十五日布薩，十五日來，為是叛、非叛？』樹提言：『汝順佛法。聚落比丘二十年來，所作羯磨，一切不成。受具不名受具，羯磨不名羯磨。』」（五○四頁下）簡正卷八：「上來所引，亦是為破古執也。」（四七五頁下）【案】僧祇卷三○，四六九頁中～下。

〔二四〕鬪諍來久，不得說戒　鈔科卷上四：「『四』下，時非時。」（三三頁中）簡正卷八：「律云：爾時，俱睒彌國眾僧破為二部，諸比丘欲移舍衛和合。佛言：『自今已去，聽作白。』然後和白云：『大德僧聽，所由爭事，令僧鬪爭，彼此不和。彼人犯罪，為作舉已，還為解罪，僧塵已滅。若傳（【案】『傳』疑『僧』。）時到，僧忍聽，僧今和合。白如是。』白已作和合。」（四七五頁下）【案】四分卷三六，八三○頁上。

〔二五〕隨何日諍滅，即日和說　簡正卷八：「謂隨黑白月中，是何日爭滅，即於此日，
　　作白和了，便說不須至十五日也。鏡水大德云：然三宗行事，於單白中，增減
　　不定，如白月三日、四日已去，或黑月一日、二、三日已去等，作白。依南山，
　　加『黑白』字。如初三日爭滅便說戒，（四七五頁下）即須言今白月三日或四
　　日等。黑月例知。若准新舊兩疏，不許加『黑白』字，但云三日、四日等。大
　　德破云：且如十六、十七已去，不著黑月，但云一日、二日、三日。云何簡監
　　（【案】『監』疑『濫』。），少道理也。今依南崇（【案】『崇』疑『山宗』。），
　　一一須添『黑白』二字。」（四七五頁下）
〔二六〕今不同見、戒，則無「僧」義，不成和合清淨僧法故　資持卷上四：「『今』下，
　　敘其不和。反顯須和，以明開說之意。不同見戒者，因諍法相，即見不同；廢
　　布薩事，是戒不同。然戒和者，言通受隨，今約隨行說戒以論。（二三三頁上）
　　（有本或無『戒』字。）」（二三三頁中）

　　二、明雜法眾具〔一〕
　　五分：布薩時，不時集，妨行道，佛令作時節〔二〕。如前集僧中〔三〕。
　　十誦云：行籌者，為檀越問，僧不知數，佛令行籌〔四〕。不知沙彌
數，行籌數之。若人施布薩物，沙彌亦得。雖不往布薩羯磨處，由受籌
故〔五〕。四分：為受供行籌，通沙彌也〔六〕。若未受十戒，亦得受籌，以
同受供故〔七〕。如涅槃中：雖未受十戒，已墮僧數。若請僧次，理無別
他。五分：籌極短，並五指〔八〕，極長拳一肘〔九〕，極麤不過小指，極細
不得減箸。有客來不知〔一〇〕，行籌收取數之。一人行，一人收，乃至
收已，數之。知數已，唱言：比丘若干，沙彌若干，出家人和合若干人
〔一一〕。四分云「聽行舍羅〔一二〕」，此云「籌」也。
　　五分：若白衣以華散高座比丘，佛開之。比丘不得〔一三〕。若白衣散
華墮比丘身衣上，當拂去〔一四〕；落高座上，無苦〔一五〕。比丘欲莊嚴說
戒堂，懸繒、散華，佛皆聽之〔一六〕。
　　僧祇〔一七〕：若欲誦時，當先淨洗手已，捉籌〔一八〕；若有香汁，浴之
亦得〔一九〕；餘人欲捉籌者，亦復如是。誦毘尼時，雜碎文句數難持，聽
作籌數之〔二〇〕：一者五百，二者七百〔二一〕。以通僧尼戒本〔二二〕。若布薩
日〔二三〕，埽塔僧院，使人泥治，香汁灑地，散香花〔二四〕，然燈火。誰
應咒願、誦戒、行籌，並預辦之〔二五〕。四分云：年少比丘，應具水瓶、
燈火等具，上座應處分〔二六〕。

僧祇云：若誦戒時，應誦二部律〔二七〕；無者，應誦一部。若上座、次座，應誦；無者，乃至能誦者誦〔二八〕。為未受具人說五篇名，得罪〔二九〕。準四分，得語「一切犯者，得突吉羅〔三〇〕」。若說時，不得覆頭、覆肩〔三一〕；應脫革屣，偏袒右肩行籌〔三二〕。其受籌者亦爾。先行受具人籌，後行沙彌籌已。唱法如五分。

五分云：上座應說戒，持律作羯磨〔三三〕。說戒座上，眠睡、反抄衣、叉腰、著革屣、或臥、或倚、不恭敬等，並得小罪〔三四〕。若上座說戒忘〔三五〕，應授；猶忘，再授；更忘，應差人續次誦之。不得重誦。若諸緣事起〔三六〕者，明日布薩。諸羯磨法，並在說戒前作，以是攝僧法故〔三七〕。應直說戒，不得歌詠聲〔三八〕。至八日、十四日說法時〔三九〕，白衣聞法，歡喜布施者，受之。令維那呪願。十五日布薩時，尼來請教誡，乃至上座告云「莫放逸」等，如後所說。四分：開歌詠聲誦戒〔四〇〕。此是五分廢教。

十誦云：知布薩法者，盡應供養〔四一〕，不者得罪；以無佛時，是人補處故。說戒人，先當闇誦令利，莫僧中說時錯謬〔四二〕。

【校釋】

〔一〕雜法眾具　資持卷上四：「此門廣引諸教，雜顯事相，欲顯下科行事儀軌並有準據。下為點之。」（二三三頁中）簡正卷八：「玄云：前來序中云『文據莫憑』，即顯教文未足。又云：『今求以經意，參以所聞。』即准教為據。此中所引，一一憑也。大德又云，此一全是今師持並。有人云：『此門說其雖（【案】『雖』疑『雜』。）法眾具了，第三門又說一遍，莫是剩長不？』『此求達意也。謂前云求以經意等，正生起此第二門。此則廣別經論等，敘述一期之事，各有準憑。至第三正說儀軌門中，但一向平立行事，不更一一引教名也。舉例由如懺篇中，先引成文，即准教為憑。後顯格義，但一向平立懺儀行事之式。此亦然。鈔雖分明，見意殊少。』」（四七六頁上）【案】「雜法」文分為二：初，「五分」下；次，「僧祇云」下。初又分四，次又分三，如鈔所示。

〔二〕布薩時，不時集，妨行道，佛令作時節　鈔科卷上四：「初，眾具雜相。」（三三頁中）資持卷上四：「『不時』者，謂不同時。」（二三三頁中）

〔三〕前集僧中　資持卷上四：「指前篇，謂唱令、打犍槌等。」（二三三頁中）

〔四〕行籌者，為檀越問僧不知數，佛令行籌　鈔科卷上四：「初引緣起。」（三三頁下）資持卷上四：「引十誦文。初，通明二眾緣起。」（二三三頁中）鈔批卷一

○：「立謂：西國俗人，每取僧說戒竟，知僧清淨，為欲興福，或財或食，故來問數。」（五○四頁下）簡正卷八：「彼律云，諸白衣為問『說戒時幾人』，諸比丘不知數，慚恥。佛言：『聽數（上聲）。』猶復忘。佛言：『當令行籌，沙彌亦爾。』」（四七六頁上）【案】十誦卷三九，二八五頁下。

〔五〕雖不往布薩羯磨處，由受籌故　資持卷上四：「『若』下，別示下眾同利。初正明。言『不往』者，謂正羯磨時，身不預眾也。」（二三三頁中）

〔六〕為受供行籌，通沙彌也　資持卷上四：「初，引本律，即法同沙彌。」（二三三頁中）簡正卷八：「玄云：約曾受十戒沙彌也。（四七六頁上）又是證上五分五沙彌亦得云文也。若未受十戒等，約未曾受沙彌戒者，以說亦得受施。」（四七六頁下）

〔七〕若未受十戒，亦得受籌，以同受供故　資持卷上四：「『若』下，引涅槃明形同沙彌。」（二三三頁中）

〔八〕籌極短，並五指　鈔科卷上四：「『五』下，明製法。」（三三頁下）鈔批卷一○：「有云：應是佛指，便長一尺，若人指量，（五○四頁下）通計唯五寸，太短也。」（五○五頁上）資持卷上四：「五分中，前示製法。並五指者，謂中人五指相，並當五寸也。」（二三三頁中）簡正卷八：「據佛五指，指闊二寸，即長一尺，非謂人五指也。」（四七六頁下）

〔九〕拳一肘　簡正卷八：「尺八也。准此姬□（【案】『姬□』疑『姬尺』。），非餘四也。」（五○五頁上）資持卷上四：「尺八也。（舒手則二尺故。）然不明物體，今時多以竹木為之。」（二三三頁中）

〔一○〕有客來不知　資持卷上四：「『客來』下，明行法和合。」（二三三頁中）

〔一一〕比丘若干，沙彌若干，出家人和合若干人　鈔批卷一○：「沙彌，謂法同沙彌也。出家人，謂形同也。」（五○五頁上）簡正卷八：「出家者，出三界家，擬求泥曰，簡異在家人。和合者，表背（原注：『背』上一有『無』字。）別也。」（四七六頁下）資持卷上四：「若干，總合數也。」（二三三頁中）

〔一二〕行舍羅　資持卷上四：「梵名，準聲論翻之。疏云：舍羅，草名，以為籌計。」（二三三頁中）鈔批卷一○：「取此草，將以為籌，因以名焉。聲論云：外國名為『舍羅分』，此翻為『籌』也。」（五○五頁上）簡正卷八：「舍羅者，西天單（【案】『單』疑『草』。次同。）名也。四分：惡行舍羅，即將此章為籌。蓋存梵語。十誦、五分並云籌，有是此方言也。」（四七六頁下）

〔一三〕比丘不得　鈔科卷上四：「『五』下，散華莊嚴。」（三三頁下）資持卷上四：

「五分初明開俗，比丘不得，即明制道。初句，制自散。彼律因諸比丘以華散高座比丘，居士譏言：『如王大臣』。佛因制之。」（二三三頁中）【案】五分卷十八，一二一頁下。

〔一四〕**若白衣散華墮比丘身衣上，當拂去** 資持卷上四：「『若白衣』下，次，制受散。謂雖開受，不得墮衣。當拂去者，乖道相也。」（二三三頁中）

〔一五〕**無苦** 資持卷上四：「無上過也。」（二三三頁中）簡正卷八：「即無罪也。」（四七六頁下）

〔一六〕**比丘欲莊嚴說戒堂，懸繒、散華，佛皆聽之** 資持卷上四：「『比丘』下，三、開自散。前制供人，此開嚴處。前皆因引，此文（【案】『文』疑『云』。）正用。」（二三三頁中）

〔一七〕**僧祇** 鈔科卷上四：「『僧』下，淨水等物。」（三三頁下）【案】僧祇文分為三。僧祇卷二七，二三二頁中。

〔一八〕**若欲誦時，當先淨洗手已，捉籌** 資持卷上四：「初，明淨手。當先淨者，文似說戒師，今即行籌人。」（二三三頁中）

〔一九〕**若有香汁，浴之亦得** 資持卷上四：「上是淨水，此即香湯，二並淨手。」（二三三頁中）

〔二〇〕**誦毗尼時，雜碎文句數難持，聽作籌數之** 資持卷上四：「『誦』下，二、明置籌。此開數戒，與前不同。雜碎文句，即戒條也。多論云：十二年前，常說一偈。今說五篇，名為雜碎。」（二三三頁中）鈔批卷一〇：「暠云：即四重、十三、三十、九十等，悉名為雜碎。准戒疏云：『雜碎』謂『二不定』至『眾學』是也。有人云：除四根本戒，餘二篇已下，皆是雜碎。」（五〇五頁上）簡正卷八：「僧祇二十七布薩法中，佛語波離：『汝誦毗尼不？』答言：『雜碎文句難持。』佛言：『當作籌數之。』後又問：『汝作籌數，誦比尼不？』答云：『雜碎文句，雖籌數猶難。』佛言：『自今後作二種：一者五百，二者七百也。』（已上律文。）」（四七六頁下）

〔二一〕**一者五百，二者七百** 資持卷上四：「五百對一部，數則過倍；七百對二部，猶多百餘。此謂籌數宜多，不必限定故也。」（二三三頁中）

〔二二〕**以通僧尼戒本** 鈔批卷一〇：「濟云：准僧祇文，至布薩時，具誦二部戒本也。」（五〇五頁上）簡正卷八：「今師釋也。此段，古今取解不同，今且依一家正說者。謂適來律文，既云作二種籌，一、五百，二、七百，未委因何作此二數？（四七六頁下）是以今師釋云：以通僧尼戒本，謂佛本意令波離憶持毗尼大

藏，記其數目，恒知科要，□有欠遺。此蓋是閑禎（【案】『禎』疑『預』。）之時，亦非半月高坐正說之時也。作二種數也者，記僧尼二部戒，律制重制，事條不少。『五百』說尼律制數，『七百』記大僧制數目也。作斯二數，各置一處，若僧有犯，制戒竟，隨制籭於僧犯籌數之內，撿增其數。後或憶持誦時，籭撿已犯者，籌數過，及至誦了，便知遺忘數目。尼亦准之。……或依玄記中解云：『五百』約尼律，以『七百』據僧尼律通說。又云：若言『通』者，尼五百戒，僧二百五十，都（原注：『都』下一有『合』字。）七百五十。今但云七百，欠五十者，大約通舉，未必依戒條數也。』（今人多依此，任解情酌量。）……今釋云：謂前文已明籌之長短大小，然於多少，全未論之，故引此來，定其籌數。如今僧中，雖有三千、五千人集，不越七百之籌。若尼中亦不出五百，必更向上，恐有無窮之過。今師密意，唯在於茲。迷旨既多，致有妄解之思。誰應呪耶者，即今唱白維那也。故五分云：白衣布薩，合維那呪願等。』（四七七頁下）【案】僧祇卷二七，四四八頁上。

〔二三〕若布薩日　資持卷上四：「『若』下，三、明所須眾具。」（二三三頁中）

〔二四〕香花　【案】底本為「花香」，據敦煌本及義改。

〔二五〕誰應呪願、誦戒、行籌，並預辦之　資持卷上四：「『誰應』下，即預差三人，或容施物，須人呪願。下五分中，即令維那為之。此方事稀，故不行耳。」（二三三頁中）【案】「辦」，底本為「辨」，據宮本及義改。僧祇卷三四，四九九頁中。

〔二六〕年少比丘，應具水瓶、燈、火等具，上座應處分　資持卷上四：「四分中，眾具同上。但明年少具辨（【案】『辨』疑『辦』。），上座處分。尊卑之任，不相亂也。」（二三三頁中）簡正卷八：「四分中，初緣並是上座自辨（【案】『辨』疑『辦』。），後因疲極，故令處分，年少為之等。」（四七七頁下）【案】四分卷三五，八一八頁下。

〔二七〕若誦戒時，應誦二部律　鈔科卷上四：「『僧』下，人法是非（三）。初，差誦行籌等法。」（三三頁中～下）資持卷上四：「僧祇文為四，初，明所誦法。而言律者，舉教目行，即戒本也。誦二部者，準安居中，即第四律師。問：『僧說尼戒何益？』答：『本受體中，總發得故。又為尼所依，須教授故。』」（二三三頁下）

〔二八〕若上座、次座應誦；無者，乃至能誦者誦　資持卷上四：「『若』下，明能誦人。上座說者，德居物尊，發言誠重，在座誠敕，聽者依承。次遷（【案】『遷』

疑『選』。）無人，方聽能者。今時多差新戒，深乖教意。」（二三三頁下）

〔二九〕**為未受具人說五篇名，得罪**　資持卷上四：「『為』下，簡聽眾。彼部通禁五名。」（二三三頁下）鈔批卷一〇：「勝云：非謂通說五篇，名得罪也。言得罪者，婬、夷、觸、殘等，的說其事犯名也。」（五〇五頁上）簡正卷八：「謂分別言，是波羅夷。六友（原注：『六友』疑『突』。）吉羅，名犯吉也。以彼起（原注：『起』上一有『緣』字。）中，固為白衣說五篇名，彼遂輕云：此是波羅姨比丘等。」（四七七頁下）

〔三〇〕**一切犯者，得突吉羅**　資持卷上四：「『四分得語』下，聚以下眾有犯，通結吉故。此謂二師指教，非謂得聞戒也。問：『戒本偈序，列三篇名，下眾得聞者？』答：『略舉總名，不說條目故。』」（二三三頁下）鈔批卷一〇：「謂沙彌通犯五篇，俱是吉羅。（五〇五頁上）今若見有作五篇事者，應語云：『汝作此事，犯吉羅。』由戒戒下，結沙彌吉文。又云：一切犯，即沙彌也。以其雖犯五篇，通得一吉，故一切犯者也。欲明不得向說夷、殘、蘭、提之名，得向道吉羅之稱。」（五〇五頁下）簡正卷八：「即顯祇文由是未了。『四分』戒之下，皆結吉羅。但不說說（原注：『說』字疑剩。）上四篇名也，然亦更須分別。若對在家白衣，即五篇名總說。若約出家人中下三眾，（四七七頁下）但不得說上四篇名也。」（四七八頁上）

〔三一〕**不得覆頭、覆肩**　資持卷上四：「『若說』下，制恭謹。上二句，誡聽眾。不覆頭者，應開有病。不覆肩者，西土敬儀，此方不爾。」（二三三頁下）

〔三二〕**應脫革屣，偏袒右肩行籌**　資持卷上四：「『應』下，示行籌。」（二三三頁下）【案】「偏」，底本為「徧」，據大正藏本改。

〔三三〕**上座應說戒，持律作羯磨**　鈔科卷上四：「『五』下，恭敬志誦等法。」（三三頁中～下）資持卷上四：「五分雜明有七，初簡能說：誦戒取德臘，秉法選堪能，故須二人也。疏云：上座昏朽，秉御是難，依文誡約，有同佛世是也。今則年少誦戒，上座羯磨，都相反也。若彼高座，識達是非，依律自秉，必涉疑昧，須擇堪能，不必上座。」（二三三頁下）【案】「持律」即「持律者」。五分卷一八：「佛言：上座應說戒，持律應羯磨。」此處，「上座」與「持律者」相對，這也即是資持釋文中所言的「須二人」之義。本五分引文分七，參見下資持釋文。五分卷一八，一二八頁下。

〔三四〕**說戒座上眠睡、反抄衣、叉腰、著革屣、或臥、或倚、不恭敬等，並得小罪**　資持卷上四：「『說戒』下，制所聽。慢相極多，且列七種。」（二三三頁下）

〔三五〕若上座說戒忘　資持卷上四：「『上座』下，明遣忘。」（二三三頁下）

〔三六〕若諸緣事起　資持卷上四：「『若諸』下，明移日，謂三日內也。」（二三三頁下）簡正卷八：「受戒□日等是也。此諸羯磨，並在說戒前作。准五分，比丘先說戒，後作羯磨，六群說戒了便去，不僧和合，因此制前也。」（四七八頁上）鈔批卷一〇：「立云：八難等緣也。」（五〇五頁下）

〔三七〕諸羯磨法，並在說戒前作，以是攝僧法故　資持卷上四：「『諸』下，明作餘法。」（二三三頁下）鈔批卷一〇：「礪云：五分中，比丘先說戒，後作諸羯磨。六群比丘說戒竟，即便起去，不與僧和合作諸羯磨。白佛。佛言：『應先作諸羯磨，然後說戒。以戒是攝僧，令不得去。』」（五〇五頁下）【案】五分卷十八，一二八頁中。

〔三八〕應直說戒，不得歌詠聲　資持卷上四：「『應』下，明說儀。」（二三三頁下）鈔批卷一〇：「五分不許，四分則開，二律相反。今欲和合會者，須作歌聲，但不得過差。故四分中，誦戒時歌聲過差，佛言『不應爾』。因說歌聲有五過，即四分說戒犍度中明之，此鈔下文自出。准此，今時誦戒，不得過過（【案】次『過』疑剩。）長引聲也。」（五〇五頁下）簡正卷八：「大德云：此是相從引文，非謂取易行事。雪水仲平座主云：五分是能癈，四分是所癈，取後為定。『若爾，即同第四師，背宗永異，豈非失即（原注：『即』疑『耶』。）？』『若有緣難，參取不妨。必是閑預之時，不可全依部也。』」（四七八頁上）

〔三九〕至八日、十四日說法時　資持卷上四：「『至』下，明三日所為不同。」（二三三頁下）

〔四〇〕開歌詠聲誦戒　資持卷上四：「四分以彰部別。律云，諸比丘欲歌詠聲說法，佛言『聽』。後有一比丘過差歌詠聲說法，佛聞已，告曰：『汝莫如是說法；』乃至『過差歌詠聲說法有五過失』：一、自生貪著音聲；（二三三頁下）二、令聞者貪著音聲；三、令聞者習學；四、俗人生慢心，不恭敬；五、靜處思惟，但緣音聲，以亂禪思。故知本宗亦不全許。今指為廢教，意不取。即用序中第四師義也。（今時誦者，引弄音聲，文句不顯。人不樂聞，反生輕悔，何嘗五過！宜準今文，自說為善，必非過差，隨用兩得。）」（二三四頁上）【案】四分卷三五，八一七頁上。

〔四一〕知布薩法者，盡應供養　鈔科卷上四：「『十』下，供給知法等法。」（三三頁中～下）資持卷上四：「初，制供養知法之人。」（二三四頁上）鈔批卷一〇：「立謂：若比丘知教相，解布薩法，用儀式者，堪受供養，謂知說時，聞華、

籌廣略之緣，識同住淨穢、犯相輕重，名為布薩法也。」（五〇五頁下）簡正
卷八：「知布薩供養者，即戒說也。」（四七八頁上）【案】十誦卷二二，一五
九頁下。

〔四二〕說戒人，先當闇誦令利，莫僧中說時錯謬　資持卷上四：「『說』下，教誦者預
習。」（二三四頁上）【案】十誦卷五七，四二一頁下。

三、正明說儀〔一〕

此門布置，據律不具〔二〕。今行事者，通取諸部，共成一法。而諸家
安設，各有不同，今取普照、道安二師為本〔三〕，餘則引律誠文，刪補
取中〔四〕。十種。

一、前須處所

中國布薩，有說戒堂〔五〕，至時便赴。此無別所，多在講、食兩堂。

理須準承，通皆席地〔六〕。中國有用繩床〔七〕，類多以草布地〔八〕，
所以有尼師壇者，皆為舒於草上。此間古者有床，大夫已上，時復施安，
降斯已下，亦皆席地〔九〕。東晉之後，牀事始盛〔一〇〕。

今寺所設，率多牀座，亦得雙用〔一一〕。然於本事行時，多有不便
〔一二〕，隨處量法〔一三〕。

二、眾具者

律中，舍羅、燈火、水瓶、坐具等，年少比丘先須辦之。華香莊嚴，
準前早辦〔一四〕。

三、於說戒日，上座白僧令知〔一五〕

今時維那打靜告白言〔一六〕：「大德僧聽：今黑月十四日，眾僧和合，
某時某處說戒布薩。」餘如眾網中〔一七〕。

四、鳴鐘集僧〔一八〕

不局沙彌，並須入堂〔一九〕。若沙彌有緣，依法與欲，後須籌數〔二〇〕。
若猶有聞、疑之相〔二一〕，盡界求覓喚之；若無有相，依法而作。

沙彌、大僧二處各說戒者，鳴鐘之時，各集二處，應說聞鐘偈〔二二〕。
增一阿含云〔二三〕：降伏魔力怨，除結盡無餘〔二四〕，露地擊揵稚〔二五〕，
比丘聞當集。諸欲聞法人〔二六〕，度流生死海，聞此妙響音，盡當雲集
此。〔二七〕

次，入堂時，便合掌恭攝致禮。說偈言〔二八〕：「持戒清淨如滿月，
身口皎潔無瑕穢，大眾〔二九〕和合無違諍，爾乃可得同布薩。」說已，

各依位隨次而坐。如上五分，恭敬具儀〔三○〕。此是極教所遺〔三一〕，攝僧根本之教〔三二〕，不比尋常諸餘法事。

五、明供具〔三三〕

若有沙彌、淨人，教令摘華、香水、槃槃〔三四〕、鉢貯〔三五〕，五器、三器〔三六〕，共華槃交錯，羅列堂中。若在冬時，或無華月，當具綵花。以物席地，像中布設，并香爐、籌案〔三七〕，高座眾具，並令嚴正，使有可觀。

六、明維那行事〔三八〕

應年少比丘三五人，助辦所須，各具修威儀〔三九〕。維那取香水及湯〔四○〕，次第洗手已，持水湯至上座前，互跪，盥上座掌已，取籌浴之，各說偈言〔四一〕：「羅漢聖僧集〔四二〕，凡夫眾和合，香湯浴淨籌，布薩度眾生。」若上座老年，或不解時事者，維那自浴籌已〔四三〕。

餘有淨水香湯，隨多隨少，各取行之。令一年少比丘，將水行之〔四四〕。各說偈言：「八功德水淨諸塵〔四五〕，盥掌去垢心無染〔四六〕，執持禁戒無缺犯〔四七〕，一切眾生亦如是〔四八〕。」依安師古法，應左手執手巾上，右手持下行之〔四九〕。維那執籌唱白者，令餘人行之。及香湯、淨巾亦爾〔五○〕。又令一人持香湯行之。各說偈言：「香水熏沐澡諸垢，法身具足五分充〔五一〕，般若圓照解脫滿，群生同會法界融〔五二〕。」此之二偈，各至座前說之，不得一時也。又，水、湯二物，但得盥掌，本無漱口之事〔五三〕。往往有之，自出愚叟〔五四〕。

其維那浴籌已，至上座前打靜處立，左手捉籌，右手捉打靜椎〔五五〕。其柄亦須香水淨已〔五六〕。「打靜法」如雜品〔五七〕中。

當舉手打一下，告云：「大德僧聽：眾中誰小〔五八〕？小者收護。」三說〔五九〕。「收」謂收攝眾具，「護」謂監護法事〔六○〕也。有云「并供養、收籌〔六一〕」者。準上文中已具〔六二〕。

又打一下〔六三〕，唱云：「大德僧聽：外有清淨大沙門入。」三說〔六四〕。有解云〔六五〕：大沙門者，賓頭盧也。準律，恐不集者，更相撿挍，故作法命之，不局賢聖〔六六〕。有云：前加一白，「未受具者出」等〔六七〕。四分：說戒不得妄驅沙彌〔六八〕。以戒本：說戒人自唱令出〔六九〕。若依僧祇三律〔七○〕，維那在前唱出。故彼戒本云，說戒者「言未受戒者已出〔七一〕」等。若高座誦外宗戒本，維那依前唱出。不須道及

「不清淨者出〔七二〕」，以言中所囑事，在高座序中〔七三〕。或自發露，便應說戒〔七四〕。

如是唱訖，又打靜云：「大德僧聽：此眾中小者已收護〔七五〕。未受具已出〔七六〕，誦四分戒本，不須此言。外清淨大沙門已入。內外寂靜，無諸難事〔七七〕，堪可行籌，廣作布薩。我某甲比丘為僧行籌，作布薩事。僧當一心念作布薩，願上、中、下座，各次第如法受籌〔七八〕。」三說已〔七九〕，云：「并受囑授人籌。」

便來至上座前，互跪授之〔八〇〕。上座即偏袒，互跪合掌。諸僧一時隨上座儀式〔八一〕。上座說偈言〔八二〕：「金剛無礙解脫籌〔八三〕，難得難遇如今果〔八四〕。我今頂戴歡喜受，一切眾生亦如是〔八五〕。」說已，受取，兩手擎而頂戴之。或可受已，頂戴說偈。彼後收籌者，至上座前，亦同威儀〔八六〕。當還籌時，復說偈言：「具足清淨受此籌〔八七〕，具足清淨還此籌〔八八〕。堅固喜捨無缺犯〔八九〕，一切眾生亦如是。」便還他籌。不得復座，待供養已〔九〇〕。如是展轉，乃至大僧訖〔九一〕。收籌者來至上座所，授之。上座取已，便數知之。

維那後來，打靜一下，云：「次行沙彌籌〔九二〕。」三說已。有沙彌者，徑往坐處〔九三〕行之，并取囑授者。乃至僧中一徧通告云「沙彌籌」〔九四〕，或有大僧將欲來者。如是收已，依前付數。

維那復至上座所。互跪取數時，上座當告云：「僧有若干，沙彌若干，都合若干。」維那即起打靜云〔九五〕：「大德僧聽：此一住處一布薩，大僧若干，沙彌若干，都合若干人，各於佛法中清淨出家，和合布薩〔九六〕。上順佛教，中報四恩，下為含識〔九七〕，各誦經中清淨妙偈〔九八〕。」僧祇說云：「清淨如滿月，清淨得布薩，身口業清淨，爾乃應布薩〔九九〕。」

若沙彌別處說戒，如後別法〔一〇〇〕。

七、明請說戒師

佛令上座說戒〔一〇一〕，縱前已別差，終須前請。

應至上座前，具修威儀已，合掌白言〔一〇二〕：「大德慈悲，為僧說戒〔一〇三〕。」若堪說者：「此說戒事，正當我作。」便即唱之。若不堪者，云：「但此說戒，任當某甲〔一〇四〕。但為老病〔一〇五〕，言辭濁鈍，恐惱眾僧，令次座說〔一〇六〕。」即至次座，亦如前請〔一〇七〕。若辭不說

者〔一〇八〕，應至上座，云〔一〇九〕：「次座亦辭不堪。」上座先預知〔一一〇〕有誦利者，應語維那至某甲所，云：「僧差說戒。」

彼至前所，具述已，還至打靜處陳告之。若次座不堪〔一一一〕，不須次第問下，準上僧祇〔一一二〕，但得次座也。彼應告僧言：「大德僧聽：僧差律師某甲為僧誦律，梵音某甲、律師，升高座〔一一三〕。」

彼應具儀至僧中，四面禮僧已，互跪白言：「小比丘某甲，稽首和南〔一一四〕，敬白眾僧。僧差誦律，恐有錯誤，願同誦者指授。」白已，一禮，升座。

八、明供養說戒法

若有高座，最善。無者，在聖僧座上，抽聖僧座在下〔一一五〕。

彼說戒者坐已，維那打靜〔一一六〕，小者供養〔一一七〕，梵唄作之〔一一八〕。若準律文，唄匿如法〔一一九〕。出要律儀云：如此鬱鞞國語，翻為「止斷」也，又云「止息」〔一二〇〕。由是外緣已止、已斷，爾時寂靜，任為法事也。

彼三五年少比丘，持香水，僧前左右灑水〔一二一〕，留中空處，擬行來也。香湯及花，亦同水法〔一二二〕。散灑已〔一二三〕，餘有中央。當持水、花，合著一槃，總從一頭，卻行〔一二四〕布散，使及兩邊。空器復本處，使人復座。當散花時，各說偈云〔一二五〕：「華嚴經云：散花莊嚴淨光明，莊嚴寶華以為帳；散眾寶華徧十方，供養一切諸如來。」

彼供養者，待散華已，然後作禮〔一二六〕。三捻香已，執鑪，向上座所坐方〔一二七〕，互跪，炷香鑪中。維那云：「行香說偈。」此法，安師每有僧集〔一二八〕，人別供養。後見繁久，令一人代眾為之〔一二九〕。廣如本文〔一三〇〕。各說偈言〔一三一〕：「華嚴云：戒香定香解脫香，光明雲臺徧法界。供養十方無量佛，見聞普熏證寂滅〔一三二〕。」維那打靜訖，供養者復座，維那仍本位。

九、明問答法

彼當準上誦之〔一三三〕。至「未受具戒者出」，諸沙彌等隨次而出。儀式如別法中〔一三四〕。

「不來者說欲〔一三五〕」，如前「欲法」。若無者，維那互跪，答云：「無說欲者〔一三六〕。」

又云：「誰遣比丘尼來請教誡〔一三七〕？」彼受尼囑者起，至僧中禮

已，互跪合掌言〔一三八〕，如五分法云：「大德僧聽：某寺尼眾和合僧，差
比丘尼某甲，半月半月頂禮大德僧足，求請教誡尼人。」三說已。至上
座前，長跪曲身合掌云：「大德慈悲！能教授比丘尼不？」答云：「年老
無德。」乃至二十夏來，並須委問。不過下座，以無別德可明〔一三九〕。
若無者，還至上座前云：「徧問年德，並辭不堪〔一四〇〕。」上座云：「諸
大德等，何嘗〔一四一〕堪任持？由惜自業，故辭請耳。」若明日尼來請可
不〔一四二〕，當依五分云：「此無教誡尼人，又無善說法者。雖然，上座有
教敕尼眾。僧祇云：當勤精進，如法修道，謹慎莫放逸。上且出一兩部律文
〔一四三〕，示相貼合〔一四四〕。餘者並有明據〔一四五〕，不具出之。讀此一部之文，上
下方練。彼受囑者，復本座。尼明日來，依命傳告〔一四六〕。若廣說法，時
希故略〔一四七〕。

　　說戒者云：「僧今和合，何所作為？」維那互跪，答云：「說戒羯磨
〔一四八〕。」不得云「布薩說戒」，以言通用，不了彼此〔一四九〕。維那復本座已
〔一五〇〕，然後羯磨作白。不得未至座所便作。以坐立不同，即是別眾。
此事往往有之。上座不教，致令僧眾俱同非法。然處眾首，是非須知，
不得低頭合眼，不知法網。示一律儀，永成常準〔一五一〕。故僧祇中說戒
說法，並有「上座法」。云云〔一五二〕。

　　十、明說戒竟法

　　若至略教已，當更鳴鐘，令沙彌集〔一五三〕，然後誦「明人能護戒」
等。若總說已，作神仙五通人偈梵〔一五四〕，後作處世界唄〔一五五〕，為令
說者，從容具儀，辭遜之暇〔一五六〕。其說序前唄，亦誦律序以為唄辭
〔一五七〕。

　　說者辭云：「小比丘某甲，致敬眾僧足下，敬謝眾僧。僧差誦律，三
業不勤，多有忘失，願僧慈悲，施以歡喜〔一五八〕。」

　　眾僧各各說自慶偈〔一五九〕云：「諸佛出世第一快〔一六〇〕，聞法奉行
安隱快，大眾和合寂滅快，眾生離苦安樂快。」便作禮散〔一六一〕。

　　就中雜相〔一六二〕

　　若界外來者，徑至說處〔一六三〕。

　　若未誦序「清淨」已來，依次而坐，不告清淨〔一六四〕。若已說「清
淨」已，後方來者〔一六五〕，戒師見來，即須止住〔一六六〕，不肯住者，訶
令住之。待坐，互跪，一人告云〔一六七〕：「大德僧聽：某甲比丘若干人

等，並是清淨。」——若有犯過，依過陳之——「為僧說戒〔一六八〕，後如法懺。」便依次為說。若外界比丘，若多、若等，縱說戒竟，皆令重說〔一六九〕；不者，如法治。

毘尼母云：若犯七聚，不淨人前，應止不說戒〔一七〇〕。即律文云〔一七一〕：犯者不得聞戒，不得向犯者說等。

若三寺五寺尼請教授，隨意受之〔一七二〕。總前各列寺號尼名〔一七三〕，後便總結請意〔一七四〕。

若誦中恐誤，當告比近人示令〔一七五〕。不得大眾同教，致增混亂也。

四分：若說戒日，無能誦者，當如布薩法，行籌告白，差一人說法、誦經〔一七六〕。餘諸教誡，誦遺教亦得〔一七七〕。若全不解者〔一七八〕，律云下至一偈：諸惡莫作，諸善奉行，自淨其意，是諸佛教。解此偈文，具如阿含中說〔一七九〕。如是作已，不得不說。若不解者〔一八〇〕，云「謹慎莫放逸」，便散。並是佛之囑累〔一八一〕，深有來致，令正法久住。而世有住寺，輕此教網，故違不說〔一八二〕，染汙淨識〔一八三〕，漸於大法〔一八四〕無有滋味。是則出家，無有利益：口言「佛是我師」，師教拒違〔一八五〕，故是外道弟子也。

若有犯重罪，不預聞戒，縱在寺內，別眾則無〔一八六〕。若經懺悔，來不隨意〔一八七〕。僧殘已下，依教懺訖得聞〔一八八〕。如律所顯〔一八九〕。

若座上憶得，莫問疑、識，對眾發露〔一九〇〕。恐大眾鬧亂〔一九一〕者，但心念口言，自陳云：「我某甲犯某罪，為僧說戒，待竟當懺〔一九二〕。」便得聞戒。若於罪有疑，亦準此陳露〔一九三〕。

【校釋】

〔一〕正明說儀　簡正卷八：「即一席行事之儀也。」（四七八頁上）【案】「說儀」文分為二：初，「此門」下，總示；次、「一前」下，分釋。次又分二：初，「一前」下，分釋十種；次，「就中雜相」下，雜辨。

〔二〕據律不具　簡正卷八：「玄云：四分中無聞鐘偈及清淨妙偈等，今通取祇律及阿含、華嚴經等。」（四七八頁上）

〔三〕而諸家安設，各有不同，今取普照、道安二師為本　資持卷上四：「『而』下，明所據古本。準此，應有多本。二師尤長，用為綱骨，即下諸偈不標經律者是也。然事容繁闕，不可全依，故云餘則等。」（二三四頁上）

〔四〕餘則引律誡文，刪補取中　簡正卷八：「『刪』當部說戒法不急之文，『補』即

引諸經律論共成行事也。」（四七八頁上）資持卷上四：「『然事容繁闕，不可全依，故云餘則等。」（二三四頁上）

〔五〕**中國布薩，有說戒堂** 鈔批卷一〇：「立明：彼國寺大僧多，或五百，或一千、二千，堂宇復多，至時集處難知，（五〇五頁下）聽白二結一處大堂。至說戒因（原注：『因』疑『日』。），眾僧雲集結法。四分說戒犍度中文云：『大德僧聽：若僧時到僧忍聽，僧今於此處結作說戒堂。白如是。大德僧聽：僧今於此處作說戒堂，誰諸長老忍『僧於此處作說戒堂者』嘿然；誰不忍者說。僧已忍於此處結作說戒堂竟。僧忍默然故，是事如是持。』結已，恒於此處說戒也。」（五〇六頁上）【案】本節明處所，文分為三：一、「中國布薩」下；二、「中國有用繩床類」下；三、「今寺所設」下。

〔六〕**理須準承，通皆席地** 簡正卷八：「須唯（原注：『唯』疑『准』。）西土說戒堂，彼以草遍布，此則背須席地也。」（四七八頁上）資持卷上四：「前明處所，『理』下定床座。初二句判定。言準承者，令依中國也。」（二三四頁上）

〔七〕**中國有用繩床** 簡正卷八：「玄云：謂上埵及小床子等。」（四七八頁上）資持卷上四：「『中』下，次示國土不同。中國用床者，如露敷、脫腳等戒也。」（二三四頁上）

〔八〕**類多以草布地** 簡正卷八：「此間古為床者，上據西土以言。今就此方，（四七八頁上）古來多分是席地也。雖則為床，大夫以上有官位，即得登之，已下總皆席地。」（四七八頁下）資持卷上四：「類，即例也。」（二三四頁上）

〔九〕**此間古者有床，大夫已上，時復施安，降斯已下，亦皆席地** 資持卷上四：「『此間古』者，西晉時，五品已上及州牧得坐床。大夫謂上大夫，中、下大夫亦無。皆席地者，古禮皆然，至今北地其風不絕。洎晉室罹亂，至于東晉，節制無準，故通庶人。」（二三四頁上）鈔批卷一〇：「立明：大夫之中，不盡皆有，時復有者耳。如東晉已來，尚書省中有考堂，堂中有八行。宋至定考時，五品已上大夫，及州牧、刺史得坐其上。又云：考堂中八行床者，名為八座，即二僕射、六尚書坐，故八也。今時尚書廳者，濟云：古人三品已上，稱大夫也。若唐初，如員外部（【案】『部』疑『郎』。）已上，皆號大夫。今時國家，於朝堂設蕃客，皆地上通鋪紫褥而坐，鬲郎漢官一面，蕃客一面，相對而坐，皆不著床。聖人御承天門，看其契食。據此，今國家猶有古風也。」（五〇六頁上）

〔一〇〕**東晉之後，牀事始盛** 簡正卷八：「謂晉時尚書省定考堂中有八行（『胡郎』

-888-

反。）床，即五品已上夫（【案】『夫』前疑脫『大』字。）及州牧得坐。又云：堂有八床，名名（【案】次『名』疑剩。）八座，即六尚書、二僕射。至東晉已後，直至唐代已來，一例北坐於座，無昇降尊卑也。」（四七八頁下）

〔一一〕**今寺所設，率多牀座，亦得雙用**　資持卷上四：「『今』下，三、評品可不。初二句指時用。『亦』下縱許。」（二三四頁上）鈔批卷一〇：「立謂：床前敷席，僧在床坐。維那行籌，在地席上。一時用兩處，將為要便，故言雙用。」（五〇六頁上）簡正卷八：「設者，安設。率，由例也。一例多是床座，如今講食堂中並是。亦得雙用者，謂床前席地，即行事者往來。僧在床坐，是雙用也。」（四七八頁下）【案】「率」，底本為「卒」，據大正藏本、簡正釋文改。

〔一二〕**然於本事行時，多有不便**　資持卷上四：「『然』下，奪歸。言不便者，或由坐立，乖相難知，或受籌跪地，事須上下。今多在床互跪，全非敬儀。屢見愚僧，斜身倚靠，高豎一膝而受籌者，事乖正則，慚致譊訛。故尼鈔中明入堂已，即斥僧尼床上禮佛，亦其意也。」（二三四頁上）鈔批卷一〇：「立謂：依西國，席地行時，乃是不便，須准今時。」（五〇六頁上）簡正卷八：「玄云：然者，應也。應於西國，本事以草布地，此方行事之時，多有不穩也。此方講、食二堂，例是長連床座，必依西國，有草每至半月，皆須出移，此是不便。又，西土草，皆是淨香茆、絕虫等類，此今非淨草，蒭多患虫，卻損物命，復是不便。又，淨敷坐具於上，眾禮不可。若觸敷者，行事著履，又違佛制。具上諸緣，故不便也。」（四七八頁下）

〔一三〕**隨處量法**　簡正卷八：「隨其處所，量宜作之。若堂內無床，可以准承。若為長床，不必移改，但雙用也。」（四七八頁下）資持卷上四：「『隨』下，囑令斟酌。準釋相中，地卑濕處，開床設禮，橋腳八寸，餘則不聽。容有此緣，不可一定，故令隨處。」（二三四頁上）

〔一四〕**準前早辦**　資持卷上四：「令準前者，即上僧祇、四分。」（二三四頁上）

〔一五〕**於說戒日，上座白僧令知**　鈔批卷一〇：「立明：此白辭。應令上座白眾也。」（五〇六頁下）資持卷上四：「準下略法，令於小食時白。上座白者，律文正制。」（二三四頁上）

〔一六〕**今時維那打靜告白言**　資持卷上四：「『今』下，當時所行，令準用也。今時，維那白已，上座依下略法中文，復加勸勉，亦可準行。然策眾之語，當隨機要，激動時情，不必謹誦。」（二三四頁上）

〔一七〕**餘如眾網中**　鈔批卷一〇：「彼云：每至說晨，令知事者點知僧眾：誰在誰無？

健病幾人？幾可扶來？幾可與欲？乃至眾主教授，至布薩日，房房案行，慰喻病者等。」（五〇六頁下）簡正卷八：「眾主點撿健病，乃至誘喻等。」（四七八頁下）

〔一八〕鳴鐘集僧　資持卷上四：「別科，前明盡集。」（二三四頁中）

〔一九〕不局沙彌，並須入堂　鈔科卷上四：「初，作相集僧。」（三四頁上）資持卷上四：「『不局』等者，即大小同行法。下約二處集，即是別法。兩明其相，意令通曉。」（二三四頁中）

〔二〇〕若沙彌有緣，依法與欲，後須數籌　鈔批卷一〇：「立明：欲詞與大僧少異，應云：『諸大德聽：沙彌某甲，如法僧事，與欲清淨。』言沙彌不來，還成別眾者，謂別沙彌之眾，非關大僧也。其沙彌布薩，有二處安置不同。或沙彌別集，自為一眾；或時入僧中，共作法事。」（五〇六頁下）簡正卷八：「初，依玄記云：沙彌說欲詞，與大僧少異。應云『諸大德』，餘詞並同也。今難云：『縱有欲詞，是何時說。且如戒師遣未受具人出了，方問不來。北（【案】『北』疑『此』。）與欲沙彌，既隨次出後，不可再入堂內傳詞。殊無理也。』二、依法寶云：但約沙彌囑大僧與受等，謂西土每至布薩時，有俗人施物故。今云『欲』者，非關『欲詞』也。准此，但釋得受籌之意，未明得欲之道理。今准東陽悲閣梨解云：『彌』理合『僧』，赴堂聽五字僧序，及明人戒經等。但為有緣，不遂憐欲。故囑大僧，與受一籌。雖則初緣為受供行籌，今囑受之，以表悕須義也，何妨分得欲名。故下文，次沙彌籌時，令唱白人僧中遍告，恐有時沙彌欲來等。鈔甚分曉也。」（四七九頁上）【案】「數籌」，底本為「籌數」，據敦丙本、敦丁本、敦戊本、敦庚本改。

〔二一〕若猶有聞、疑之相　簡正卷八：「見有衣盋，或門戶開，有人語聲，便須喚召。故律云見相便求之等。」（四七九頁上）【案】四分卷三六，八二八頁中。

〔二二〕應說聞鐘偈　鈔科卷上四：「『沙』下，聞鍾說偈。」（三四頁上）簡正卷八：「應說聞鐘偈者，此偈理合打三通時說也。有云：初聞鐘時即太早。復有云：毅鐘聲時，即太遲也。」（四七九頁上）資持卷上四：「初，明集處，即在堂外行立。『應』下，明說偈，即須大眾同聲說之。若云打鐘人說者，合在前明，豈待集至堂前方令說耶！又業疏云：律令舊住淨人下位打者，此召僧法制，非具道者所為。必無二人，方聽兼助，必使淨人令說何益？又，文中顯言聞鐘偈，豈是能打耶！（有人執本緣起是阿難鳴鐘時說，便云此偈是打者說，又輒改『聞』為『鳴』。委如別。）」（二三四頁中）

〔二三〕**增一阿含云** 資持卷上四:「略為科釋聞鐘二偈。初偈明事用,後偈明所期。」（二三四頁中）

〔二四〕**降伏魔力怨,除結盡無餘** 資持卷上四:「初中,上半明功,下半顯用。四魔強盛,能障善道,故有力也。欲相侵害,故如怨也。結即三界見思。盡無餘者,即無學極果也。上句修因,下句證果。」（二三四頁中）【案】增含卷二四,六七六頁下。鈔中「盡無餘」,經中為「無有餘」。

〔二五〕**露地擊揵稚** 簡正卷八:「<u>大德</u>云:<u>西土</u>鐘臺,多在露處。准祇桓(【案】『祇』疑『祇』。),有樓屋覆之本,今據多分為言也。有云:<u>迦葉</u>結集時,將銅揵搥往<u>須彌</u>頂上擊之,(四七九頁上)是露地,今准此意故。(此解非也。)」（四七九頁下）【案】<u>簡正</u>釋文中「祇桓」即<u>道宣</u>撰<u>中天竺舍衛國祇洹寺圖經</u>。

〔二六〕**諸欲聞法人** 資持卷上四:「總凡聖也。」（二三四頁中）資持卷上四:「上半明所集之意,下半明能集之願。」（二三四頁中）

〔二七〕**盡當雲集此** 資持卷上四:「喻其奔赴也。」（二三四頁中）簡正卷八:「有解云『火(原注:『火』疑『大』。)界內為此』,或云『堂內為此』,並是偏局也。今云此者,通而言之,不局堂中及堂外也。」（四七九頁下）【案】增含卷二四,六七六頁下。「雲」,增含為「運」。

〔二八〕**入堂時,便合掌恭攝致禮** 鈔科卷上四:「『次』下,入堂恭攝。」（三四頁上）資持卷上四:「初,示儀式,有三:初禮敬,次說偈,三就坐。偈中,上半偈明自行成就,次一句明眾行無違,末句自眾兩具、方成法事。自行中。上句受體無缺,下句隨行無犯。」（二三四頁中）簡正卷八:「『<u>法寶</u>云:或在僧前,或佛後說偈,後方往本坐。但今時便於本位床前說亦得也。」（四七九頁下）

〔二九〕**大眾** 資持卷上四:「『大眾』字,有本作『清淨』。」（二三四頁中）

〔三〇〕**如上五分,恭敬具儀** 資持卷上四:「『如』下,次,誡侮慢。如上,即『雜法』中。」（二三四頁中）鈔批卷一〇:「謂如前不得睡眠,反抄衣、叉腰等。」（五〇六頁下）

〔三一〕**此是極教所遺** 鈔批卷一〇:「教制半月常作,則是見法身。忽有難緣,猶制略說,定不可闕,故言極教。」（五〇六頁下）簡正卷八:「佛令滅度,<u>阿難</u>問佛,如來在日,以佛為師。乃至我不滅度,半月一來等。(云云。)」（四七九頁下）資持卷上四:「極教者:若取制之深極,則指律文;若約教之終極,即指<u>涅槃</u>。彼云:我不滅度,半月一來。『遺』謂佛之遺誡。」（二三四頁中）

〔三二〕**攝僧根本之教**　鈔批卷一〇：「若叛有罪，界內界外，制令盡集，聞疑須求，故曰攝僧根本。」（五〇六頁下）簡正卷八：「說戒是本，有說戒法，方有餘羯磨法典。餘是枝條，望前為根本也。諸餘法事，即受懺等是。」（四七九頁下）資持卷上四：「言根本者，望餘法事，皆是枝條。有人於此妄立歡喜偈者，若言表淨，前偈已具，何勞重述？若是陳過有犯，自當懺露，豈但乞僧歡喜而已？習俗日深，苦諫不捨，知非遷善，未見其人。」（二三四頁中）扶桑記：「歡喜偈者，資行：吉祥童子偈也。」（一二三頁上）

〔三三〕**明供具**　資持卷上四：「與前第二相濫。（二三四頁中）以意通之，前約預辨，今此眾集，始將入堂，有同持獻，方合科次，則非重疊。此間不爾，多是預安，故難通曉。後進更詳，以物席地，為藉眾器也。」（二三四頁下）

〔三四〕**槃檠**　鈔批卷一〇：「檠者，『奇竟』反，似疊足高，京中曾見。」（五〇六頁下）簡正卷八：「盛花鉢，貯香水、淨水，三器、五器等。」（四七九頁下）扶桑記：「前漢地理志：朝鮮民飲食以籩豆師古云以竹曰籩，以木為豆，若今之槃也。」（一二三頁上）

〔三五〕**鉢貯**　扶桑記：「今名布薩鉢，並造花形也。」（一二三頁下）

〔三六〕**五器、三器**　扶桑記：「二瓶、二鉢為四，共花為五。然瓶安鉢中，故合三器也。」（一二三頁下）

〔三七〕**像中布設，并香爐、籌案**　資持卷上四：「僧中設者，明是後安也。」（二三四頁下）鈔批卷一〇：「立謂：眾大籌多，手捉既難，數時將置案上，亦可案上浴籌也。今時人少，不必要須案也。『盥』字，體作『盥』，音『管』，洗手曰盥。此像形字也。臼者，此是兩手，各有三點是指，中央是水，皿是盛水器也。」（五〇六頁下）

〔三八〕**明維那行事**　簡正卷八：「正明一席行事法也。」（四七九頁下）【案】「維那行事」文分為二：初，「應年」下明大小同法；二、「若沙彌別處」句小眾別法。

初，「應年」下明大小同法				二、「若沙彌別處」句小眾別法
初，「應年」下明盥浴法		二、「其維」下唱白法		
初盥掌浴籌	二、「餘有」下行眾湯水	初先示打靜法	二、「當舉」下正明唱告法	

六、「維那復」下取數告眾	五、「維那」下行沙彌籌	四、「便來」下行大僧籌	三、「如是」下告眾受籌	二、「又打」下召集聖凡	初審問監護	二、「又水」下斥非法	初示正儀
初上座告數 二維那起唱	初受籌 二、「彼後」下還籌 三、「如是」下納籌	初受籌	初正唱召集 二、「有云」下別斥異儀				初行淨水 二、「依安」下行淨巾 三、「又令」下行香湯 四、「此之」下指說偈

〔三九〕**應年少比丘三五人，助辦所須，各具修威儀**　資持卷上四：「初，明出眾。三五人者，今則一人維那行籌唱告，四人兼助行湯水等。具威儀者，謂安詳恭謹，不必設禮。（今時出眾，各禮三拜，復座展坐具已，還來取物，並非正儀。）」（二三四頁下）簡正卷八：「今時行事，多不依法，故略明之。其鐘聲纔斷，維那秉白者，即依本坐，或佛僧前胡跪亦得。即唱云：『時眾已集』。眾人聞此，一時本床前，各各胡跪已。又唱云：『各乞歡喜。』上座即說偈。偈中初句云：『大眾憶念：我某甲……』不須言：『大德一心念。』多有此類，知之。如是三人說了，即唱云：『大眾一時，各乞歡喜。』或云：『一時各乞，喜歡亦得。』餘如常。（云云。）唱此白時，維那合在位床前胡跪也。（四七九頁下）年少三五人，各修威儀者：或依江西行事，三五人相助者，依次第一時來佛前席上，禮三拜了，然後行水巾等。或兩浙（【案】『浙』疑『浙』。），即不承指（原注：『指』一作『相』。），但合維那。自從本位具儀，佛前禮三拜竟，卻來淨香水處，洗掌了，往佛前取籌，其相助人，只從本位上經來，取瓶行水等。已上兩般行事，各是一途，隨時量用，不失大理。」（四八○頁上）【案】「應年」下分二：初，「應年」下明盥浴法；二、「其維」下唱白法。

〔四○〕**維那取香水及湯**　資持卷上四：「維那淨手持下，上座盥掌。準文，維那為之。今多年少，義亦無爽，取下上座浴籌。」（二三四頁下）

〔四一〕**各說偈言**　資持卷上四：「合眾同音。今並維那獨唱，事訛變也。偈中，上半

聖凡和合，明所集也。下半法事利生，示所為也。」（二三四頁下）

〔四二〕羅漢聖僧集　簡正卷八：「玄云：謂維那唱時，眾僧亦須隨維那口法（原注：『法』一作『佉』。）聲，說此偈詞也。若不爾者，如何云各說偈耶？所云羅漢者，舉極果之人集也。謂此說戒，凡聖同遵，豈唯凡夫須集？問：『何故今時，但是凡人集，不見聖人來？』答：『聖眾來時，隱顯難測。』」（四八〇頁上）鈔批卷一〇：「最德洽釋宗，屢當僧望。後住融覺寺，而最善弘敷導，妙達涅槃、華嚴，僧徒千人，常業無怠。天竺沙門菩提留支見而禮之，號為東土菩薩。嘗讀最之所撰大乘義章，每彈指歎善，翻為梵字，寄傳西域。彼方讀者，皆東向禮之為聖人矣。」（五〇七頁下）【案】道宣續高僧傳卷二三曇無最傳。

〔四三〕維那自浴籌已　資持卷上四：「尼鈔云：今時多是上座浴籌，此非敬儀。據理，年老代浴無損，今須準用。」（二三四頁下）

〔四四〕令一年少比丘，將水行之　資持卷上四：「今須二人行湯水，二人行淨巾。」（二三四頁下）【案】「餘有」下分二：初，「餘有」下；次，「又水湯」下。初又分四：初，「餘有」下，行淨水；二、「依安」下，行淨巾；三、「又令」下，行香湯；四、「此之」下，指說偈。

〔四五〕八功德水淨諸塵　簡正卷八：「准華嚴經說，阿耨達池有八功德水。言八者：一、輕，二、奭，三、清，四、冷，五、香，六、美，（四八〇頁上）七、不臭，八、飲之無患也。言功德者，功勤是因，德者德能，是果因合說。又解：此水但有八功之能，非是功德。後人加『功』字耳。」（四八〇頁下）【案】八功德水之說十誦、華嚴中多有此說。如十誦卷二有「阿耨達池，其水甘美，有八功德。」（十三頁上）俱舍卷一一，五七頁下。

〔四六〕鹽掌去垢心無染　資持卷上四：「次句顯事用。外則德水以鹽掌垢，內則道水以滌心塵。」（二三四頁下）

〔四七〕執持禁戒無缺犯　資持卷上四：「第三句，自行成立。」（二三四頁下）

〔四八〕一切眾生亦如是　資持卷上四：「末句化他同。」（二三四頁下）

〔四九〕應左手執手巾上，右手持下行之　資持卷上四：「左右手者，取其順便。」（二三四頁下）簡正卷八：「其行巾人，將淨巾中（去聲）攝竟，以手把兩頭，各出五六寸已上，急捉莫令寬，左手執巾上，右手持下行之。其眾僧將巾拭手，須知觸淨，但得拭手掌。今人并手背（【案】『背』疑『皆』。）一時拭，全不分染淨也。河北行巾法，由緌為繩了行之等。」（四八〇頁下）

〔五〇〕**及香湯、淨巾亦爾** 資持卷上四：「『及』下，因點湯巾。同上法也。」（二三四頁下）

〔五一〕**香水熏沐澡諸垢，法身具足五分充** 資持卷上四：「初句明事用，已下寄事表法，以立要誓。」（二三四頁下）簡正卷八：「五分充者，婆沙云：謂死（原注：『死』疑『無』。）漏五蘊，即戒定慧，是充足也。」（四八〇頁下）

〔五二〕**般若圓照解脫滿，群生同會法界融** 資持卷上四：「次二句，遠期果德。上句，法身具兼理事二種，一句二德可解。末句，攝生同證，即自他兩利。會，即證也。法界差別，同歸一體，故云融也。又解：淨水表斷惡，復是因行；香湯表修善，故祈果德。前因後果，並兼利生。指說偈者，世有妄行，故特點之。」（二三四頁下）簡正卷八：「謂摩訶般若，二智圓明，解脫法身，三德圓滿。廓周法界，皆是一如也。」（四八〇頁下）

〔五三〕**又，水、湯二物，但得盥掌，本無漱口之事** 鈔科卷上四：「『又』下，斥非法。」（三四頁下）資持卷上四：「古德誦經法，須以香湯漱口，後世傳訛乃將布薩時用往往有者，尼鈔云：承香湯水時，不得嗽口吐地。數見，故別標記。」（二三四下）

〔五四〕**愚叟** 鈔批卷一〇：「立云：老年愚痴曰叟。此是意解。案方言云：東齊魯之間，凡尊者，謂之叟也。」（五〇七頁上）

〔五五〕**其維那浴籌已，至上座前打靜處立，左手捉籌，右手捉打靜椎** 鈔科卷上四：「『其』下，唱白法（二）。初，先示打靜法。」（三四頁中）【案】「其維」下分二：初，「其維」下；次，「當舉」下，又分六：初，「當舉」下；次，「又打」下；三、「如是唱」下；四、「便來至」下；五、「維那後」下；六、「維那復」下。

〔五六〕**其柄亦須香水淨已** 簡正卷八：「以恐手執時觸故，淨水不用淨槌柄也。」（四八〇頁下）

〔五七〕**雜品** 鈔批卷一〇：「如上第二『雜法眾具』門中明也。賓云：打靜不得使有餘聲，令眾不和合。又，行籌及收籌時，相傳云勿遣墮地。若籌墮地，表此眾中有人死。然顛倒相應，往往果有此事。」（五〇七頁上）資持卷上四：「指雜行篇。（二三五頁中）彼明取放，並須𢴤（【案】『𢴤』疑『捋』。）柄，不得重響等。」（二三五頁下）

〔五八〕**眾中誰小** 資持卷上四：「初文問監護者，準上本宗年少辨（【案】『辨』疑『辦』）具文也。雖已先差，須白告眾。」（二三五頁上）

〔五九〕三說 簡正卷八：「今時相承，將三廣說，作二廣一略，至第三遍，但云小者收護。法寶云：此全非也。」（四八〇頁下）

〔六〇〕「收」謂收攝眾具，「護」謂監護法事 資持卷上四：「收護言通始終。今時多召收籌者，誤也。」（二三五頁上）鈔批卷一〇：「謂收取籌；及待說戒竟，收眾僧家供養之具，即布薩所須之物也。」（五〇七頁上）

〔六一〕供養、收籌 資持卷上四：「『有』下，刪其繁長也。」（二三五頁上）簡正卷八：「古來今時，兩京行事如此也。鈔意云，上來既云『小者收護』，言包已盡。（四八〇頁下）不須更唱云『并供養收籌』之語。是以注云『唯（【案】『唯』疑『准』。）上文中已具』等。」（四八一頁上）

〔六二〕準上文中已具 資持卷上四：「收護通包也。」（二三五頁上）鈔批卷一〇：「立謂：不須更唱云『并供養收籌』也。既云小者收護，言包已盡。上言供養收籌者，只是佛前執香爐，供養小師。猶如今時定座，意亦同此。及隨維那後收籌之主（原注：『主』疑『者』。）也。人（原注：『人』疑『作』。）此白時，皆須命召此二人也。今兩京行事，云：『眾中誰小？小者收護，（三說已云）并供養收籌。』」（五〇七頁上）

〔六三〕又打一下 鈔科卷上四：「『又』下，召集聖凡（二）。初，正唱召集。」（三四頁中～下）資持卷上四：「第二召集下，云準律檢校文也。」（二三五頁上）

〔六四〕三說 簡正卷八：「今時至第三遍，但云大沙門入者，非也。」（四八一頁上）

〔六五〕有解云 鈔科卷上之四：「『有』下，別斥異儀（三）：初，局召聖；二、『有』下，加未具；三、『不』下，加不清淨。」（三四頁下）簡正卷八：「古人所解，專召聖人故。」（四八一頁上）

〔六六〕不局賢聖 簡正卷八：「今師釋也。但恐有別眾不來，使互相撿挍，非局賓頭聖人也，故曰不局賢聖。」（四八一頁上）資持卷上四：「『準』下，示今通解。文云『賢聖』，理更兼凡。」（二三五頁上）鈔批卷一〇：「立明：斥（原注：『斥』疑『斥』。）上來人解云『是的召賓頭盧』也。但恐有別眾不來，應更相撿挍，非為局命賓頭，故云不局賢聖。然實說戒之時，三乘聖眾，同遵此法。」（五〇七頁上）

〔六七〕前加一白，未受具者出等 資持卷上四：「初，出古非。前加者，謂在召集之前，亦應上云『大德僧聽』。」（二三五頁上）簡正卷八：「謂古來行事，增加一白，云『未受具戒者出』，又云『及不清淨者，於以不淨人，不合聞戒，與未受具人同出』也。」（四八一頁上）

〔六八〕說戒不得妄驅沙彌　資持卷上四：「『四分』下，準本宗必削。」（二三五頁上）

〔六九〕說戒人自唱令出　資持卷上四：「即問和簡眾也。」（二三五頁上）簡正卷八：「今師意也。以四分與他部不同，說戒師自唱云『未受具者出』。若五、祇、十律，皆維那唱出。」（四八一頁上）

〔七〇〕若依僧祇三律　鈔批卷一〇：「謂五、祇、十律，皆前唱出。今依當宗行事也。」（五〇七頁下）資持卷上四：「『若』下，依他部可存。三律者，五、十並同故。既唱已出，故知先遣。」（二三五頁上）

〔七一〕未受戒者已出　鈔批卷一〇：「立謂：外宗三律戒本，皆有此言。」（五〇七頁下）

〔七二〕不清淨者出　資持卷上四：「初，遮揀。」（二三五頁上）鈔批卷一〇：「慈云：古德立法，唱沙彌時，（五〇七頁下）便云『不清淨出』。以不合共犯者說戒，故有此言來。今不同之。當宗、外宗，俱無此義，不須便云『不清淨者出』。至戒師說戒時，自有三問『是中清淨不』？若至此時，猶得心念發露，即時聞戒，何須前唱出也。」（五〇八頁上）簡正卷八：「今師云：若簡穢者，當宗、他宗，俱不須道。處以爾者，戒師說時，序中自述云：有犯者，應懺悔。又有三問『是等清淨不』等。若至此時，由開心念發露，即得聞戒，何須別唱出也。又白云：『此眾小者，已收護，外有清淨大沙門已入。』無『為』字，不合加。此是結文。」（四八一頁上）

〔七三〕以言中所囑事，在高座序中　資持卷上四：「『以』下，申理有二。上明不合前唱。」（二三五頁上）【案】四分僧戒本，大正藏二二冊，一〇二三頁中。

〔七四〕或自發露，便應說戒　資持卷上四：「『或』下，謂不得軌遣。前云準律誠文，刪補取中，即此諸文也。」（二三五頁上）

〔七五〕此眾中小者已收護　資持卷上四：「初，結前兩告。」（二三五頁上）

〔七六〕未受具已出　資持卷上四：「一、令識古法，二、兼被他宗。」（二三五頁上）

〔七七〕內外寂靜，無諸難事　資持卷上四：「『內』下，正陳所為。無諸難者，謂八難餘緣也。唱己名者，令眾委知，即僧祇云『誰應行籌』也。」（二三五頁上）

〔七八〕僧當一心念作布薩，願上、中、下座，各次第如法受籌　資持卷上四：「『僧當』下，祈受籌。言如法者，前僧祇中，令脫革屣、褊袒等，故囑授人即與欲者，為他傳欲，須代受籌。今人無知，多不行也。」（二三五頁上）

〔七九〕三說已　簡正卷八：「從願上中下座，便須三遍廣說。今亦二廣一略者，非也。」（四八一頁上）

－897－

〔八〇〕**便來至上座前，互跪授之** 鈔科卷上之四：「『便』下，行大僧籌。」（三四頁中）資持卷上四：「初科有三：初，具儀、二、說偈、三、示敬。」（二三五頁上）簡正卷八：「至三人也。其收籌者，亦唯（原注：『唯』疑『准』。）此。有云『一床若有十人、二十人，總須一一胡跪』等，恐非也。復有處行籌，兼著憍陳如上座手中，乃至香湯、淨水，亦洗泥上座手中。此是無知。」（四八一頁下）【案】「行大僧籌」文分為三：初，「便來」下，受籌；二、「彼後」下，還籌；三、「如是」下，納籌。

〔八一〕**諸僧一時隨上座儀式** 鈔批卷一〇：「濟云：今時有人見上座互跪，而自安然端坐。此大非法，尚不如俗禮，可觀採也。且（【案】『且』疑『且』。）如州縣官人，與刺史同席，皆承仰魁魁，忽見長官起動，即皆隨起，一聲命即坐。今時小師，師僧遣坐，乃辭遜不肯，即是違禮。遣坐，即須坐也。」（五〇八頁上）

〔八二〕**上座說偈言** 資持卷上四：「偈中，上半歎其難得，下半喜其已得。」（二三五頁上）

〔八三〕**金剛無礙解脫籌** 簡正卷八：「此籌堅固，喻若金剛也。佛有四無畏，不生怯懼，故云無畏。此依發正記數。若搜玄，作『礙』字解，意云：金剛解碎壞一切諸物，更無障礙。大德云：然『礙』字與『畏』字相濫，抄寫錯悞，致令妄解。今依前說為正也。」（四八一頁下）資持卷上四：「初句即三德。『金剛』喻法身，『無礙』目般若，亦即託事表法希有。」（二三五頁上）

〔八四〕**難得難遇如今果** 資持卷上四：「次句兩難，得親遇疏。遇者不必皆得，得者必因於遇，故兩言之。如今果者，剋己為喻。淨心觀云：萬類之中，人身難得。如提謂經說：今得人身，難於龜木。」（二三五頁上）簡正卷八：「謂布薩是淨住儀，即當解脫，得預僧籌，是難逢遇，而今得故，言今果也。」（二三五頁上）

〔八五〕**我今頂戴歡喜受，一切眾生亦如是** 資持卷上四：「次半偈中。上句頂戴是身，歡喜是意。口陳偈句，三業備足，即自利也。下句攝生同已（【案】「已」疑應作「己」）。」（二三五頁上）簡正卷八：「以此難遇之籌，宜須敬重，故云頂戴等。」（二三五頁上）

〔八六〕**至上座前，亦同威儀** 簡正卷八：「謂收籌、胡跪等，與行籌人威儀不異，故云同也。」（四八一頁下）

〔八七〕**具足清淨受此籌** 資持卷上四：「初句受隨無毀，堪預捉籌。」（二三五頁上）

〔八八〕**具足清淨還此籌** 資持卷上四：「次句納籌入數，還簡體淨，堅固對受，即表持戒。」（二三五頁上）

〔八九〕**堅固喜捨無缺犯** 簡正卷八：「見戒清淨，其心喜歡，心常遠離諸破戒垢，故云捨也。」（四八一頁下）資持卷上四：「堅固對受，即表持戒。（二三五頁上）喜捨對還，即表布施。疏云：不盜即施財，不殺即施無畏。或可四無量心，略舉二心，慈悲在中，義見下句。」（二三五頁中）

〔九〇〕**不得復座，待供養已** 資持卷上四：「皆須互跪，至傳香偈已，方坐聽戒。」（二三五頁中）鈔批卷一〇：「立明：南山闍梨要待定座已，方始復座。若老病不能互跪者，聽之復座。今時多在維那唱白已復座者，亦好。不依此教，得違法罪也。」（五〇八頁上）

〔九一〕**如是展轉，乃至大僧訖** 資持卷上四：「納籌中。據文，上座數知，今多收者告數，理亦通得。但令上座僉知，不可全憑他語。」（二三五頁中）

〔九二〕**沙彌籌** 資持卷上四：「沙彌籌中。通前四唱，並須三說。今時一遍唱已，三唱後句，即當三說。此非正法，出自愚情。或恐延時，準後諸白，乍可一說。此告眾法，非同羯磨，三一永定，單說無損。」（二三五頁中）簡正卷八：「今時至第三遍，不著『次行』二字，亦非也。」（四八一頁下）

〔九三〕**處** 【案】「處」底本為「所」，據敦甲本、敦乙本、敦丙本、敦丁本、敦戊本、敦庚本改。

〔九四〕**乃至僧中一徧通告云「沙彌籌」** 資持卷上四：「『乃』下，恐有大僧傳沙彌欲，故須告問。此謂界無同類，故開之耳。」（二三五頁中）

〔九五〕**維那即起打靜云** 資持卷上四：「唱法準前五分。初，告人數。」（二三五頁中）扶桑記：「靜非謂所打之鐘磬，但打鐘磬，靜眾喧囂。」（一二三頁下）

〔九六〕**各於佛法中清淨出家，和合布薩** 簡正卷八：「此依鈔宗直誦，不可增加。（四八一頁下）若相疏云：『各於佛法中清淨出』，彼云為簡濫故。外道亦名出家，亦有布薩，今加『佛法中』，即知非外道也。今破云：下句既知『上順佛教』，亦自分明，何須添足？良不可也。」（四八二頁上）

〔九七〕**上順佛教，中報四恩，下為含識** 簡正八：「上順佛教者，佛制半月半月布薩也。中報四恩者，經云：一、國王，二、父母，三、師僧，四、施主。」（四八二頁上）資持卷上四：「『上』下，次明所為。國王、父母、師僧、檀越是為四恩。心依色中，名為含識。總收六道有情之眾。」（二三五頁中）扶桑記釋「四恩」：「釋氏要覽說，同於今記。若依心地觀經：一、父母，二、眾生，三、

國王，四、三寶是也。」（一二四頁上）

〔九八〕**各誦經中清淨妙偈** 資持卷上四：「各誦偈者，表行淨也。經中者，經名雖通，今若唱時，宜云律中。」（二三五頁中）簡正卷八：「准祇二十七，調達破僧，向伽耶城，別布薩、自恣、羯磨，我等已作布薩竟。阿難云：『知言奇哉，已破僧了！』以此白佛。佛告阿難言：『非法人已布薩，如法人應說戒，說戒時念此偈等。』」

〔九九〕**清淨如滿月，清淨得布薩，身口業清淨，爾乃應布薩** 資持卷上四：「初半偈，明佛所制，上句自行，下句眾法。下半偈，彰已合教。『應』猶『當』也，或可去呼。」（二三五頁中）鈔批卷一〇：「彼律調達破僧，向伽耶城制立布薩。佛令阿難往喚，云：『世尊呼汝來。』調達言：『我不去。從今日後，不共佛法僧，不共布薩、自恣、羯磨。從今日後，波羅提木叉欲學不學，從我意。』阿難聞已，念言：『奇事！出是惡聲，將無壞僧耶？』具以上事白佛，佛令重喚。如是至三。時調達伴黨已布薩竟。阿難聞已，（五〇八頁上）作是言：『奇哉！已壞僧竟。』具白佛世尊。世尊聞已，即說偈言：『清淨如滿月，清淨得布薩，身口業清淨，爾乃應布薩。』說是語已，語阿難言：『非法人已布薩竟，如法人應作布薩。』」（五〇八頁下）【案】僧祇卷二六，四四三頁上。

〔一〇〇〕**若沙彌別處說戒，如後別法** 鈔科卷上之四：「『若』下，小眾別法。」（三四頁上）資持卷上四：「小眾別行法，沙彌集處，自行籌已，將付僧中，總合唱之。」（二三五頁中）簡天卷八：「指沙彌別行篇也。」（四八二頁上）

〔一〇一〕**佛令上座說戒** 資持卷上四：「初云佛令，即前五分文也。」（二三五頁中）

〔一〇二〕**應至上座前，具修威儀已，合掌白言** 資持卷上四：「次科，三。初，請上座。前明維那陳請，後即上座對答，有堪不堪，二答如文。」（二三五頁中）簡正卷八：「但躬身次口白，不合作禮。准五百問論，對佛禮，人犯提等。復有解云：論中犯提，約常途以說，今請念戒，替補如來，便同新佛，同故不許。今東陽闍梨舉例，由如新王入舊王廟之中，不合受拜，以所敬別故。引彼證此，理顯也。今或但胡跪不禮，道理由通。然直依文，合掌而請，方為雅當。」（四八二頁上）【案】「應至」下明陳請：初，「應至」下；二、「即至」下；三、「若辭」下。

〔一〇三〕**大德慈悲，為僧說戒** 簡正卷八：「或云『上座慈悲』等，並得。但依文中，即成不得。將朝來白眾之詞『今黑月十四日，（四八二頁上）眾僧和合』，足語添安於此，即非法事也。今多有之，蓋未究其意。」（四八二頁下）

〔一〇四〕**任當某甲**　簡正卷八：「諸家云：任者，合也、依也、從也。並皆不正也。大德云：藁本中是『位』字，意云『位當某甲』。後人抄錯云為『任』字，全無理也。亦不須云坐君僧首自代其功也。又不得云：戒文生澁，違聖旨也。依文即得，不在增減。」（四八二頁下）

〔一〇五〕**但為老病**　資持卷上四：「出法之辭，臨機裁度。今多誦語，年少康強，亦稱『老病』，非所應也。」（二三五頁中）

〔一〇六〕**令次座說**　簡正卷八：「若依五分，但令上座。若不能者，直至能說人處。今令次座，是祇文也。自（【案】『自』疑『白』。）文中，『僧差律師某甲誦律』者，舉能捨。若云『戒師某甲誦戒』，舉所捨也。今時改為『說戒』者，大德云：『說』字，九（原注：『九』疑『是』。）避國諱。（【案】唐順宗名李誦，公元八〇五年在位。此處『誦』改『說』。）『戒』字即舉所詮。向下戒師說偈，一切准此迴改。今行事時，云大眾此輕脫也，或云差比丘相，全是不達意也。」（四八二頁下）鈔批卷一〇：「立謂：准五分，但令請上座。若辭不能，直往能者所也。上令問次座者，即是僧祇文也。」（五〇八頁下）

〔一〇七〕**即至次座，亦如前請**　資持卷上四：「『即至』下，二、請次座。」（二三五頁中）【案】「請」，底本為「語」，據大正藏本、敦煌本等改。

〔一〇八〕**若辭不說者**　資持卷上四：「『若辭』下，三、差能者。」（二三五頁中）

〔一〇九〕**應至上座，云**　資持卷上四：「初，明往告。」（二三五頁中）

〔一一〇〕**先預知**　資持卷上四：「『先』『預』語重，疑是多寫。」（二三五頁中）

〔一一一〕**若次座不堪**　資持卷上四：「『若』下，次示二座。」（二三五頁中）

〔一一二〕**準上僧祇**　鈔批卷一〇：「立謂：准五分，但令請上座。若辭不能，直往能者所也。上令問次座者，即是僧祇文也。」（五〇八頁下）資持卷上四：「準僧祇者，前云若上座、若大座，應誦等。」（二三五頁中）

〔一一三〕**律師升高座**　簡正卷八：「高座者，今師簡卑座也。大凡所坐者，總得名座，今說戒即登於高坐。新章但云『昇座』，無『高』字，相疏亦然，似有濫也。如前已說。又，初讀（【案】『讀』疑『請』。）戒師及梵唄人時，先請戒師。至彼坐前，合掌躬身云：『僧差說戒』，然後卻來讀（原注：『讀』疑『請』。）作梵（【案】『梵』後疑脫『唄』字。）人。今時先請梵師，後請戒師，又請時總不陳詞，返生調棄等，非法也。」（四八二頁下）

〔一一四〕**稽首和南**　資持卷上四：「稽首者，頭至地也。和南，西語，（二三五頁中）出要律儀翻為『恭敬』。」（二三五頁下）

〔一一五〕**無者，在聖僧座上，抽聖僧座在下**　鈔科卷上四：「初，高座有無。」（三四頁上）資持卷上四：「無高座處，戒師坐上，聖僧抽下者，傳佛教誡，聖凡同稟。亦猶使者，執王敕命，百官雖貴，孰敢見輕！」（二三五頁下）

〔一一六〕**彼說戒者坐已，維那打靜**　鈔科卷上四：「『彼』下，打靜梵唄。」（三四頁上）資持卷上四：「初，總列事儀。」（二三五頁下）

〔一一七〕**小者供養**　資持卷上四：「且約出眾，故此先標。若論行事，如後所顯。」（二三五頁下）

〔一一八〕**若準律文，梵唄作之**　資持卷上四：「『若』下，別釋梵唄。初，引所據。」（二三五頁下）簡正卷八：「法寶云：梵者，從處彰名，以五天同是梵地故，謂生彼之人，並從梵天來故。聲相加（原注：『加』一作『如』。）法，凡所讚詠，呼為梵貝也。」（四八三頁上）

〔一一九〕**唄匿如法**　鈔批卷一○：「出要律儀音義云：唄匿者，持律者云：『歌誦』亦云『讚偈』。今謂，此是鬱鞞國語，『唄』翻為『止』，『匿』翻為『斷』。『止』謂止一切惡，『斷』謂能斷諸煩惱也。又『匿』翻為『息』，謂息諸勞務也。准伽論中，半唄，吉羅。謂表義不圓，名半唄也。如勝鬘經二偈歎佛三身，如：言『如來妙色身』乃至『無比不思議』者，歎佛化身；『如來色無盡，智慧亦復然』者，歎佛報身；『若色若心，皆無窮盡也，一切法常住』者，歎佛法身，是一切法之所依止，常住湛然也。今時有人，但作一偈，故名半唄也。（一切准知。）」（五○八頁下）

〔一二○〕**如此鬱鞞國語，翻為「止斷」也，又云「止息」**　資持卷上四：「『出』下，翻名、義。『如此』二字，即指梵名。或剩『如』字。鬱鞞國，彼文自指，未詳何處。『鞞』字，『陛奚』反。兩翻其名，單釋斷義。以意分之，斷約外緣，息據內心，則有別矣。」（二三五頁下）簡正卷八：「此鬱鞞國語者。勅上『唄一匿』（原注：『一』字疑剩。次同。）二字，是西土鬱鞞國梵語也。番就此方，云『止斷』也。『唄』番為止，『匿』番為斷，斷諸惡慮。又云『止息』等者，凡欲聽戒，佛令攝耳。一心緣於唄一匿之聲，外緣自然止息。故經云：梵音深妙，令人樂聞等。大德云：此土梵元（原注：『元』疑『天』。）因。永平十四年（公元七一年），騰、蘭二尊者，與五嶽道士，捔試得勝，遂乃湧身空中，作大神變。乃以梵音說偈云：孤（原注：『孤』應作『狐』。）非師子類等。（云云。）亦號嵩山梵。今時作者，少得其本。玄記中約魚山梵以明者，錯也。魚山梵，國（【案】『國』前疑脫字。）此土魏時，陳思王

曹植，字子遠，土（原注：『土』疑『七』。）步成章。夜因在魚山宿，聞空中神仙作梵音聲，遂乃記得，解節法式。後傳於諸德，諸德乃准經律立法，即今云何波離梵偈（【案】『何』疑『優』）等是也。」（四八三頁上）

〔一二一〕彼三五年少比丘，持香水，僧前左右灑水　鈔科卷上四：「『彼』下，洒散華水。」（三四頁上）資持卷上四：「初，順灑。」（二三五頁下）

〔一二二〕香湯及花，亦同水法　簡正卷八：「謂僧前左右洒，留中間行路，名空處也。緣有中間，是別留處，使及初洒左右兩邊。」（四八三頁上）

〔一二三〕散灑已　資持卷上四：「『散』下，逆灑。」（二三五頁下）

〔一二四〕卻行　資持卷上四：「『卻行』謂倒退也。」（二三五頁下）

〔一二五〕各說偈云　資持卷上四：「後出詞句，合在前說。彼經，佛在普光明殿放光說法。菩薩偈讚，上半指事用，下半偈申所為。」（二三五頁下）

〔一二六〕彼供養者，待散華已，然後作禮　鈔科卷上四：「『彼』下，行香供養。」（三四頁上）資持卷上四：「初，示正儀。」（二三五頁下）

〔一二七〕三捻香已，執鑪向上座所坐方　資持卷上四：「捻香者，供三寶也。向上座者，表代為也。」（二三五頁下）

〔一二八〕行香說偈，此法安師每有僧集　資持卷上四：「初，維那唱告。『此』下，點所出。」（二三五頁下）

〔一二九〕令一人代眾為之　鈔批卷一〇：「安師令人人自於坐處，執香爐供養。（五〇八頁下）今嫌繁故，令一人佛前作也。」（五〇九頁上）

〔一三〇〕廣如本文　資持卷上四：「其文已亡，不可尋也。」（二三五頁下）

〔一三一〕各說偈言　資持卷上四：「『各』下，引偈詞。上半明能供，下半即所供。初中，上句託彼香事，即表法供也。『慧』及『知見』，解脫通收，則五分備矣。七言為句，不可妄加。（由慧得脫，由脫具知見。舉中即攝初、後。）下句冥想，如彼光雲。」（二三五頁下）簡正卷八：「行香偈中，不言慧香，戒、定自攝也。不言解脫知見，即為光明雲臺也。（四八三頁上）又，此五分法身，能離諸縛垢穢，故稱香也。」（四八三頁下）

〔一三二〕供養十方無量佛，見聞普熏證寂滅　資持卷上四：「初句明上求，下句即下化，『涅槃』翻寂滅，即果德也。」（二三五頁下）

〔一三三〕彼當準上誦之　鈔科卷上四：「初，簡小眾。」（三四頁下）資持卷上四：「言準上者，即前雜法。或令恭敬，或令直聲，或不錯謬等。（有本，『準上』下有『法』字。）或可指戒本前序。」（二三五頁下）簡正卷八：「准戒本，上誦文

云『和合僧集會，未受大戒者出』。戒疏云：先和合者，將欲廣說，情事相違。儀（原注：『儀』疑『義』。）須先和，方應後集，故云『和合僧集會』。廣說和白，非僧不行，前雖送和，未成僧法。必須戒見聞利三名，表圓成之相，故云僧集。僧以先行籌，表和集竟。今但云『和合僧集會』，專意為簡沙彌。如今念戒，以『僧集』居初，『和合』在後，違戒疏也。」（四八三頁下）【案】「問答法」分二，初，「彼當」下，問緣；二、「說戒者」下，問事。初又分三。

〔一三四〕儀式如別法中　簡正卷八：「五幾德十數之儀，如沙彌篇顯。」（四八三頁下）資持卷上四：「下指別法。彼明禮僧互跪、上座誡敕等法，此明簡眾，不唯沙彌。或尼三眾、俗士瞻禮，並須遣出。及十三難、三舉二滅有犯等人，三根明委，亦須簡練。或令懺露人不知法，但遣沙彌白衣叢聽，雜穢同聞，深乖法律，極成輕易。」（二三五頁下）

〔一三五〕不來者說欲　鈔科卷上四：「『不』下，問傳欲。」（三四頁下）

〔一三六〕無說欲者　資持卷上四：「若有說者，答云『說欲及清淨』已。」（二三五頁下）簡正卷八：「鈔存略也。問時須云：『不來諸比丘說欲及清淨？』答時亦准此双答。但（原注：『但』上一有『若』字。）云說欲者，失法之愆也，以無別德可明。玄云：教誡尼總具十德，今此人縱具上之九德，然未滿二十夏，亦不可也。此第十德，於十中別是一德，下座未滿，即無此別德可明，是故不過下座也。」（四八三頁下）

〔一三七〕誰遣比丘尼來請教誡　資持卷上四：「召問之辭。若依古戒本，（二三五頁下）云『比丘尼眾遣何人來耶』。今準光師戒本而問，『誰』字亦即召彼尼眾。」（二三六頁上）【案】「又云」下分二：初問；二、「彼受」下請法。

〔一三八〕彼受尼囑者，起至僧中禮已，互跪合掌言　資持卷上四：「尼唯長跪，僧通長互。如三千威儀、圓覺等經，並云『長跪』，豈唯尼耶？（舊云『長跪表代尼』者，謬矣。）」（二三六頁上）扶桑記釋「舊云長跪」：「會正：長跪者，佛令尼長跪，可表代請，故前言互跪。長跪者，歸敬儀三五頁云：兩膝據地，（一二四頁下）兩脛翹空，兩足指拄地，挺身而立者是也。」（一二五頁上）【案】「彼受尼」下分二：初，「彼受」下；二、「若廣說法，時希故略」。初又分四：初，「彼受尼」下，出眾白僧；二、「至上」下，依位陳請；三、「若無」下，上座對答；四、「彼受囑」下，受囑復座。

〔一三九〕以無別德可明　資持卷上四：「教尼須具十德：一、具持戒行；二、多聞；三、誦二部戒本利；四、決斷無疑；五、善能說法；六、族姓出家；七、

顏貌端正；八、堪為尼說法，令尼歡喜；九、非為佛出家，被三法衣，而犯重法；十、二十夏若過。（第八、第十，唯局教。尼名別德，餘名通德。）」（二三六頁上）鈔批卷一〇：「謂教尼總具十德，須二十夏，是總德數中之別德也。今下座未滿，故曰無別德也。『別』謂總別。語十德是總，隨一一是別也。」（五〇九頁上）

〔一四〇〕遍問年德，並辭不堪　資持卷上四：「疏云：以見不學識者，年高座首，動無法則，空遣尼還，曾不對答。識者齊恥，故具引之。初，褒美大眾。」（二三六頁上）

〔一四一〕何啻　資持卷上四：「何啻者，言德有餘也。」（二三六頁上）簡正卷八：「『啻』（音『施』也。）者。謂總能教誡，良由惜自業等。此亦是漿（【案】『漿』疑『褒』）善之詞也。」（四八三頁下）

〔一四二〕若明日尼來請可不　資持卷上四：「『若』下，令傳略教也。」（二三六頁上）

〔一四三〕上且出一兩部律文　鈔批卷一〇：「羯磨疏云：所以令上座約勅者，但今末代廣法闕矣。時行略法，以眾首比丘，綱維法務，每有事違，無不承撫，即五分云『替補佛處』也。今時多見不學識者，年高坐首，動無法則，令空遣尼還，曾不對答。識者齊恥。此說戒座上，主客通有，賢愚總集，何得自輕？今言『勅尼』乃至『莫放逸』者，大略如此，必有餘暇，臨時更道，豈局斯也？」（五〇九頁上）【案】「部」，底本無，據敦甲本、敦乙本、敦丙本、敦丁本、敦戊本、敦庚本加。

〔一四四〕示相貼合　簡正卷八：「五、祇二律，是兩文。五分標其無人，僧祇出其略教。二文相當，（四八三頁下）合聚一處，帖合共成行事。」（四八四頁上）

〔一四五〕餘者並有明據　資持卷上四：「『餘』下，指後，即尼篇中更引善見、十誦、僧祇等文。」（二三六頁上）簡正卷八：「上但明尼來僧中請教誡，僧領意為請，自餘尼歸本寺，傳僧略教。乃至彼尼鳴鐘集僧等事，傳上座語。如此餘文，當律雖無，准僧祇文，故云並為明據。此全未論，至尼別法方顯故。讀此一部，上下練也。」（四八四頁上）

〔一四六〕尼明日來，依命傳告　鈔批卷一〇：「尼取進止也。還於寺中集僧，索僧欲，梵唄已訖，使尼告云：『大僧上座，今有略教。』聞此語已，尼眾齊起，端身正立。立已，具宣上座略教。宣已，高聲唱言『頂戴持』，禮佛取散。若端坐宣者，大是無禮。」（五〇九頁上）

〔一四七〕時希故略　資持卷上四：「尼篇云：良由廣德，難具故也。」（二三六頁上）

〔一四八〕**說戒羯磨** 鈔批卷一〇:「羯磨即是法,說戒是事。事法雙答,方乃成也。」
（五〇九頁上）

〔一四九〕**不得云「布薩說戒」,以言通用,不了彼此** 資持卷上四:「法（【案】『法』
疑『注』。）文斥古羯磨。言『通用』者,二名無異故不了。『彼此』者,華、
梵齊舉故,如羯磨篇中已明。『不得』下,遮濫指過斥非,在文可見。」（二
三六頁上）鈔批卷一〇:「立謂:布薩之言,通道俗用也。如五、八等戒,
皆名布薩。今若言說戒羯磨,簡如是僧布薩之法也。以羯磨之法,非俗行
故。若不言羯磨,則道俗通濫,故言不了彼此。此則屬僧,彼屬俗也。」（五
〇九頁下）簡正卷八:「戒疏云:或有答云『布薩說戒』者,『布薩』西音,
『說戒』東語,二名體一,不可重言。『羯磨』名通,『說戒』事別,故陳此
二,則表眾儀盡,謂双標布薩、說戒之言,用之則不了。『布薩』此彼西梵
之音,『說戒』是此東土之語,故云了不了彼此。」（四八四頁上）

〔一五〇〕**維那復本座已** 簡正卷八:「此約維那敷座具在槌邊,答法以說,今時例在,
位即不然也。餘文可知。」（四八四頁上）

〔一五一〕**示一律儀,永成常準** 資持卷上四:「『示』下,勸依。一律儀者,即指上
誡。」（二三六頁上）

〔一五二〕**云云** 資持卷上四:「云云者,三十四卷。初因難陀布薩時不來,後來已即
去,眾皆不知。白佛,因制上座法:應知十四、十五日布薩,若晝、若夜;
又,當知處所,若溫室、講堂、林中;又應知,廣誦五篇戒下至四事及偈,
餘者,僧常聞;又,應令人唱告時處;又,應先使人掃治;誰應咒願行籌;
（此制知說戒也。）又,應知說戒時檀越來,當為說法,共相勞問。（此制
知說法也。）乃至第二上座亦爾。廣在彼文。」（二三六頁上）【案】僧祇
卷三四,四九九頁中。

〔一五三〕**若至略教已,當更鳴鐘,令沙彌集** 資持卷上四:「再鳴鐘者,必無小眾,
亦不須之。」（二三六頁上）鈔批卷一〇:「立謂:『略教』即七佛偈也。必
待誦七佛教已,方得起;未竟,起者,得別眾罪。以此略教,是攝僧故。」
（五〇九頁下）簡正卷八:「謂誦七佛戒經竟,當鳴鐘等者,堂中先打磬,
樓上即鳴鐘。沙彌聞鐘聲,便集堂中,聽明人戒經也。問:『今或無沙彌,
莫不須打磬鳴鐘不?』答:『有解云不用者,今恐不然。雖無沙彌赴堂規則,
元須揩定,不得不用。或有云:說戒夜,即須打鐘,便當初夜;若早竟,即
不用。此總非說,不可依之。』」（四八四頁上）

〔一五四〕**若總說已，作神仙五通人偈梵**　資持卷上四：「『若』下，明梵唄。即律序末
後二偈：『神仙五通人，造設於咒術。（二三六頁上）（此舉世喻。）為彼慚
愧者，攝諸不慚愧。（為善攝惡。）如來立禁戒，半月半月說。（合上喻也。）
已說戒利益，稽首禮諸佛。（迴向歸敬。）』尼鈔云：若不解前唄作處世界，
亦得為下明所以。不同前作，為止息故。」（二三六頁中）簡正卷八：「其偈
詞中是『於』字，有改云『造說諸咒術』者，錯也。『作此二番梵唄，本意
何可同？』鈔答云：『為令說者，縱容具儀、辭遜等。』」（四八四頁下）【案】
四分卷一，五六八頁中。

〔一五五〕**處世界唄**　佛說超日明三昧經卷上：「大慈哀愍群黎，為陰蓋盲冥者，開無
目使視瞻，化未聞以道明。處世間如虛空，若蓮花不著水，心清淨超於彼，
稽首禮無上聖。觀法本無所有，如野馬水月形，影響幻化芭蕉，曉三界亦如
是。」（大正藏第一五冊，五三二頁上）

〔一五六〕**縱容具儀，辭遜之暇**　鈔批卷一〇：「濟云：向佛前陳辭謝眾，故曰辭遜。
今作唄引時長者，令戒師有閑暇，故名之暇也。」（五〇九頁下）

〔一五七〕**其說序前唄，亦誦律序以為唄辭**　資持卷上四：「『其』下，因示前唄。即序
初二偈：『稽首禮諸佛，及法比丘僧。（歸敬三寶。）今演毘尼法，令正法久
住。（歸敬本意，上句明意，下句明益。）優波離為首，及餘身證者。（推本
結集之眾，以為證信。）今說戒要義，諸賢咸共聽。（舉事誡眾。）』多見誦
文訛錯，復不解義，略為注釋。律制不得半唄，今或但誦優波離下四句者，
正乖法律。雖非大害，寧免無知。」（二三六頁中）

〔一五八〕**願僧慈悲，施以歡喜**　資持卷上四：「施以歡喜。『以』合作『與』。」（二三
六頁中）

〔一五九〕**眾僧各各說自慶偈**　簡正卷八：「此是俱全偈也。……鏡水大德云：此偈詞，
本合在戒師說辭了，各於床上說。今時唱三歸竟，在地前念者，全無揩式。
故下注云『便作禮散』。請觀文勢。思之。」（四八四頁下）資持卷上四：「上
三句喜遇三寶，下句拔濟群生。四並言『快』，『快』即是樂。值佛最難，故
云第一。得聞正法，近障三塗，遠清二死，故云安隱。事和無諍，統理平等，
故云寂滅。上三慶已，下一喜他，即兩利也。『安樂』字，尼鈔作『解脫』。」
（二三六頁中）簡正卷八：「舊論文云『快』，新云『樂』。」（四八四頁下）

〔一六〇〕**諸佛出世第一快**　鈔批卷一〇：「濟云：此自慶偈，正是俱舍論文。古人文
質，故云『快』也。今新翻俱舍云：『諸佛出世樂，聞法歡喜樂，大眾和合

樂，眾生離苦樂。』」（五〇九頁下）

〔一六一〕**便作禮散**　資持卷上四：「尼鈔更加三歸，今須準用。」（二三六頁中）

〔一六二〕**雜相**　簡正卷八：「謂雜相料簡前戒之中未了事等。」（四八四頁下）【案】「雜相」文分為八。

〔一六三〕**若界外來者，徑至說處**　鈔科卷上四：「外來告淨。」（五〇八頁上）資持卷上四：「但約長行，序後三問，以為分齊。初，明問前不告，後自問故。」（二三六頁中）簡正卷八：「界外來者，謂持來赴說戒也。經（【案】『經』疑『徑』。）至說處者，便往戒堂中，不得更向私院等，縱使堂頭正康（原注：『康』字疑剩。）秉法，比丘入界，亦不犯別眾，以一心為聞戒故也。」（四八四頁下）

〔一六四〕**依次而坐，不告清淨**　鈔科卷上四：「『若』下，主客相從。」（三五頁中）簡正卷八：「戒師未誦廣教序，亦未作第一、三問，但依夏便坐，更不告淨。」（四八四頁下）

〔一六五〕**若已說「清淨」已，後方來者**　資持卷上四：「『若』下，明問後須告。又三。初，止住說戒。戒師自止，謂知法者不住須呵，謂迷教者。」（二三六頁中）簡正卷八：「謂念廣教序，並作三問竟，方從外來也。」（四八四頁下）

〔一六六〕**戒師見來，即須止住**　簡正卷八：「不得更誦，且暫經少時，待彼告淨，不肯住，呵令住相。謂戒師不會，即上座呵止，令戒師且住，待坐竟，蹦跪告淨等。」（四八四頁下）

〔一六七〕**待坐互跪，一人告云**　資持卷上四：「『待』下，明告淨。『待坐』字，語通上下，據義則綴上為優，約句則貫下為便。（二三六頁中）詳之。一人告者，恐妨僧故。」（二三六頁下）

〔一六八〕**若有犯過，依過陳之，為偪說戒**　資持卷上四：「『若有』下，明發露。依次說者，接前止處也。準此，不明再和，以陳淨入坐，和相已彰。今時有行略和，未見所出。」（二三六頁下）

〔一六九〕**若外界比丘，若多、若等，縱說戒竟，皆令重說**　鈔批卷一〇：「謂客比丘來，若說戒竟，若等，若多，更須為說。若少，則不須也。此中大有句數。」（五〇九頁下）資持卷上四：「『多』『等』須重說者：謂制主從客，若少，不須；或出界說，或往他寺，謂制客從主，此約說竟，為言未竟，隨來告淨同聽，不勞再說。〔有將前利（【案】『利』有本為『科』。）為制客從主，非。〕如法治吉羅，異名也。」（二三六頁下）簡正卷八：「准說戒法中，主

客相望，有同日異日。若異日，主客互相望，（四八四頁下）即有強弱；若同日，主客相望，即無強弱。今且明異日者，分二位：初，以客望主；二、以主望客。初中，客十四日外戒，曾說戒了，來別（原注：『別』疑『到』。）此界。此界主人十五日方說，即有三句：一、客來少，從主十五日更說；二、客來等，亦從主十五日更說；三、客來多，主應求客說。若順至十五日，更說益善。客不肯重說，主自出外說。第二位，以主望客者，主十四日已說，客十五日方列（原注：『列』疑『到』。）。客說未曾布薩，亦有三句：一、客來少，求主十五日再說，主不肯，客自出外說；二、客來等，亦求主十五日更說，主不肯，客亦出外自說；三、客來多，主應從客，十五日更說。已上約十四日、十五日，分二位。其十五、十六日亦爾，可以例之。二、約同日者，同是十四日，或十五、十六也。亦分二位：初，主已說；二、容（【案】『容』疑『客』。次同。）已說。今且明主已說三句：一、容來少，告清淨；二、客等，主更說；三、客多，主更說。第二位，客已說三句：一、主少，告清淨；二、主等，客重說；三、主多，客重說。律文有此『同』『異』二位，今鈔闕『於異日多少』等句，但出同日句法。是以鈔云：若多、等，縱說等竟，皆令重說，不者如法治。此即主客相望，更無強弱。但等、多，總須再說。（四八五頁上）若不說不論，主客並犯告（原注：『告』疑『吉』。），鈔正約此說也。」（四八五頁下）【案】「等」即人數相等。

〔一七〇〕**若犯七聚，不淨人前，應止不說戒** 鈔科卷上四：「『毗』下，對犯不說。」（三五頁中）資持卷上四：「對犯不說，此制戒師也。或令悔露，或加治擯，事在臨機。如比丘犯盜，佛不為說。然佛初自說，眾唯純淨，必有妄隱。五百金剛，杵碎其頭，後付弟子，則通淨穢。故知必約三根無濫，不可對說也。」（二三六頁下）【案】毗尼母卷三，八一四頁上。

〔一七一〕**即律文云** 資持卷上四：「『即』下，會同律論。」（二三六頁下）【案】四分卷三六，八二五頁下。

〔一七二〕**若三寺五寺尼請教授，隨意受之** 鈔科卷上四：「『若』下，多尼求請。」（三五頁中）

〔一七三〕**總前各列寺號尼名** 資持卷上四：「如云『某寺、某寺尼，眾和合，僧差某尼某尼』。」（二三六頁下）簡正卷八：「即云『某寺某寺等僧，差比丘尼、比比（【案】次『比』疑剩。）丘』等。」（四八五頁下）

〔一七四〕**後便總結請意** 簡正卷八：「即云半月半月頂禮等是。」（四八五頁下）

〔一七五〕若誦中恐誤，當告比近人示令　鈔科卷上四：「『若』下，恐誤示令。」（三五頁中）資持卷上四：「『比近人』，謂鄰高座者。『令』字去呼，謂言教也。準此，先須定囑一人。『不』下遮非。今多此過，不得不慎。」（二三六頁下）

〔一七六〕若說戒日，無能誦者，當如布薩法，行籌、告白，差一人說法、誦經　鈔科卷上四：「初，制法次第。」（三五頁中）資持卷上四：「說戒本制竟，無能者，方誦經法。疏云：所以次者，戒制附相，切要易持，經授心識，託虛難攝。故隨時制，輕重不倫，各其致也。文中三位：初，誦經法，語通無在。然須軌範行門，誡勒切要之者，頗符今用。」（二三六頁下）【案】「四分」一節分二：初，『四分』下；二、『並是佛』下。【案】四分卷三六，八二五頁中。

〔一七七〕餘諸教誡，誦遺教亦得　資持卷上四：「今藏中略教誡經，亦可依誦。（舊云三千威儀經者，文繁事碎，何由可誦？又云：下卷令誦勝鬘、佛藏，下明常時受持，亦非說戒時誦。）」（二三六頁下）

〔一七八〕若全不解者　資持卷上四：「『若全』下，次令說偈，比（【案】『比』疑『此』。）即迦葉佛略教。」（二三六頁下）【案】四分卷三五，八一七頁中。

〔一七九〕解此偈文，具如阿含中說　資持卷上四：「下卷引云：上句戒具足清白之行，次句心意清淨，第三句除邪顛倒，末句去愚惑想。」（二三六頁下）簡正卷八：「玄：是中含也。阿難答迦葉言：一偈之中，便日（原注：『日』一作『生』。）三十七品。何者是耶？即諸惡莫作是戒學，諸善奉行是定學，自淨其意是慧字，是諸佛教總結屬人。即九十六種外道無此法也。」（四八五頁下）鈔批卷一〇：「准增一阿含云，阿難語迦葉，增一阿含出生三十七品，及諸法皆由此生，且置增一阿含。私云：結習時，先宜結此經也。然一偈之中，（五〇九頁下）便出生三十七品及諸法。迦葉問言：『是何等偈？』阿難即說昔偈：『諸惡莫作，諸善奉行，自淨其意，是諸佛教。』解云：諸惡莫作，戒具足禁；清白之行，諸善奉行；心清淨，自淨其意；除邪顛倒，是諸佛教。去愚惑想，以其戒清淨者，其意豈不淨！意清淨者，則無顛倒。以無倒故，愚惑想滅，諸三十七道品之果，便得成就。已成就果，豈非諸法乎！」（五一〇頁上）【案】增含卷一，五五一頁上。

〔一八〇〕若不解者　資持卷上四：「『若不』下，後略誡敕。詳此律意，未必愚暗，而至於此，欲明住持之本、攝僧之要。必不可廢，故曲示之。」（二三六頁下）

〔一八一〕並是佛之囑累　鈔科卷上四：「『並』下，舉功深勉。」（三五頁中～下）簡正卷八：「於事階降重重，名為累囑。即如上文，初令誦經；又無誦者，令

說一偈；又不能者，但云莫放逸。如是階降重重，即累囑也。」（四八五頁下）資持卷上四：「初，顯示深益。佛囑累者，即上制法而下斥世不行。初，指非染，下彰失。（二三六頁下）」（二三七頁上）鈔批卷一〇：「轉次相囑，名之曰累。」（五一〇頁上）

〔一八二〕故違不說　簡正卷八：「不半月寅（【案】『寅』疑『半月』。）傳也。」（四八五頁下）

〔一八三〕染汙淨識　鈔批卷一〇：「立謂：出家修道，所習善業，用熏識種，遠希出離。今不依教修行，故曰染污也。若准舊翻譯，應有八識，新翻有九識。此即是最後，名曰淨識也。」（五一〇頁上）簡正卷八：「初受時無犯，名淨。隨中有犯，是染污也。」（四八五頁下）資持卷上四：「輕法之源，實由染世，不聞正法，已是盲冥。況舉輕心，更招殃禍。欲令反本，其可得乎？於法無味者，積惡漸深，去道轉遠故。」（二三七頁上）

〔一八四〕大法　資持卷上四：「通目佛教。」（二三七頁上）簡正卷八：「戒法也。此是無上菩薩之本，名為大也。」（四八六頁上）

〔一八五〕口言「佛是我師」，師教拒違　資持卷上四：「『口』下，斥言行相違。師徒義絕，揀從外道，不亦宜乎？高僧傳中，隋東川僧雲法師住寶明寺，以四月十五臨說戒時乃白眾曰：『戒本防非，人人誦得，何勞徒眾數數聞之？可令一僧豎義，令後生開悟。』當時無敢抗者。訖於夏末，廢說戒事。至七月十五日早，將昇草（【案】『草』疑『高』。）座，失雲所在。大眾崩騰，四出追覓，乃於寺側三里許古塚間得之，遍體血流，如刀屠割。借問其故，云：『有一大丈夫執三尺大刀，厲色瞋雲改變布薩，刀膾身形，痛毒難忍。』因接還寺，端情懺悔，乃經十載說戒布薩，臨終之日，異香迎之，神色無亂，欣然而卒。此乃上智，故動幽呵。今時，下愚竟無顯驗，縱令永廢，反自安然。法滅於時，可用長歎！」（二三七頁上）

〔一八六〕若有犯重罪，不預聞戒，縱在寺內，別眾則無　鈔科卷上四：「『若』下，犯懺可否。」（三五頁下）資持卷上四：「初，別簡初篇。」（二三七頁上）

〔一八七〕若經懺悔，來不隨意　鈔批卷一〇：「即犯重已，作學悔沙彌也。」（五一〇頁上）

〔一八八〕僧殘已下，依教懺訖得聞　資持卷上四：「『僧』下，總示諸聚。若約聞戒通塞，則六聚並同。若論別眾成不，則根條兩異。」（二三七頁上）

〔一八九〕如律所顯　資持卷上四：「即如戒本，有犯懺悔，無犯默然。」（二三七頁上）

〔一九〇〕**若座上憶得，莫問疑、識，對眾發露**　鈔科卷上四：「『若』下，座上發露。」
（三五頁中）資持卷上四：「八中，二。初，明對首露。言對眾者，謂於眾
前對人作法。律至（【案】『至』疑『言』。），當至一清淨比丘所，具威儀，
說所犯名種。白云：『大德憶念：我比丘某甲犯某罪，今向大德發露，後如
法懺悔。』（三說。說戒時，憶者須用此法。餘時依法懺悔。）又，律中，
比丘於犯有疑，復逼說戒。佛言：『應發露已，得聞戒。』亦對人云：『大德
憶念，我比丘某甲於某犯生疑，今向大德發露。後無疑時，如法懺悔。』（三
說。已上，準注羯磨出之。）」（二三七頁上）

〔一九一〕**恐大眾鬧亂**　資持卷上四：「『恐』下，二、明心念。復二，初，明識罪法。
律中，為在座上忽憶本罪，向比座（二三七頁上）說舉眾鬧亂，佛令發露心
念，而不出文。鈔家義立。準羯磨，『說戒』字下，更加一句『云恐鬧亂眾
故』，亦須三說。」（二三七頁中）

〔一九二〕**我某甲犯某罪，為僧說戒，待竟當懺**　鈔批卷一〇：「今時行事，對此多依
律文單白懺悔。其罪滅不？今判不滅。以律本云：『自（原注：『自』疑『白』。）
已當懺。』蓋謂後時當更懺也。南山判滅，謂讀律時，『當』字應作去音，
謂准『當懺悔』也。賓：今詳不然。三藏亦令後更懺悔有白法。僧都集，無
與欲者，又須同犯，除去四夷，了了識相，不可作白。若有與欲，與欲之人，
女（原注：『女』疑『如』。）言清淨，若信清淨，猶應就懺，不合作白；若
不信者，須喚須舉，（五一〇頁上）以其有犯，不合同說，不得妄白。今時
有人，罪雜疑忘，與欲非一，共行此白，望得滅罪，甚也（原注：『也』字
疑『剩』。）為非理。」（五一〇頁下）

〔一九三〕**若於罪有疑，亦準此陳露**　資持卷上四：「『若』下，明疑罪法。應云：『我
某甲於某犯生疑。』餘詞準同。」（二三七頁中）

四、明略說雜法〔一〕者

四分云，若有八難〔二〕：王、賊、水、火、病、人、非人、惡蟲。人
難者，明了論云：有人欲執縛比丘也。餘緣〔三〕者：若大眾集，牀座少；
若眾多病；若座上覆蓋不周；或天雨；若布薩多，夜已久〔四〕；謂懺罪人
多，經久也。或鬪諍事；或論毗曇、毗尼；或說法夜已久。聽一切眾未起，
明相未出，應略說戒〔五〕。

十誦云〔六〕，共伴行〔七〕：若住，廣說；小住，略說；不住，三語說
〔八〕。在白衣前，不得口言。心念云〔九〕「今日布薩說戒」，乃至宿處有

命、梵等難〔一〇〕，龍鬼之怖，皆不得出聲〔一一〕，心念口言「今日說戒」。
五分〔一二〕：貴人〔一三〕、惡獸、地有生草〔一四〕、棘刺、蛇窟、闇夜、地
有泥、坐迮。僧祇〔一五〕：若偪暮、天陰、風雨、老病不堪久坐、住處遠。
皆開略說。十誦：聽在諸王前說〔一六〕，令心清淨，除大臣、兵吏，遣去。
五分：說戒時賊來，應連聲誦經，莫令有絕〔一七〕。

　　若有一方眾主，綱維徒眾者，每至盛夏嚴冬，準前略說〔一八〕。至時
小食上，應告僧云〔一九〕：「今說戒日，十方賢聖，所共同遵，並願眾僧
同時集會。」乃知冬熱，當為略說〔二〇〕。勿事他緣，自生厭法。僧祇律
第三十四卷〔二一〕，廣立布薩上座法。五分云：不應以小事囑授，應在顯
露處說〔二二〕。

　　第二，明「略法」

　　「略」有二種：一者略取，謂取諸八篇題首〔二三〕；二者略卻，謂隨
篇種類〔二四〕。

　　說戒師當量事緩急，觀時進不〔二五〕。「緩」則為廣三十、九十，略
其餘者；「急」則為說序已，餘隨略之。

　　說前方便，如廣說法〔二六〕。至序竟〔二七〕，問清淨已〔二八〕，應言：
「諸大德：是四波羅夷法，僧常聞，」乃至「諸大德：是眾學法，僧常
聞〔二九〕。」一一各題通結〔三〇〕。七滅諍下，如法廣說，至末文也〔三一〕。
四分文中不了〔三二〕，但言「餘者僧常聞」，今準毗尼母論說〔三三〕也。若
難緣卒至，說序已，云：「餘者僧常聞〔三四〕。」若不得說序，云「今十
五日布薩時，各正身口意莫放逸」已，便隨意去〔三五〕。

　　上來就緣而說，增減準前，一事有違，並結正罪〔三六〕。比人行事者
云〔三七〕：「已說三十法，僧常聞。」既言「已說」，則對眾妄語，並可準
前〔三八〕。或有略緣，止而不說，並通治罪〔三九〕，故須明之。

【校釋】

〔一〕雜法　資持卷上四：「據略則純，但緣與法，各有多別，故云雜耳。」（二三七
　　　頁中）

〔二〕若有八難　鈔批卷一〇：「礪云：一、王者，謂王來繫錄（【案】『錄』疑『縛』。）
　　　比丘也；二、賊者，來執縛比丘也；三、火者，謂火來燒寺也；四、大水者，
　　　汎漲漂伽藍也；五、病者，說戒師病，現礙說戒也；六、人難者，如住處有眾
　　　多白衣，礙說戒故也；七、非人者，即鬼神嬈亂比丘也；八、惡虫難者，即毒

蛇、蚣、蚊、蝱等也。」（五一〇頁下）資持卷上四：「若據緣難，二名不局，今須標簡。重者名難，輕者為緣。王難者，疏云：或將士眾，擁寺列兵；病人與下緣中相濫，應以重輕分之；非人即鬼神為惱；惡蟲通目畜獸，能為命難者。人難，引論釋之，比據常人，不同賊也。」（二三七頁中）

〔三〕餘緣　簡正卷八：「除八難外，有總（原注：『總』疑『惱』。）號『餘緣』也。眾多病者，聽戒人多分病、久坐不得。」（四八六頁上）資持卷上四：「通收無限，故但言『餘』，且列八相，並以『若』、『或』字簡之。前四通晝夜，後四唯局夜。」（二三七頁中）

〔四〕若布薩多，夜已久　簡正卷八：「問：『此既許布薩，是懺罪儀，前文何故破之？』答：『不妨含於懺罪儀，今師不定執，古人一向執。前文破者，只為破他定執也。』」（四八六頁上）

〔五〕明相未出，應略說戒　資持卷上四：「止結後四。應略說者，通結前八。」（二三七頁中）

〔六〕十誦云　資持卷上四：「十誦約道行緣，從制至開，一廣三略。略中，上是眾法，下二別法。準眾法對念，多人不開，必應異界，分眾作之。或恐彼部緣開，不可常途為妨。」（二三七頁中）【案】十誦卷六一，四五七頁下。

〔七〕共伴行　簡正卷八：「宛陵云：彼約隨商人行為伴故。」（四八六頁上）

〔八〕若住，廣說；小住，略說；不住，三語說　簡正卷八：「謂商人住，即念廣戒。略說，約暫呂（【案】『呂』疑『居』。），即略戒，此是緣也。此二並據結界秉單白小說也。三語說者，謂商客亦不暫住，比丘行不法，不秉單白，但三五說也。雖有多人，但互陳詞，作別法故。彼約不結法界以論也。」（四八六頁上）

〔九〕心念云　資持卷上四：「道行中，復有緣，故制白衣前。恐聞障戒，為濟他故。」（二三七頁中）

〔一〇〕乃至宿處有命、梵等難　資持卷上四：「『乃至』下，命梵緣為利己故。若論心念，說不明了，不成作法。有緣故開，不足怪也。布薩說戒，華梵言重，臨事單牒。」（二三七頁中）

〔一一〕皆不得出聲　鈔批卷一〇：「既有上諸難，比丘不可出高聲而誦其戒也。」（五一〇頁下）

〔一二〕五分　資持卷上四：「七（【案】『七』疑『十』。）緣。除草、棘、地泥，餘同四分。」（二三七頁中）【案】五分卷十八，一二七頁中。五分十緣，鈔列八種，另二為「毒蟲」和「病」。

〔一三〕貴人　鈔批卷一〇：「立謂：國王、大臣等。」（五一〇頁下）

〔一四〕地有生草　鈔批卷一〇：「恐壞生，得提罪也。」（五一〇頁下）

〔一五〕僧祇　資持卷上四：「僧祇五緣。偪暮、天陰、來客處遠，此三不同四分。」
（二三七頁中）

〔一六〕聽在諸王前說　資持卷上四：「十誦，王難開說，即瓶沙緣，如羯磨篇中引。」
（二三七頁中）

〔一七〕說戒時賊來，應連聲誦經，莫令有絕　資持卷上四：「五分：賊難，事同僧祇。
彼因突入聞說，不為說故，便加苦惱，制令改誦。」（二三七頁中）鈔批卷一
〇：「依撿五分云：蘭若處，諸比丘十五日布薩說戒。有賊來，比丘見便止，
不誦戒。賊問：『何故嘿然？』答：『我所說者，不應使白衣者聞。』賊言：『汝
所說非佛語耶？』答：『是佛語。』賊言：『既是佛語，誰不應聞？汝等今集，
必是論說不利於我。』便打諸比丘，奪其衣鉢。以是白佛。佛言：『從今已去，
若賊來，應即誦餘經，不令斷絕。』准僧祇云：說戒時有賊來，（五一〇頁下）
比丘說至九十末文云：『截已波夜提，破已波夜提。』正誦時，賊來，誦人嘿
然立，須臾便出。復重誦，如是至三。賊念言：『此惡沙門，作是說者，將非
截我、破我等耶？』即打比丘。後即白佛。佛言：『賊來時，當更誦餘經。若
賊先知比丘法，作是言：沙門我已知，汝但誦先所誦者。應急誦，使章句不辨
了，令彼不知。」（五一一頁上）【案】五分卷一八，一二六頁～一二七頁；卷
二七，四四七頁下。

〔一八〕若有一方眾主，綱維徒眾者，每至盛夏嚴冬，準前略說　鈔科卷上四：「『若』
下，約義以立。」（三五頁中）資持卷上四：「寒熱二緣，不出諸教，理合開故。
初，示緣例準。」（二三七頁中）

〔一九〕至時小食上，應告僧云　資持卷上四：「『至』下，白眾勸導。」（二三七頁中）

〔二〇〕乃知冬熱，當為略說　資持卷上四：「冬熱者，文脫。古本云：冬寒夏熱，出
法雙提，隨時別用。」（二三七頁中）

〔二一〕僧祇律第三十四卷　資持卷上四：「『僧』下，引示。初，指僧祇，明制上座。
文如前引。」（二三七頁中）

〔二二〕不應以小事囑授，應在顯露處說　資持卷上四：「引五分明制徒眾。『囑授』即
是與欲。露處說者，即明與欲。恐在私屏，無人見聞，容非濫故。（有云：此
明說戒，令客比丘來易見故。文似不貫。）」（二三七頁下）簡正卷八：「小事
囑授，即是傳欲。小小之事，不是正緣也。顯露處者，簡隱處，以客來不

見。」（四八六頁下）【案】「略說」文分為三：初，「略有」下；二、「說戒」
下；三、「上來」下。五分卷一八，一二八頁下。

〔二三〕**略取，謂取諸八篇題首** 資持卷上四：「提名為『取』，除相為『卻』。一、言
略者，即具二義。『一』下，釋初，釋『略取』。取八篇題者，如云是四波羅夷
法等是也。」（二三七頁下）鈔批卷一〇：「如言是四波羅夷『僧常聞』，乃至
是四提舍尼法『僧常聞』。言略卻者，略篇中名種也，略除婬、盜之名等。且
如十三殘，直說五六個竟。餘者，不直言『僧常聞』，名略卻，故曰隨諸篇中
種類之名也。然實略、取略，卻一義耳。又解：略卻者，略除戒羸等語，直言
犯不淨行，亦名略卻也。」（五一一頁上）簡正卷八：「標其從急向緩，十五日
略也。」（四八六頁下）

〔二四〕**二者略卻，謂隨篇種類** 鈔批卷一〇：「略篇中，名種也。略除婬、盜之名等，
且如十三殘，直說五六個竟。餘者，不直言『僧常聞』，名略卻，故曰隨諸篇
中種類之名也。然實略取略，卻一義耳。又解：略卻者，略除戒羸等語，直言
犯不淨行，亦名略卻也。」（五一一頁上）簡正卷八：「標其從緩向急，七略一
直也。鏡水大德云：若准新章，舊疏局前『略取』，即十五略為餘緣，不通八
難。後『略卻』即土（原注：『土』疑『七』。）略一，直為八難，不通餘緣。
今南山不然，如此二種，俱通緣難，故羯磨含注疏云：『八難餘緣，五分、僧
祇，並皆略說，但隨緣難，有移兼緩。廣略說之。』（已上疏文。）若言前略
約緣，後略約難，即恐逗機不定。」（四八六頁下）資持卷上四：「卻即是除。
除隨篇種類者，謂不誦篇中諸戒，但云『僧常聞』是也。上云『八篇』，下云
『隨篇』，皆謂通舉戒本全數。至於正誦，或多或少，皆不定也。（有人云『單
誦八簡題首，名略取說戒，誦一兩篇，名略卻說戒』，致令後生妄行，至今尚
爾，如別所破。）問：『八篇可都略否？』答：『下依母論，故廣滅諍。約準尼
鈔，八篇齊略。（古記云：滅諍是吉羅少分，不名為略；又人云：七滅是息諍
之要，故不可略。以尼鈔證，皆穿鑿耳。）問：『今存幾略耶？』答：『今但
通云略戒，不言幾種。若提名略，則兼『取』『卻』二義。若不提名，如下卒
緣，序竟即略，但有卻義，則無取也。』問：『如誦一二篇已，略其餘者，此
名何略？』答：『前所誦者，自名為廣，文不云乎？為廣三十、九十。又云：
七滅諍下，如法廣說。餘不誦者，方名略耳。』問：『如律本中，廣一二篇，
已難緣忽至，即云餘者，僧常聞復是何略？』答：『既不舉名，止是略卻。』問：
『如提篇目，略至二三，忽有難至，即云餘者等，復是何略？』答：『前提名者，

具兼二義。後言餘者，止是卻耳。」問：『今明略法，為依何出？』答：『文中緩則為廣三十、九十，及後卒難，說序已略，並依本宗不說序。略準注羯磨，乃依僧祇。中間各題通結，自出母論。故後文云四分文不了等。（古記反引本宗十五略配之，致增迷昧。注羯磨亦云『律有三五略法，文非明了，故依母論』，故知非也。）以昔多迷，不免繁細，餘所未盡，備在釋中。」（二三七頁下）

〔二五〕**說戒師當量事緩急，觀時進不** 鈔科卷上之四：「初，通示緩急兩相。」（三五頁中～下）簡正卷八：「量事後（原注：『後』疑『緩』。）急等，即量度八難、餘緣之事緩急也。觀情（原注：『情』鈔作『時』。）進不者，觀察人情，緩為進兼為不。」（四八六頁下）資持卷上四：「緩急兩相，事在高座，緩則可進，急則宜否，並準上緣，須令應教。」（二三七頁下）鈔批卷一〇：「准律中，大略有二：一、從緩至急，名『略卻』；二、從急至緩，名『略取』。言從急至緩者，有三個『五種』，成十五種。初五者。賓云：舊人雖誦出十五種略意，不識其所以，今為述之。且如在莊嚴寺正說戒，聞有難從北來，僧即共平章（【案】『章』疑『量』。）：『難若遠近？』有人答云：『難欲至北門。』僧即言：『可誦序。』餘者可言『僧常聞』。（五一一頁上）此謂唯擬誦序為『一略』也。後於異時，亦如前有難。共議：『唯擬誦序已』。誦序已竟，難猶未至，更誦『四重』，為『二略』也。後於異時，亦如前有難，共議『唯擬誦序竟』，難猶未至，更誦至『十三』，為『三略』也。後於異時，亦如前有難，乃至誦序竟，難猶未至，更誦『二不定』，為『四略』也。後於異時，亦如前誦序竟，難猶未至，更誦『三十』，為『五略』也。次五者。正說戒時，聞有難來稍遠，眾僧共議：『可誦序及四重。』謂觀難遠近，唯擬誦之，為『一略』；其難未至，更誦『十三』，為『二』；更誦『二不定』，為『三』；『三十』為『四』；『九十』為『五略』也。後至五者，亦謂僧聞難來更遠，共議：『擬誦序、『四重』、『十三』。誦竟，難始至，此為『一略』也。次於異時，亦『擬誦序、四重、十三』，誦竟，難猶未至，更誦『二不定』，為『二略』也。餘句准知。『二不定』為『二略』、『三十』為『三略』、『九十』為『四』、『四提舍尼』為『五』也。此十五種，名為『略取』，謂難未至，漸進取也。礪云：尼但有兩個『五』，以無『二不定』故。但有二，增故也。思之。尼但『二五』者，賓云：一、序；二、至『八事』；三、至『十七殘』；四、至『三十』；五、至『單提』。第『二五』，至八『提舍尼』，准知。賓云：古人諸言，從急至緩，大能詺也。問：『何故不至眾學者？』」（五一一頁下）答：『戒有五篇，若至眾學，不名略也，則為名

廣。乃至七滅諍中，若有難至，但得直去，不得略也。』二、從緩至急，名略
卻者，有『七略』、『一直去』。一者，如難猶寬，從前廣誦容得，說至『提舍
尼』竟，難即來到，不得誦『眾學』，即略卻『眾學』，是『二略』（【案】『二』
疑『一』。）也；三、從序誦訖於『九十』，難即來到，略卻『提舍』，為『二
略』也。三、從序誦訖『三十』，難已來到，略卻『九十』，為『三略』也。四、
從序訖『二不定』，略卻『三十』，為『四略』。五、從序訖『十三』，難即來，
略卻『二不定』，為『五略』也。六、從序誦訖『四重』，難來略卻『十三』，
為『六略』也。七、唯誦序訖，難來即至，不得誦『四重』，略卻『四重』，為
『七略』也。此曰『七略』。若難近不得，誦序即散，則云『諸大德，今十五
日各正身口意』，即散去，名『一直去』也。礪云：尼無『二不定』，但有『六
略一直去』，皆謂難來近，略卻下文也。然相承『七滅』不得略，以『七滅』
屬於『眾學』，亦令得略，但相承不略耳。澄云：七滅諍者，先已是略，略中
不可重略，故須具誦也。若從前廣誦來，過『眾學』竟，即成廣，不名略也。
看今鈔意，云：略取題目，略除種類，意況稍別，與此『十五種』不同也。」
（五一二頁上）【案】「說戒」下分二：初，「說戒」下；二、「說前」下。

〔二六〕**說前方便，如廣說法**　鈔科卷上四：「『說』下，別顯急緣儀式。」（三五頁下）
　　簡正卷八：「秉白行事，一切如常，即不可略也。若未秉白，未戒說戒，但入
　　增減中，不名為略。」（四八六頁下）資持卷上四：「別顯中。初文，初，指前
　　緣，即十緣中上九種也。說竟儀式，亦同廣法。由緣不定，多不至後，故且指
　　前。」（二三八頁上）【案】「說前」下分三：初，「說前」下；二、「若難」下；
　　三、「若不」下。

〔二七〕**至序竟**　資持卷上四：「『至』下，示略法。為三。」（二三八頁上）簡正卷八：
　　「謂誦廣教序竟。」（四八六頁下）

〔二八〕**問清淨已**　簡正卷八：「第一，度（【案】『度』疑『廣』。）序後三問也。」（四
　　八六頁下）

〔二九〕**諸大德，是四波羅夷法僧常聞，乃至諸大德，是眾學法僧常聞**　資持卷上四：
　　「『應言』下，略中間七篇。」（二三八頁上）簡正卷八：「此段正明八難，餘
　　緣稍閑。後者，略取中間諸篇題首，兩類（原注：『類』疑『頭』。）須廣，即
　　是五、十略戒也。法寶云：今唯鈔文，但舉初五略中。『第一略』中，頭至第
　　『三五』中第五略來（【案】『來』疑『末』。），中間十三略，即越卻，故著『乃
　　至』字也。寶又云：此十五略，據容有說，須約一十五遍誦戒，非謂一遍念時，

有斯十五也。律文既約『三五』以論，今且敘其方軌。（云云。）初『五略』者。謂說戒日，預知有緣難，眾僧共評章（【案】『章』疑『量』。）云：『今夜念戒，只可到廣教序。』後登座念時，正到序竟。有人報，難緣欲至，便略取四種，乃至『眾學』八篇題首，此是『初五』中『第一略』也。『二略』者，本意今夜說戒擬至序，戒師誦徹，難由遠，更誦『四重』。『四重』竟，難欲至，便略（原注：『略』下疑脫『取』字。）『十三』已下七篇題首等。（云云。）『三略』者，本意今夜念戒只到序，序竟難緣由奢（【案】『奢』疑『遠』。），更念『四重』。四重竟，難由未，更念『十三』。『十三』竟，難欲至，便略取『二不定』已下六篇題首。（云云。）『四略』，本意今夜念戒只到序，序竟，難由未（【案】『未』後疑脫『至』字。下同。），更念『四重』、『十三』，念了難亦未，更念『二不定』。『二不定』徹，難近，（四八七頁上），便略取『三十』已下五篇題首。（云云。）『五略』，本意念序，序竟，難未至，更念『四重』、『十三』、『二不定』。難亦未至，更念『三十』。三十竟，難近，（四八七頁上）便略取『九十』已下四篇題首等。（今時略戒，是此略也。）第二『五略』者。至說戒夜，眾僧共評量，恐有難緣，不得廣說，但可至於『四重』。後至登座，誦至『四重』，難來近寺，便略取『十三』已下七篇題首等，此謂為『一略』也。『二略』者，本意今夜念戒，只到『四重』。『四重』竟，難未至，更念『十三』，『十三』竟，難近寺，便略取『二不定』已下六篇題首。（云云。）『三略』者，本意念欲至『四重』，『四重』竟，難未至，更念『十三』，『十三』竟，難亦未，更誦『二不定』。『二不定』徹，難近寺，便略取『三十』已下五篇題首。（云云。）『四略』者。本意欲念至『四重』，『四重』竟，難未至，更念『十三』、『二不定』，難由未，更念『三十』。至『三十』徹，難近寺，便略取『九十』已下四篇題首。（今時略戒，是此一略也。）『五略』者，本意欲念至『四重』，『四重』竟，難未至，更念『十三』、『二不定』、『三十』；由未至，念『九十』。『九十』竟徹，難近寺，便略取『四提舍尼』已下三篇題首也。第三『五略』者。至說戒夜，眾僧商量，恐難緣至，不得廣取說，只可誦至『十三』，後戒師登座，念至『十三』，其難將至，便略取『二不定』已下五篇題首，此為『一略』。『二略』者，本意今夜欲念至『十三』，『十三』竟，難由未至，卑（【案】『卑』疑『更』。）念『二不定』。『二不定』徹，難近寺，（四八七頁下）便略取『三十』已下四篇題首。『三略』者，本欲念戒至『十三』，十三竟，難未至，更念『二不定』，難亦未，更念『三十』竟，難近，便略取『九十』已

下三篇題首。（今時略戒，是此一略也。）。『四略』者，意欲念至『十三』，『十三』竟，難未至，更念『二不定』及『三十』，由未至，更念『九十』。『九十』徹，難近寺，便略取『四提舍』下二篇題首。『五略』者，本意欲念至『三十』，『三十』竟，難未至，更念『二不定』，及『三十』、『九十』。由未至，更念『四提舍尼』徹；將難至，便略取『眾學』一篇題首。已上名為『十五略』。皆名『略取』，並是從急向緩也。諸記中，並不作此次第略法。人皆迷意者，今雖廣云，不妨稍繁，方顯得從急至緩道理。思之。外難：『此三五略，何不至眾學耶？』法寶云：『戒有五篇，若誦眾學，即不名略也。』」（四八八頁上）

〔三〇〕**一一各題通結**　資持卷上四：「言各題者，七名別舉也。通結者，並云『僧常聞』也。」（二三八頁上）鈔批卷一〇：「通結、別結，但得也。通結者，總唱諸篇題目已，通結云『僧常聞』等是也。言別結者，謂隨唱一個篇目已，結云『僧常聞』。如言『是四夷僧常聞』，『是十三僧常聞』等是也。」（五一二頁下）簡正卷八：「玄記中申兩釋：一云，舉起諸篇名目是各題，末後都著一个『僧常聞』，是通結；二解云，隨諸篇首，各各著『僧常聞』。今言通者，但望『僧常聞』語是通也。法寶云：尅取後解。初釋（原注：『釋』一作『敷』。）略戒定非不成略戒。今此『通』字，即約七處共成用名通，何勞妄說。今時更有人，都標一『諸大德』下，便列諸篇首，亦成非法。今應各各標『諸大德』，（四八八頁上）各各著『僧常聞』，方為允當。此行事急處，故繁述之。」（四八八頁下）

〔三一〕**七滅諍下，如法廣說，至末文也**　資持卷上四：「『七滅』下，廣後文也。不略七滅者，戒少言約，復接後文，是可說故。若準尼鈔，八並通略，無勞臆說，以誤來蒙。故疏云：今有行略，多無法式，就緣緩急，稱時為要。常途寒熱，容所敘致，可廣始終，（前序及七滅已下也。）而略中廣，（即七篇也。）準此明據，豈復疑乎？」（二三八頁上）簡正卷八：「『七滅諍』下，廣說，必不許略也。外難：『七滅諍，何故必廣說，而不許略耶？』答：『古今不同。大德云：首疏及相部並云略之亦得，但不及相承耳。今南山及東塔並不許略。然二家雖同判不得略，及至解儀，即又不同。東塔云：謂七毗尼能殄四諍，僧免七吉，尼免七提，是以不許。大德難云：若爾，眾學一百條戒，百个吉難，何不廣誦？故無理也。今師云：但為律文只有十五略，始從四棄，終至眾學。略唯至於眾學，不收七諍。若許略者，便成十六略，即違他律文，自然非法，故制廣誦也。諸記中，並不見敘述。此最急儀，學人知之。』」（四八八頁下）

〔三二〕**四分文中不了** 資持卷上四：「『四分』下，指所出。初點本律，不題篇首，故云不了。」（二三八頁上）簡正卷八：「律文具有三『五』略說，隨緣遠近，文非明了。適來所說，依母論文，如此分明也。」（四八八頁下）

〔三三〕**準毘尼母論說** 鈔批卷一〇：「立云：齊此『也』字已下，是其論文也。」（五一二頁下）資持卷上四：「『今』下，取他文，即指上法有誠據也。本律說戒犍度，初明先廣後略。次第八段，彼云：比丘作是念：今以難緣，聽略說戒，難來猶遠，我等得廣說。彼比丘應廣說，不說如法治。（下七例比作之。）又云：我胄（【案】『胄』四分為『曹』。）不得廣說，可說至『九十』；又云：不得說『九十』，可說至『三十』；又云：不得說『三十』，可說至『二不定』；又云：不得說『二不定』，可說『十三』；又云：不得說『十三』，可說『四事』；又云：不得說『四事』，可說戒序；又云：不得說序，即從座起去。（次第八段前，一是廣，後七是略。古人妄傳為『七略一直』者，非也。）後明先略後廣，三五說戒。彼云，有五種說戒：一、說序已，餘者應言『僧常聞』；〔已下並從說序，去（【案】『去』疑『云』。）一一皆以『餘者』等結之。）二、至『四事』；三、至『十三』；四、至『二不定』；五、『廣說』，（『三十』已後。）復有五種：一、說序，『四事』已，餘者略之；二、至『十三』；三、至『不定』；四、至『三十』；五、廣說，（『九十』已下。）復有五種：一、說序至『十三』；二、至『不定』；三、至『三十』；四、至『九十』；五、廣說，（『提舍』已下。）律本甚廣，今云不了，明非正用，恐人未曉，（二三八頁上）略引令知。」（二三八頁中）【案】四分卷三六，八二三頁上；卷五九，一〇〇六頁上。

〔三四〕**餘者僧常聞** 鈔科卷上四：「『『若』下，隨說卒難法。」（三五頁下）資持卷上四：「二中。且約說序竟。舉初例後，故羯磨云，應隨到處云『已說至某處，餘者僧常聞』。又，疏釋云：誦至隨戒，難卒排門，不可轉誦，故知通後也。」（二三八頁中）簡正卷八：「此段文明『一略一直』，從緩向急，號為『略卻』。前來『略取』，從前向後，今云『略卻』，從後向前也。謂本擬廣誦，今不意之事忽生，先既不知，纔有水、火、盜賊急難緣來，不可久停法席，隨念到何篇所所（【案】『所』疑剩。），隨其四重及三毒種類之戒條，便直散去，不能更取得篇目之徒也。（四八八頁下）若難緣『九十』至者，標急不意之事也。至說序已，云『餘者僧常聞』者，此七略中，舉第七略也。『若不得說序』已下，但誡勅詞句，一時散也，此舉一直也。」（四八九頁上）【案】四分卷三六，八二三頁中。

〔三五〕**便隨意去** 鈔科卷上四:「『若』下,欲說難近法。」(三五頁下)資持卷上四:「此出僧祇。(古記將此為本律『一直』者,非。)未說序者,謂作白纔竟也。問:『必未作白,難至如何?』答:『不成略法,理須再說,或待難靜,或出界外,或眾或別,隨緣作之。』」(二三八頁中)簡正卷八:「上且依一家釋竟。并據諸記中,云若難緣,『九十』(為土句也)至說處已去『餘者』,共【案】『共』疑『其』。)意云:於五篇中,念至何處,隨此處所,難別便略,卻向下也。鈔文多作『處』字。(作情思之。)上略消文,今更明行相,謂今是半月,並不知有緣難,蓋依常規,欲念廣戒。戒師登座,念至『提舍尼』。忽有難排(【案】『排』疑『緣』。):一、即云『餘者僧常聞』,此為『一略』;二、誦至『九十』,難來;三、誦至(【案】『至』後疑脫『三十』兩字。),此難至;四、誦至『二不定』,難起;五、誦到『十三』,難到;六、誦至『四重』,有難;七、誦廣序了,難起。鈔引此一句,一直未說序,但誡勅了便去也。已上『七略』,既云從緩至急,度一標心,皆擬廣誦是緣。但為中間有難,不得名如廣名急。須約前後七通,非謂一度,便有此七略等。大德云:通許前來,總有二十二略。若兼『一直』,二十三遍,約大僧說也。尼眾無『二不定』,於前『略取』中,只有二『五略』:一、是序,二、是『八重』,三、是『十七僧殘』,四、是『三十捨墮』,五、是『單提』。二『五略』者:一、是序及『八重』,二、是『殘』,三、是『三十』,(四八九頁上)四、是『單提』,五、是『八提舍尼』。若論『略卻』,但有『六略一直』,易知。今時,多有人云:尼眾亦有十五『略取』者,未曾看律文,總是臆說也。」(四八九頁下)

〔三六〕**上來就緣而說,增減準前,一事有違,並結正罪** 鈔科卷上四:「『上』下,結斷旨非。」(三五頁中)資持卷上四:「結斷中。初,結勸。言就緣者,示略法之本也。並結正者,即前『七略』中,若可廣說、不廣說,乃至可說序、不說序,並如法治。」(二三八頁中)簡正卷八:「一事有違者,若難違緣,餘但言『餘者僧常聞』,則非急卒,即違毗尼母論文也,並結正罪不應吉也。」(四八九頁下)【案】本結語為「略法」一節結語,文分為二:初「上來」下;二、「比人」下。

〔三七〕**比人行事者云** 資持卷上四:「『比』下,斥非。初,斥略法乖儀。」(二三八頁中)

〔三八〕**並可準前** 簡正卷八:「可准前來母論法式,不得之已說也。」(四八九頁下)

〔三九〕**或有略緣,止而不說,並通治罪** 資持卷上四:「『或』下,斥託緣不說。」(二

三八頁中）簡正卷八：「既有略緣，與他略說，今全不說。舉眾皆有違教之罪，故云並通。」（四八九頁下）鈔批卷一〇：「立明：既有略緣，不得廣說，事須略作，今都不說，通治眾僧違教之罪。」（五一二頁下）

次，明一人已上別法〔一〕

律云：若獨住者，詣說戒堂，埽治，具調度，待客比丘來〔二〕。

若四人已上，白說戒〔三〕。

若三人，各各修儀，更互說云：「二大德一心念！今僧十五日說戒，我某甲清淨。」三說。若二人，相向彼此，如上三說。

若一人，心念口言：「今僧十五日說戒，我某甲清淨。」三說。若獨行山野，聚落無人，亦同此法〔四〕。若有罪者，不應淨法。小罪，責心已，便說；若有重吉羅已上，有疑及識〔五〕，或云「發露」，或云「待人」。律無明斷〔六〕。今準通解云須發露〔七〕。云：「今日眾僧說戒，我犯某罪，不應說戒布薩。」三說。五百問云〔八〕：一比丘住處有界，至布薩日，先向四方僧懺悔〔九〕。三說已，獨坐廣誦戒本〔一〇〕。

【校釋】

〔一〕明一人已上別法　資持卷上四：「明別法。」（二三八頁中）簡正卷八：「『以上』即二三人也。『別法』即簡僧也。」（四八九頁下）【案】「別法」分二：初，「律云」下；二、「若四」下。

〔二〕若獨住者，詣說戒堂，埽治具調度，待客比丘來　資持卷上四：「律因佛制眾僧說戒，一比丘住處，不知云何。白佛，故制。調度者，律云：敷坐具、具水瓶、洗足瓶、然燈火具、舍羅等。待客來者，疏云：出家之人，漂泊無侶，何有定住是我所也？遊化觀方，縱任自在，隨所弘道，不局坊寺，望剎為居，四海為食故也。」（二三八頁中）【案】四分卷三六，八二一頁中。

〔三〕若四人已上，白說戒　資持卷上四：「眾法中，此明別法。而列四人者，由本獨住，待擬外客。來不可期，因而明之。不同初位，常途僧法。至於行事，還復同前。對首中，文約三人，後指二人，作法詞中，但除『二』字。疏問：『僧說戒者，一人秉說，餘皆默坐，下至對首，皆各表淨者？』答：『僧法位強，成辦力大，故白說戒，通四方故，別人力弱，但表內淨，應上教也。』」（二三八頁中）【案】「若四」下分三：初，眾法；二、對首法；三、心念法。

〔四〕若獨行山野，聚落無人，亦同此法　資持卷上四：「『若』下，示餘緣。上依律文，且據蘭若山行。聚落無人義同，故準開之。」（二三八頁中）【案】「若一」

下分二：初，「若一」下；二、「若有」下。

〔五〕**若有重吉羅已上，有疑及識** 資持卷上四：「露罪中。初文，初明輕罪可懺，是本位故，重不可懺，故致異說。」（二三八頁中）簡正卷八：「律云：有一比丘於罪有疑及識，不得聞戒。佛言：應發露，得聞戒。或云待人者，律云：應對一清淨比丘，聽發露也。」（四八九頁下）鈔批卷一〇：「立云：此謂犯重，吉羅。既是獨住，逼其說戒，不知若為進否？律又無文。若是輕，吉羅，律令責心懺竟，即得說戒。今此重吉，律令對人。今時獨住，律則不明此法，致諸師或發露。或有師云待人，今通望大家道理『應須發露』，故言今准通解。通解之意，如已下文是也。」（五一二頁下）

〔六〕**律無明斷** 簡正卷八：「意道：今忽有獨住之人，為但心念，發露了念戒？為復要待人，對首發露？無此分明決斷之文，故云律無明斷也。」（四八九頁下）

〔七〕**今準通解，云須發露** 資持卷上四：「『今』下，義定。……言通解者，取上初義。按自恣中，即準座上發露為例，即對次義為局，故云通也。問：『此發露已，為須更陳，（二三八頁中）三說布薩否？』答文云：『不應說戒，似不再陳。準注羯磨。』」（二三八頁下）簡正卷八：「謂今師准五百內（原注：『內』疑『問』。）論，通四分律，共而解釋。律云：發露對清淨比丘。論云：先向四方僧懺悔。准此二文，故云通解。必須先心念發露也。疏云：若無容（【案】『容』疑『客』。）者，作念：『若得清淨比丘，罪如法除。』作念已，當心念口言，三說布薩。此即向四方僧發露。」（四九〇頁上）資持卷上四：「今如上三說。又約疏中引僧祇。……今詳羯磨及疏，並作念發露，無別詞句，故依三說。此既立法，即當布薩，不勞更陳。然今臨事，依疏為佳。」（二三八頁下）

〔八〕**五百問云** 簡正卷八：「引五百問論，即表內淨偈誦戒也。」（四九〇頁上）【案】五百問卷上，九八五頁下。

〔九〕**至布薩日，先向四方僧懺悔** 鈔批卷一〇：「立謂：准今時僧法，向四方僧懺悔也。明其既獨住，至說戒日，淨身口意，合掌向十方賢聖僧，發言懺悔所犯之罪。」（五一二頁下）

〔一〇〕**三說已，獨坐廣誦戒本** 資持卷上四：「三說者，謂作法布薩也。廣誦戒者，識知持犯也。然非教制，本不須誦。以前作法，即成說戒，不同僧法，白告和僧，非陳淨故。心念既爾，前對首中，殘及重蘭，例開發露，如自恣中。」（二三八頁下）